Das antike ROM

Das antike ROM

Von der Republik zum Kaiserreich

Duncan Hill

Parragon

Bath · New York · Singapore · Hong Kong · Cologne · Delhi · Melbourne

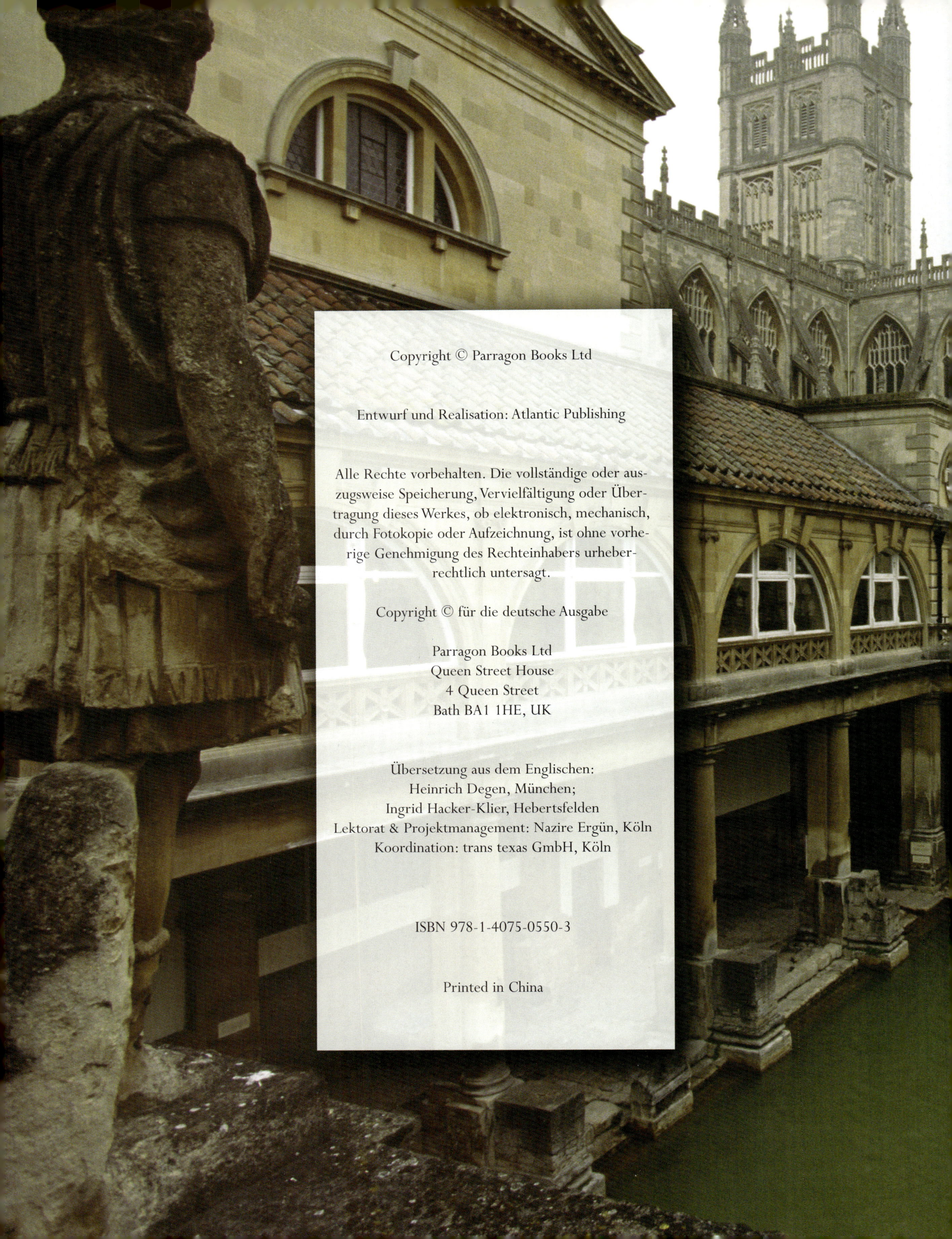

Entwurf und Realisation: Atlantic Publishing

Parragon Books Ltd
Queen Street House
4 Queen Street
Bath BA1 1HE, UK

Übersetzung aus dem Englischen:
Heinrich Degen, München;
Ingrid Hacker-Klier, Hebertsfelden
Lektorat & Projektmanagement: Nazire Ergün, Köln
Koordination: trans texas GmbH, Köln

ISBN 978-1-4075-0550-3

Printed in China

Inhalt

Einführung

Der Aufstieg Roms von einer kleinen ländlichen Siedlung zu einer Weltmacht ist außergewöhnlich und erscheint sagenhaft. Tatsächlich spielen Sagen in der römischen Geschichtsschreibung auch eine besondere Rolle: Romulus soll seinen Zwillingsbruder Remus erschlagen und den Stadtstaat gegründet haben. Die am Ufer des Tiber ausgesetzten Knaben hatten nur überlebt, weil sie von einer Wölfin gesäugt wurden. Doch auch ohne mythisches Beiwerk bleibt Roms Geschichte außergewöhnlich genug.

Trotz der strategisch nicht besonders günstigen Lage gelang es Rom, zunächst Italien zu unterwerfen und von dort weiter nach Europa und Asien zu expandieren. In der Zeit seiner größten Ausdehnung umfasste das Imperium ein Gebiet von Britannien bis Ägypten. Zur Eroberung dieser Gebiete bedurfte es eines gut funktionierenden Militärapparates. Doch wurde das Reich nicht nur durch Restriktionen zusammengehalten. Die Römer waren eine zivilisierte Großmacht, städtisch und belesen, ein Volk, das seine tyrannischen Könige vertrieb und den Bürger in den Mittelpunkt stellte, mit Werten wie Selbstdisziplin, Loyalität und Ordnung.

Rom wird heute auch mit opulenter Dekadenz in Verbindung gebracht, vor allem seit das Reich von Kaisern regiert wurde. Einige Regenten verhalfen dem Imperium zu Blüte und Wohlstand, andere verstrickten sich in Intrigen und Blutgier. Caligula, der sein Lieblingspferd zum Konsul ernannte, war nur einer der Kaiser, die ermordet wurden.

Dieses Buch behandelt alle Aspekte einer der bedeutendsten Zivilisationen der Welt, von den Legenden um die Gründung Roms bis zu den Konflikten und Spaltungen, die dem Zusammenbruch des Imperiums vorausgingen. Es beschreibt eine Weltmacht, die die von ihr beherrschten Gebiete und Regionen nachhaltig bis zum heutigen Tag prägte. Ohne das reiche kulturelle, sprachliche und administrative Erbe der Römer sähe das moderne Europa völlig anders aus.

Die Ursprünge Roms

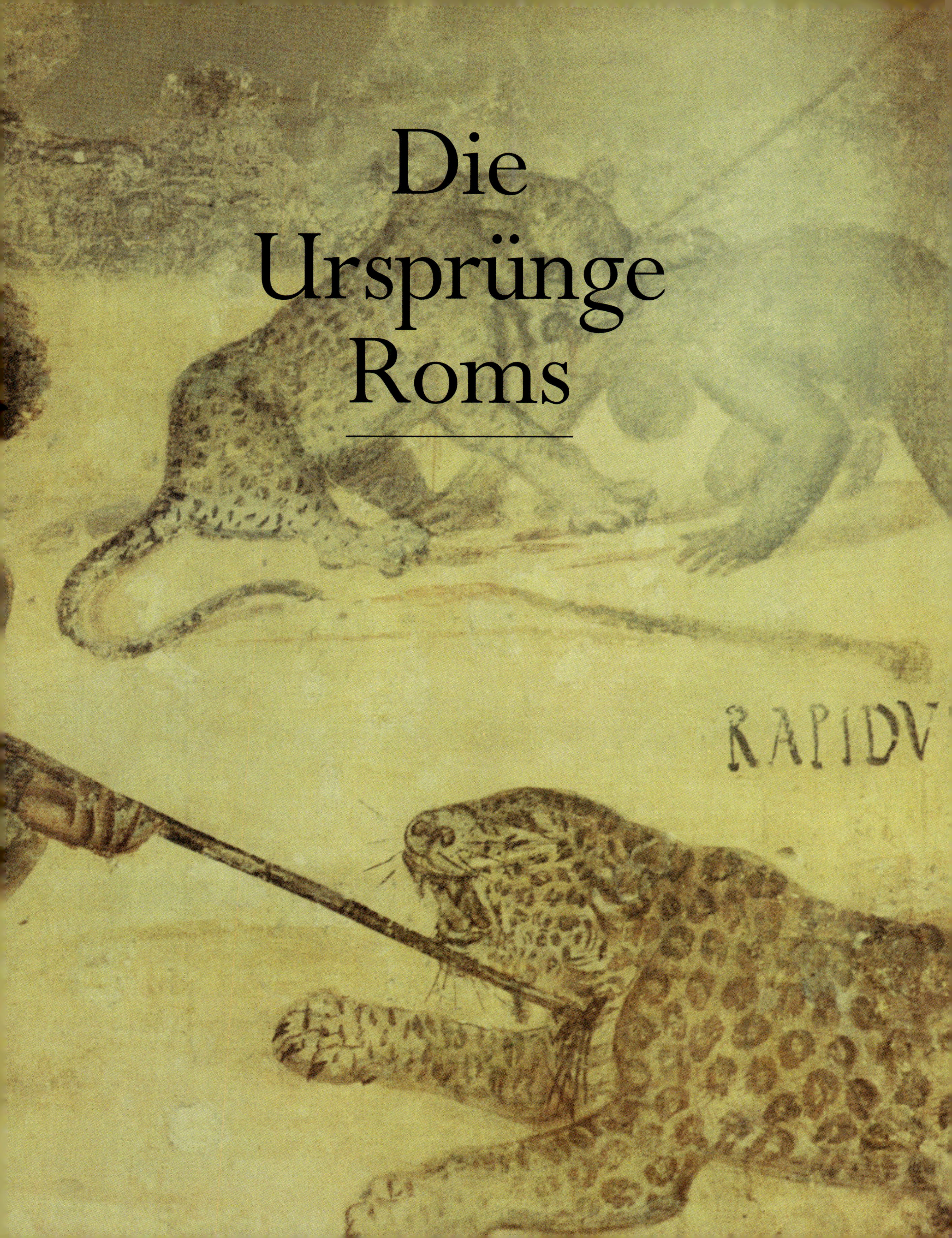

Die Anfänge

Die Ursprünge des riesigen Römischen Reichs, das sich in seiner Blütezeit von Britannien im Westen bis nach Arabien im Osten erstreckte, lagen in bescheidenen Siedlungen in Mittelitalien. Das Gebiet dieser Siedlungen am Fluss Tiber wurde Latium genannt, seine Bewohner sprachen Lateinisch.

Bodenmosaik mit der Darstellung der Sage von Romulus und Remus. Mit der Legende über die vor dem Tod geretteten und von einer Wölfin auf dem Palatin aufgezogenen Zwillinge legitimierte Rom, das ursprünglich eine der unbedeutenden latinischen Siedlungen war, seine Herrschaft über die Nachbarstädte.

Bedeutung des Tiber

Die Ufergebiete des Tiber erwiesen sich als ideales Ackerland und wurden durch die umliegenden Hügel geschützt. Der Fluss bot schnellen Zugang zum Meer, um Handel mit Seefahrern zu betreiben. Gleichzeitig lag das Gebiet aber weit genug im Binnenland, um vor Feinden, die vom Meer aus angriffen, geschützt zu sein. An diesem idealen Standort konnten sich die latinischen Siedlungen in den ersten Jahrhunderten des 1. Jahrtausends v. Chr. entwickeln.

Rom gehörte zu den jüngeren Siedlungen in Latium. Römische Geschichtsschreiber datierten die Gründung der Siedlung auf 750 v. Chr., ein Datum, das sich nicht verifizieren lässt, da entsprechende archäologische Funde fehlen. Der verhältnismäßig jungen Siedlung Rom gelang in den folgenden Jahrhunderten ein beachtlicher Aufstieg. Bald eroberte und dominierte Rom die benachbarten latinischen Siedlungen und nahm eine Vorrangstellung in der Region ein.

Romulus und Remus

Die eher nebulösen Ursprünge der Stadt, verbunden mit dem Bemühen der römischen Geschichtsschreiber, ihrer mächtigen Zivilisation eine angemessene Herkunft zu bescheinigen, führten zur Entstehung der berühmten Legende von Romulus und Remus.

Die Sage bezieht sich auf die Zeit, als Numitor, der Herrscher über Alba Longa, von seinem jüngeren Bruder Amulius gestürzt worden war. Alba Longa war der wichtigste Stadtstaat in Latium, und seine Könige stammten, so schildert es Vergil in der *Aeneis*, von den Trojanern ab. Vergils Held Äneas soll während des legendären Kampfes um Troja geflohen sein und sich in der Region von Rom angesiedelt haben.

Die hügelige Landschaft rund um Rom hatte fruchtbare Böden. Sie sicherten die Versorgung der wachsenden Bevölkerung Roms.

Geburt einer Legende

Der Sage nach soll Amulius, wild entschlossen, seine Macht zu sichern, versucht haben, potenzielle Nachkommen Numitors zu beseitigen, bevor sie überhaupt geboren wurden. Seine Nichte, Numitors Tochter Rhea Silva, zwang er, Vestalin zu werden. Als solche musste sie Jungfrau bleiben und konnte keine Kinder haben. Amulius' Plan ging jedoch nicht auf, denn der Kriegsgott Mars schwängerte Rhea Silva, und so bekam Numitor sogar zwei männliche Erben, denn Rhea Silva gebar die Zwillinge Romulus und Remus.

Aus Angst, Numitors Enkel könnten seinen Herrschaftsanspruch gefährden, befahl Amulius einem Diener, die neugeborenen Zwillinge umzubringen. Dieser tötete sie aber nicht, sondern setzte sie im Tiber aus, wo sich der Flussgott Tiberinus ihrer erbarmte. Anschließend säugte eine Wölfin Romulus und Remus auf dem Palatin-Hügel, bis ein Hirte sie entdeckte und aufzog.

Der Legende nach wuchsen sie in einem Milieu von Banditen auf, doch ihre noble Abstammung machte sie zu geborenen Anführern, und so scharten sie Banditen und Verbannte um sich. Sie kämpften gegen die Reichen und Mächtigen von Alba Longa und schließlich gegen Amulius selbst. Bei einem der vielen Kämpfe wurde Remus gefangen genommen. Daraufhin formierte Romulus eine Streitmacht, um seinen Bruder zu befreien und Alba Longa zu erobern. Romulus' Truppe siegte, und Amulius wurde hingerichtet.

Bronzeskulptur der Wölfin, die die Zwillinge Romulus und Remus säugt.

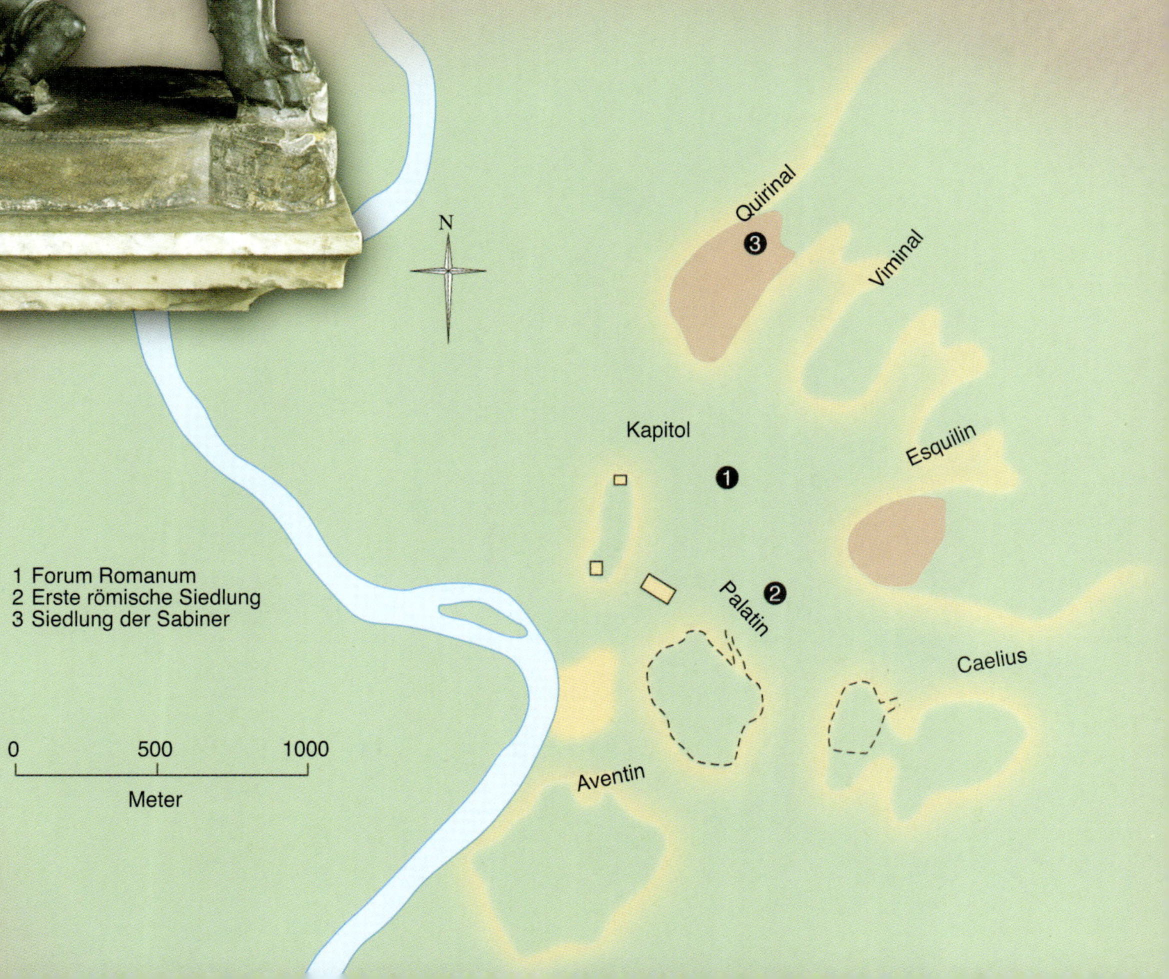

Romulus' Sieg

Die Legende berichtet weiter, dass man den Zwillingen gemeinsam die Königskrone von Alba Longa anbot; doch sie verzichteten und brachten ihren Großvater Numitor wieder auf den Thron. Alba Longa war keine Bedrohung mehr für sie, und so beschlossen die beiden, dort eine eigene Siedlung zu gründen, wo sie aufgewachsen waren. Doch Romulus und Remus konnten sich nicht einigen, wo genau die Siedlung liegen sollte. Romulus bestand auf dem Palatin, auf dem die Wölfin sie gesäugt hatte. Remus plädierte für den Aventin-Hügel, da dieser strategisch besser lag. Man trug den Göttern den Streit vor, die zugunsten von Romulus entschieden.

Die Arbeiten auf dem Palatin begannen, doch Remus konnte seine Niederlage nicht vergessen und versuchte, das Vorhaben zu behindern, um zu beweisen, dass Romulus' Standort nicht gut zu verteidigen war. Aus Wut brachte Romulus seinen Bruder Remus um und erklärte sich zum König. Römischen Historikern zufolge erhielt die neue Siedlung 753 v. Chr. ihm zu Ehren den Namen Rom. Damit war der Grundstein für eines der größten Imperien der Welt gelegt.

Die Sabinerinnen

Ohne das listige Vorgehen von Romulus hätte Rom kaum länger Bestand gehabt. Seine Gruppe aus Banditen und Verbannten bestand vor allem aus Männern – es herrschte ein Mangel an Frauen. Um die Situation zu ändern, lud Romulus die auf dem benachbarten Quirinal-Hügel siedelnden Sabiner ein, zusammen mit den Römern ein religiöses Fest zu feiern. Doch die Römer zeigten sich wenig gastfreundlich: Sie entführten die Frauen der Sabiner nach Rom und verheirateten sie mit den römischen Bürgern. Ein Krieg zwischen Sabinern und Römern war die unausweichliche Konsequenz.

Ruinen eines Palasts auf dem Palatin. Die Entscheidung, die Siedlung auf dem Palatin zu errichten, wo die Wölfin die Zwillinge gesäugt hatte, führte zu einem heftigen Streit zwischen Romulus und Remus. Der Schiedsspruch der Götter fiel zugunsten von Romulus aus, doch Remus behinderte weiterhin die Bauarbeiten. Erzürnt über die Widerspenstigkeit seines Bruders erschlug Romulus Remus und erklärte sich zum König.

Tarpeias Verrat

Eigentlich hatten die Römer einen guten Schutz durch ihren Vorposten auf dem Kapitol-Hügel, doch die Sabiner konnten den Hügel einnehmen. Der Sage nach war dies der Gier Tarpeias, der Tochter des Kommandanten, zu verdanken. Die Sabiner versprachen ihr, sie zu beschenken, wenn sie die Stadttore öffnete. Doch statt sie zu belohnen, nachdem sie die Tore geöffnet hatte, brachten die Sabiner Tarpeia wegen ihres Verrats um. Der Steilhang des Kapitol-Hügels oberhalb des römischen Forums bekam den Namen Tarpejischer Felsen und diente lange als Hinrichtungsstätte für Hochverräter.

Krieg mit den Sabinern

Romulus soll mit seiner Armee losmarschiert sein, um den Vormarsch der Sabiner zu stoppen. Im Sumpfland zwischen Kapitol und Palatin, dort, wo später das Forum Romanum entstand, traf er auf seine Gegner. Zunächst waren die Sabiner erfolgreich, doch Romulus formierte seine Kräfte für einen zweiten Angriff. Als die beiden Seiten gerade wieder den Kampf aufnehmen wollten, stürmten die entführten Sabinerinnen auf das Schlachtfeld und flehten ihre Väter und Ehemänner an, den Kampf zu beenden. Beeindruckt von dem Mut der Sabinerinnen beschlossen die beiden Lager, Frieden zu schließen und sich zu vereinen.

Der König der Sabiner regierte mit Romulus, und Rom erlebte seine erste Expansion – es erstreckte sich nun vom Palatin bis zum Quirinal. Den Kapitol-Hügel, der genau in der Mitte zwischen den beiden Siedlungen lag, wählte man als politisches Zentrum von Rom. Nachdem der Sabinerkönig Tatius einige Jahre später gestorben war, wurde Romulus zum alleinigen Herrscher der erweiterten Siedlung.

Ruinen auf dem Palatin, der als erster der sieben Hügel Roms besiedelt wurde.

Die Sabinerinnen, Gemälde von Jacques-Louis David. Die nach Rom entführten Sabinerinnen stürmten auf das Schlachtfeld und baten ihre Väter und Ehemänner, den Kampf einzustellen. Von dem Mut der Sabinerinnen beeindruckt, entschlossen sich die beiden Parteien nicht nur zum Frieden, sondern auch zur politischen Vereinigung.

Die Königszeit

König Romulus

Der Wahrheitsgehalt der Geschichte von Romulus und Remus lässt sich nur schwer prüfen. Allerdings könnte es durchaus einen ersten König Romulus gegeben haben. Der Mythos wurde dann wohl später entwickelt, um ihn als rechtmäßigen Herrscher zu legitimieren: So verband man die Gründung Roms mit der erhabenen Welt der Götter und Helden.

Romulus, der erste König

Die damalige römische Gesellschaft setzte sich römischen Historikern zufolge aus drei Stämmen zusammen: aus Römern, Sabinern und Etruskern, die nördlich von Rom siedelten. Alle drei Stämme wurden politisch in der *comitia curiata* repräsentiert, einer Versammlung, die zur Beschränkung und Kontrolle der königlichen Macht eingerichtet wurde. Vom König vorgelegte Gesetze mussten von der *comitia* ratifiziert werden. Allerdings konnte der König die von der *comitia* auferlegten Beschränkungen jederzeit umgehen, denn er allein besaß die Fähigkeit, den Willen der Götter zu interpretieren. Romulus soll seine Herrschaft zudem durch die Schaffung einer persönlichen Schutztruppe, der *celeres*, gefestigt haben.

Unter Romulus soll ebenfalls der Vorläufer des römischen Senats gegründet worden sein. Ein mit 100 Patriziern oder Oberhäuptern der vornehmsten Familien besetztes Gremium stand dem König beratend zur Seite. Es wurde später auf 200 Mitglieder erweitert, als man 100 Patrizier aus dem Stamm der Sabiner aufnahm.

Tod des Romulus

Römischen Quellen zufolge verschwand Romulus um 715 v. Chr. Manche geben an, er sei zu den Göttern entrückt worden, andere behaupten, er sei von Senatoren erschlagen worden. Er wurde bald zum Gott Quirinius erhoben, und man errichtete ihm einen Tempel am Ort seines Aufstiegs zu den Göttern. Der Hügel, auf dem sich die Sabinersiedlung befand, wurde zu Ehren des neuen Gottes Quirinal genannt.

***Links:** Undatierter Stich einer Münze mit dem Bildnis des vergöttlichten Romulus als Quirinius.*

***Oben:** Ruinen eines Straßenzugs im Hafen von Ostia.*

***Gegenüber links:** Ruinen von Ostia, dem ersten Hafen Roms, erbaut unter dem Herrscher Ancus.*

***Gegenüber rechts:** Bodenmosaik mit dem Bildnis des Gottes Oceanus. Rom war zunehmend vom Seehandel abhängig, und so gewannen Meeresgötter an Bedeutung.*

Numa Pompilius

Das römische Königtum war keine Erbmonarchie, vielmehr wählten die Senatoren den geeignetsten Mann zum König. Dies bedeutete, dass Rom bis zur Wahl eines neuen Königs ohne Herrscher war. In dieser Interregnum genannten Zeit fungierten die Senatoren abwechselnd als *interrex*. Ein *interrex* regierte immer nur einige Tage, dann übernahm der nächste Senator die Aufgabe, bis ein passender Kandidat gefunden war.

Nach dem ersten Interregnum soll Numa Pompilius zum Nachfolger von Romulus gewählt worden sein. Numa war ein Sabiner. Damit sollte die Integration der Sabiner in den römischen Staat gefördert werden. Er soll ein allseits hochgeschätzter König gewesen sein; viele glaubten deshalb, er sei von der Wassernymphe Egeria beraten worden. Ihm wurden zahlreiche innenpolitische Maßnahmen zugeschrieben, wie die Regelung des Sakralwesens, die Bildung von Zünften und die Einteilung der Bürger in Stände. Er soll über 40 Jahre bis zu seinem Tod im Jahr 674 v. Chr friedlich regiert haben.

Krieg und Frieden

Der Tradition zufolge regierten nach Numa bis 510 v. Chr. fünf weitere römische Könige. Der friedlichen Periode unter Numa folgte unter seinem Nachfolger Tullus Hostilius eine Zeit mit Kriegen gegen den ehemaligen Verbündeten Alba Longa und die Etrusker an. Tullus Hostilius soll so unbarmherzig gewesen sein, dass er sogar den König von Alba Longa von zwei Streitwagen entzweireißen ließ, weil dieser sich aus Roms Krieg gegen Fidenae zunächst herausgehalten hatte, um sich dann auf die Seite der Gewinner zu schlagen.

Aus Angst, mit seinen vielen Kriegen habe Tullus die Götter verärgert, wählten die Senatoren nach Tullus einen friedlicheren Nachfolger. Ancus Marcius war der Enkel von Numa Pompilius. Man erwartete, er werde ein ähnlich friedvoller Herrscher wie sein Großvater. Unter Ancus soll der erste Hafen Roms in Ostia, wo der Tiber ins Meer mündete, gebaut worden sein.

Politische Morde

Ancus' Nachfolger war Tarquinius Priscus, ein etruskischer Einwanderer aus dem Norden. Doch Ancus' leibliche Söhne konnten sich mit dessen Ernennung zum König nicht abfinden und verschworen sich, um ihn 579 v. Chr. nach 40 Jahren Regentschaft ermorden zu lassen. Allerdings gelang es keinem von Ancus' Söhnen, zum König gewählt zu werden. Tarquinius' Frau konnte die Nachfolge für ihren Schwiegersohn Servius Tullius sichern, einen ehemaligen Sklaven. Servius Tullius wird der erste *census* in Rom zugeschrieben. Diese Vermögensschätzung diente als Grundlage für das Klassensystem im alten Rom. Er soll die *comitia curiata* des Romulus durch die *comitia centuriata* ersetzt haben, die auf den Ergebnissen des *census* aufbaute. Diese reformierte *comitia* grenzte die Plebs, die ärmeren Mitglieder der römischen Gesellschaft, nicht mehr aus. Künftig waren Patrizier und Plebejer in der Versammlung vertreten.

Die reichen Patrizier, die die Herrschaft in Rom innehatten, lehnten die populistischen Reformen des Servius ab. Der König wurde nach einer Verschwörung von seiner eigenen Tochter mithilfe einiger Patrizier ermordet. Die Tochter soll sogar den auf der Straße liegenden Leichnam ihres Vaters mit ihrem Wagen überfahren haben. Anschließend ließ sie ihren Mann Tarquinius Superbus zum Nachfolger ihres Vaters bestimmen.

Der letzte König

Tarquinius Superbus war der Sohn des Tarquinius Priscus, doch der Senat hatte ihn zugunsten von Servius übergangen. Nun errichtete er ein despotisches Regime: Er schenkte der *comitia* keine Beachtung und entfernte aus dem Senat alle Männer, die seinem Vorgänger loyal ergeben waren. Er ließ Römer hinrichten und begann willkürlich Kriege. Dies brachte nicht nur den Senat, sondern schließlich die gesamte Bevölkerung gegen ihn auf.

509 v. Chr. schlug die Abneigung gegen den König in eine offene Rebellion um, nachdem Tarquinius' Sohn Sextus eine Frau aus dem Adel, Lucretia, vergewaltigt hatte. Die Römer vertrieben Tarquinius aus der Stadt. Dieser wandte sich an das etruskische Clusium, und dank seiner etruskischen Wurzeln gewährte ihm der König von Clusium seine Unterstützung. Die Römer wollten jedoch auf jeden Fall die Wiederkehr der despotischen Könige verhindern und wehrten die etruskische Invasion ab. Tarquinius starb im Exil in Etrurien. Der Sturz des Königs bedeutete das Ende des römischen Königtums und leitete die Ära der römischen Republik ein.

Oben: Tafelbild eines römischen Bürgers. Unter Servius Tullius, selbst ein ehemaliger Sklave, erhielt auch die ärmere Schicht der Plebejer eine politische Vertretung. Doch trotz dieser Reformen behielten die Patrizier, die sich selbst als Nachkommen der ersten Bewohner Roms sahen, die Macht.

Ein Kranz mit goldenen Efeublättern.

Die etruskische Zivilisation

Vor dem Aufstieg Roms dominierten die Etrusker die Regionen im Norden und in Zentralitalien. Bis heute weiß man wenig über diese Zivilisation, doch hatte sie vermutlich einen großen Einfluss auf das frühe Rom.

Herkunft der Etrusker

Lange glaubte man, die Etrusker seien in Italien eingewandert. Der griechische Geschichtsschreiber Herodot behauptete, sie kämen aus Lydien in Kleinasien. Er berichtet, der lydische König habe sein Volk geteilt und die eine Hälfte zur Gründung einer Kolonie nach Italien gesandt. Ihr Anführer soll Herodot zufolge der Sohn des Königs, Tyrrhenus, gewesen sein, nach dem auch das Tyrrhenische Meer benannt wurde.

Herodots Bericht wird heute bezweifelt. Viele Historiker sind der Auffassung, dass die Etrusker ihre Ursprünge in Italien haben und die etruskische Kultur sich unter dem Einfluss der Griechen und Karthager entwickelte, als diese sich dort ansiedelten.

Stadtstaaten

Im 8. Jahrhundert v. Chr. gründeten die Etrusker in Mittelitalien, in der heutigen Toskana, eine Reihe von Stadtstaaten. Zunächst hatten Städte wie Clusium, Veji und Perusia einen gemeinsamen Herrscher, später trat an dessen Stelle ein Bündnis zwischen den Stadtstaaten. Die einzelnen etruskischen Städte blieben dabei relativ unabhängig und konnten daher später leicht von ihren Gegnern entzweit und erobert werden. Die Etrusker waren nicht nur Stadtbewohner, sondern auch Bauern, Künstler und seefahrende Kaufleute. Man geht heute davon aus, dass die Etrusker ausgedehnte Handelsbeziehungen bis jenseits des Mittelmeers entwickelten.

Einfluss auf Rom

Rom entstand, als die Etrusker die umliegenden Regionen beherrschten. Das Ausmaß etruskischer Einflüsse auf das frühe Rom ist unbekannt, denn die Aufzeichnungen über diese Periode gingen bei der Plünderung der Stadt durch die Gallier 387 v. Chr. verloren. Die letzten drei römischen Könige waren Etrusker; folglich gab es direkte Verbindungen. Wahrscheinlich übernahmen die Römer vieles von den Etruskern: vom Straßenbau über Abwassersysteme und die Metallbearbeitung bis hin zu den Gladiatorenkämpfen. Doch Rom überragte bald die etruskischen Stadtstaaten, die zunehmend unter römische Vorherrschaft gerieten. Die etruskische Kultur verblasste allmählich und verschwand. Allerdings zerschlug erst der Diktator Sulla diese Zivilisation gänzlich, da die Etrusker Marius im Bürgerkrieg unterstützt hatten.

Ruinen einer etruskischen Siedlung in Cerveteri.

Die römische Republik

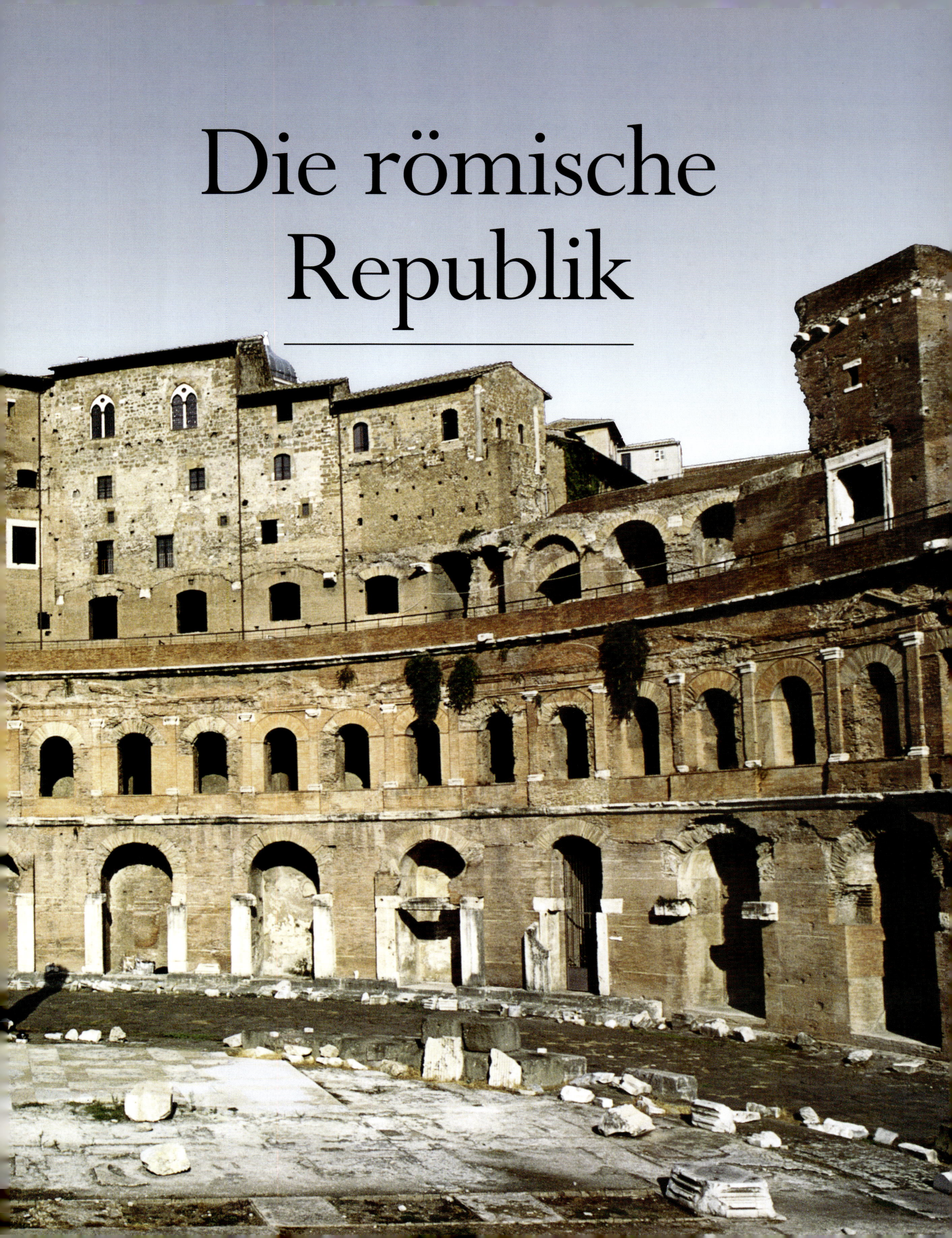

Die Regierung Roms

Die neue Regierungsform der Republik (von *res publica*, lateinisch: öffentliche Angelegenheit) entstand aus dem römischen Königtum. Um eine Rückkehr zur Tyrannei des Königs Tarquinius Superbus zu verhindern, schuf man eine neue Form der Herrschaft.

Kollegialitätsprinzip

Rom wurde nicht länger von einem, sondern von zwei Männern geführt. Diese sogenannten Konsuln regierten zusammen, um mögliche Machtbestrebungen des einen durch die Autorität des anderen zu kontrollieren. Grundlage diese Systems war das Vetorecht jedes Konsuls gegen Entscheidungen des anderen. Ein weiterer Schutz vor Despotismus war die Beschränkung der Amtszeit auf ein Jahr, wobei aber eine Wiederwahl möglich war. Das änderte sich im 2. Jahrhundert v. Chr., als den Konsuln nur noch eine Amtszeit gewährt wurde. In der späten Republik setzten sich allerdings erneut mächtige, ehrgeizige Männer, die länger regieren wollten, über diese Regelung hinweg.

Konsuln

Die Konsuln wurden von der *comitia centuriata* gewählt, einer Versammlung, die jährlich zusammenkam, um die Magistrate (öffentliche Ämter) für das folgende Jahr zu besetzen. Die Leitung hatten die amtierenden Konsuln. Die Bürger waren in Zenturien eingeteilt, die Abstimmung erfolgte nach Zenturien. Die Zuordnung zu diesen Einheiten erfolgte nach dem beim *census* ermittelten Vermögen. Die Stimmen der reichen Bürger besaßen deutlich mehr Gewicht als die der armen. Durch das Vermögenskriterium dominierten die *equites* (Ritter) die Versammlung, die als wohlhabende Bürger mit einem eigenen Pferd im Militär dienen konnten. Neben den Konsuln wählte die *comitia centuriata* auch die Zensoren, Prätoren und Ädilen.

Oben: Das Forum Romanum am Fuß des Palatins wurde zum Zentrum des römischen Staatswesens. Es umfasste Amtsgebäude, Tempel und Privathäuser.

Unten: Fragment eines Sarkophags mit der Darstellung einer Prozession von Konsuln.

Zensoren

Die Zensoren hatten die Aufgabe, die Bevölkerung im *census* zu erfassen und je nach Vermögen das Stimmrecht in der *comitia centuriata* zuzuteilen. Ein Zensor wachte über die öffentliche Moral und konnte öffentliche Bauaufträge vergeben. Der Zensor Appius Claudius veranlasste beispielsweise den Bau der Straße von Rom nach Capua, der Via Appia, und des ersten römischen Aquädukts, der Aqua Appia. Prätoren kontrollierten die Justiz und hatten im Kriegsfall die Befehlsgewalt inne. Ädile sorgten dafür, dass das öffentliche Leben in Rom funktionierte: Sie hatten die Aufsicht über die Märkte, Tempel und die Organisation der öffentlichen Spiele.

Senat

Der Senat überstand den Übergang vom Königtum zur Republik und konnte sogar an Einfluss gewinnen. Wie unter den Königen fungierte der Senat als Beratungsgremium, hatte nun aber bedeutend mehr Macht. Er bestimmte die Tagesordnung der Regierung und gab Empfehlungen, über deren Umsetzung dann die Magistrate entschieden.

Obwohl der Senat nur beratend tätig war, folgten die Magistratsbeamten fast immer seinen Vorschlägen (bis zum letzten Jahrhundert der Republik). Somit hatte der Senat indirekt exekutive Befugnisse. Wenn sich ein Magistrat in einer Weise gegen den Senat stellte, die als bedrohlich für die Republik empfunden wurde, konnte der Senat dessen Gesetz verhindern.

Das Senatorenamt war unbezahlt, aber hoch angesehen, und bot die Möglichkeit, sich die Unterstützung anderer Bürger zu sichern und so eine Machtbasis zu schaffen. Daher überrascht es wenig, dass Senatoren häufig anfällig für Korruption waren. Sie konnten es zu enormem Wohlstand und Einfluss bringen. Die Senatoren wurden auf Lebenszeit ernannt, konnten aber von dem zuständigen Zensor aus der Versammlung ausgeschlossen werden.

***Oben:* Ruinen des Kapitoltempels in Dougga, Tunesien.**

***Unten:* Säulenfragmente in den Ruinen des Forums.**

Patrizier und Plebejer

Die Patrizier waren die angestammte Elite im antiken Rom. Ihre Bezeichnung geht auf das lateinische *patres* (Väter) zurück. Diese Gruppe aus alteingesessenen Adelsfamilien verfügte während der Königszeit und in der frühen Republik über ein Machtmonopol. Sie führten ihre Ursprünge direkt auf die Gründerväter Roms zurück und waren darauf bedacht, ihre über die Jahre errungenen Privilegien zu wahren. Die übrigen Bürger Roms nannte man Plebejer. Diese Bezeichnung ist weit gefasst, denn zur Plebs zählten selbstständige Kaufleute ebenso wie die Armen der Stadt, die auf kostenlose Getreidezuteilungen angewiesen waren. Die Patrizier hielten die Plebejer von der Macht fern und missbilligten jegliche Beziehung zwischen den beiden Klassen. Eine Heirat war streng verboten.

Mit der Zeit gelang es den Plebejern, die politischen Privilegien der Patrizier einzuschränken und ihren eigenen Einfluss zu vergrößern. In mittelrepublikanischer Zeit war der Wandel vollzogen: Die Patrizier hatten einen Großteil ihrer Macht verloren, konnten ihr hohes Prestige aber weiter bewahren. Eine Weile gaben sich Plebejer und Patrizier mit dem Status quo zufrieden, doch im 2. Jahrhundert v. Chr. änderten sich die Vermögensverhältnisse eklatant: Die Reichen wurden immer reicher, während die Armen immer mehr verarmten. Diese Situation polarisierte die beiden Klassen erneut, und Rom geriet in einen Taumel von Gewalt und Anarchie, der schließlich das Ende der Republik herbeiführte.

***Oben:** Porträt des Terentius Neo und seiner Frau (?) in einem Haus in Pompeji. Verschiedene Indizien deuten darauaf hin, dass in diesem Haus der Magistrat Terentius Neo und sein Bruder Terentius Proculus, ein Bäcker, wohnten. Im 1. Jahrhundert n. Chr. war das starre Klassensystem von Plebejern und Patriziern bereits aufgebrochen.*

***Links:** Löwenkopfohrringe aus Gold.*

Macht für die Plebs

Faktisch wurden die politischen Institutionen von den Patriziern dominiert, während die Plebjer entmündigt waren. In dieser Situation versuchten die Plebejer, die politische Gleichstellung zu erlangen, und setzten dazu ihre zahlenmäßige Überlegenheit ein. Wohl wissend, dass Rom ohne sie nicht funktionieren konnte, zogen die Plebejer bei verschiedenen Gelegenheiten aus der Stadt aus, um die Patrizier zu Zugeständnissen zu bewegen. Dieser Auszug wurde erstmals 494 v. Chr. als politische Waffe eingesetzt. Die Patrizier mussten der Einrichtung einer Versammlung der Plebs *(concilia plebis tributa)* zustimmen, bevor die Plebs nach Rom zurückkehrte. Die Volksversammlung konnte über Angelegenheiten der Plebs durch sogenannte Plebiszite (Volksentscheide) bestimmen, war aber nicht zuständig für die Angelegenheiten der Patrizier. Zur Vertretung der Plebejer schuf man das Amt des Volkstribuns. Dieser durfte zunächst lediglich die Interessen der Plebs der Regierung vortragen. Das Amt wurde jedoch zunehmend einflussreicher, und schließlich bekam der Volkstribun ein Vetorecht bei allen Senatsentscheidungen, die Belange des Plebs betrafen. 449 v. Chr. zog die Plebs aus Protest gegen das willkürliche Rechtssystem erneut aus der Stadt aus. Die Justiz bevorzugte die Patrizier, und da die meisten Plebejer ihre Rechte nicht kannten, waren die Patrizier bei Prozessen oft im Vorteil. Die Patrizier mussten den Plebejern Zugeständnisse machen, und schließlich wurden die Gesetze auch auf Bronzetafeln (Zwölftafelgesetze) aufgezeichnet und für alle einsehbar auf dem Forum Romanum ausgehängt. Ein weiterer Schritt zu mehr Gerechtigkeit, doch das Rechtssystem bot noch immer keine Gleichberechtigung.

Oben: Eine Gemme mit einem Porträt.

Unten: Eine Inschrift mit den Namen von Senatsmitgliedern.

Erst die Gesetze der Volkstribune Licinius und Sextius von 367 v. Chr. räumten den Plebejern auch politische Macht ein. Plebejer konnten nun auch als Konsuln gewählt werden, was erstmals 366 geschah.

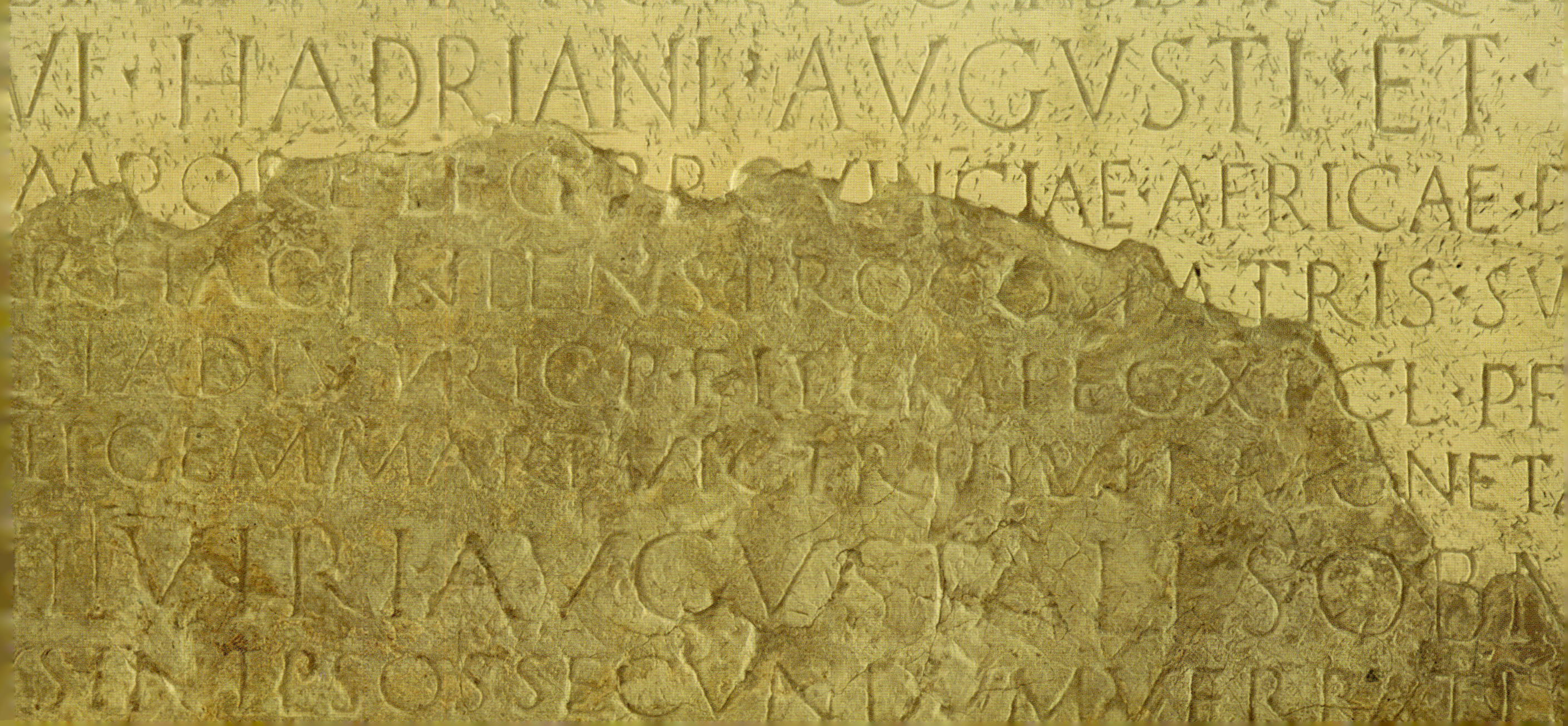

Plebejer als Konsuln

Das Gesetz legte fest, dass einer der beiden Konsuln plebejischer Herkunft sein sollte. 366 v. Chr. wurde eine Volksversammlung *(comitia tributa)* geschaffen, die neben den zehn Volkstribunen auch die plebejischen Ädilen und Quästoren (Finanzbeamte) wählen sollte. Anders als in der *comitia centuriata* war das Stimmrecht hier nicht an ein bestimmtes Mindestvermögen geknüpft. Alle römischen Bürger konnten indirekt über ihre Tribus (Wahlbezirk) wählen. Es gab insgesamt 35 Tribus, und jede Tribus hatte eine Stimme in der Versammlung. Dieses Verfahren war zwar demokratischer als das der *comitia centuriata*, doch waren der Stadt Rom hierbei nur vier der 35 Tribus zugeteilt worden, sodass die Bevölkerungsverteilung nicht angemessen berücksichtigt war. Die Stimme eines Stadtrömers wog demnach in der Versammlung nicht so schwer wie die Stimme eines Römers vom Land. 339 erhielt die Volksversammlung die Befugnis, die *comitia centuriata* zu umgehen und eigene Gesetze zu verabschieden, wenn der Senat dies billigte.

Kräftegleichgewicht

Nach einem langen Kampf erreichte die Plebs 287 v. Chr. eine annähernde politische Gleichstellung. In diesem Jahr zog die Plebs wieder einmal aus der Stadt und zwang die Patrizier, ihr mehr Macht zuzugestehen. Durch die Lex Hortensia wurden Plebiszite für alle römischen Bürger, auch für Patrizier, bindend, und die Volksversammlung konnte Gesetze auch ohne Zustimmung des Senats verabschieden. Diese revolutionär erscheinenden Veränderungen wurden jedoch durch die Realität, in der die Patrizier weiterhin großen Einfluss ausübten, relativiert. Die meisten Gesetzentwürfe kamen von Patriziern, die den Senat zur Zustimmung drängen konnten, bevor die Volksversammlung involviert war.

Die bis dahin erreichte Machtbalance zwischen Plebejern und Patriziern führte aber dazu, dass die politischen Institutionen der Republik ein goldenes Zeitalter erlebten. Das Gleichgewicht hielt ein Jahrhundert lang, bevor es erneut zu einer sozialen Krise kam. Die Plebs fühlte sich ermutigt, noch mehr Macht einzufordern.

***Oben:* Statuen aus dem Haus der Vestalinnen im Bereich des Forum Romanum.**

***Unten:* Blick über die Ruinen des Forum Romanum.**

Römische Villen

Im 2. Jahrhundert v. Chr. nutzte die reiche städtische Elite Roms eine landwirtschaftliche Krise, um die alteingesessenen Kleinbauern von ihren Ländereien zu vertreiben und große Landflächen ihrem Besitz einzuverleiben. Die neuen urbanen Landbesitzer errichteten auf ihren ausgedehnten Besitzungen Landhäuser, in die sie sich von dem hektischen Stadtleben zurückzogen.

Abseits vom Trubel

In Rom ging es mit der Zeit immer turbulenter zu, als immer mehr Kleinbauern von ihrem Land vertrieben wurden und auf der Suche nach Arbeit in die Stadt drängten. Angesichts der wachsenden Bevölkerung und der zunehmend hektischen Atmosphäre suchten viele wohlhabende Römer Zuflucht in einem Zweithaus auf dem Land. Schnell entwickelte sich eine Villenkultur. Bald war es unter reichen Römern Mode, einen oder mehrere solcher Wohnsitze zu besitzen.

Gewöhnlich stand eine derartige Villa auf einem viele Hektar großen Grundstück, das der Villenbesitzer auch landwirtschaftlich nutzte. Obwohl die Landgüter nahe bei der Villa lagen, betrachtete man sie oft nicht als Teil des ländlichen Idylls und trennte die Villa meist davon ab. Der Hof versorgte die Villa mit alltäglichen Lebensmitteln wie Wein und Olivenöl. Die meisten Grundbesitzer griffen jedoch nicht in den landwirtschaftlichen Betrieb ein. Die Arbeit in der Landwirtschaft überließ man Sklaven und Verwaltern, die das Gut leiteten.

Oben: Wandmalerei mit der Darstellung einer Gartenszene. Die verputzten Innenwände der Villen waren teilweise lediglich mit Farbe getüncht, teilweise aber auch mit aufwendigen Malereien verziert. Besonders beliebt waren Scheinarchitektur und geometrische Muster.

Links: Wandschmuck in einer Villa in Pompeji.

Hypokausten

Reich ausgestattete römische Villen verfügten über ein eigenes raffiniertes Heizsystem, die sogenannten Hypokausten (griechisch: Unterfeuerung). Diese Fußbodenheizung wurde besonders in den nördlichen Provinzen geschätzt, wo die Villen auch während der kälteren Wintermonate bewohnt wurden.

Die Hypokaustenheizungen funktionierten nach einem einfachen Prinzip. Der Fußboden des beheizten Raums wurde auf niedrigen Pfeilern aufgebaut, darunter lag ein Hohlraum. In einer zentralen Feuerstelle wurde ein Feuer geschürt. Die vom Feuer erwärmte Luft wurde dann durch den Hohlraum unter dem Fußboden geleitet. In manchen Villen zog die Heißluft zusätzlich durch die aus Hohlziegeln gemauerten Wände, die ihrerseits die Wärme in den Raum abgaben. Überdies wurde das Feuer der Fußbodenheizung äußerst effizient zum Erhitzen von Wasser für die Bäder der Villen genutzt.

Oben: Millefioriglasschale aus Alexandria, die als Tischgeschirr diente oder als Dekoration in der Villa benutzt wurde.

Unten: Schema einer Hypokaustenanlage.

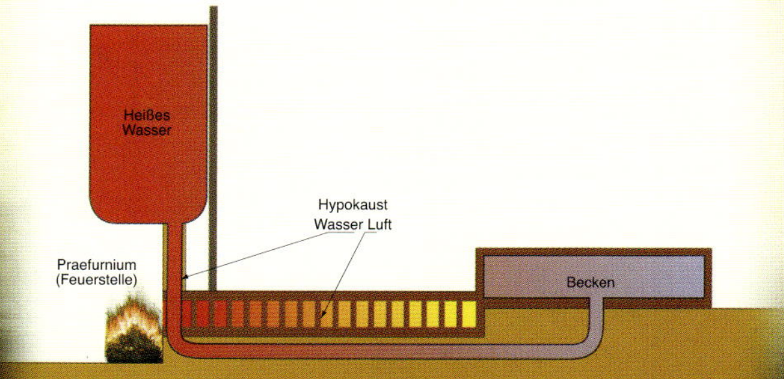

Unten: Diese Hypokaustenanlage einer römischen Villa in Chedworth (Cotswold Hills) heizte nicht nur die Wohnräume, sondern auch die Bäder des Hauses.

Die ländliche Villa

Anfangs waren die römischen Villen auf dem Land hinsichtlich Größe und Dekoration eher bescheiden. Im Bemühen, Konkurrenten auszustechen, wurden sie allerdings im Laufe der Zeit immer größer und prachtvoller gebaut. Durch die Eroberung fremder Gebiete kam eine kleine Schicht von Römern zu großem Wohlstand, den sie unter anderem in weitläufige und extravagante Villen investierte. Traditionelle Villen glichen in der Architektur weitgehend den Stadthäusern wohlhabender Familien, allerdings boten sie meist viel mehr Platz.

Die meisten Villen betrat man über einen beeindruckenden, von Bäumen gesäumten Vorhof mit einer Kolonnade. Ein großes Atrium wie in den Stadthäusern war in den Landhäusern nicht nötig. Das Atrium war gewöhnlich der Platz, an dem sich die Familie mit Gästen und Klienten traf. Da diese Treffen meistens in der Stadt stattfanden, war ein solcher Platz im Landhaus nicht notwendig. Deshalb besaßen viele Landvillen kein Atrium.

Speisen im Freien

Die Villa bot alle Annehmlichkeiten eines Stadthauses: einen großzügigen Garten, Schlafzimmer, Küchen und einen Essplatz im Freien. Dieser Essplatz wurde häufig und gern genutzt, wenn die Römer ihre Villen während der wärmeren Jahreszeiten bewohnten.

Wie die Stadthäuser waren auch die Villen nur sparsam möbliert. Das wichtigste Möbelstück, eine lange Liege, diente als Speise- und Ruhelager. Gewöhnlich hatten die Tische in den Villen keinen festen Platz, denn sie wurden je nach Bedarf in den Zimmern aufgestellt und danach in Abstellräumen gelagert. Kostbare Gegenstände, wie Schmuck, Gefäße aus Edelmetall und Ähnliches, wurden wie die meisten anderen Besitztümer in großen Holztruhen aufbewahrt. Die abgeschiedene Lage machte viele Einrichtungen notwendig, die in Stadthäusern nicht üblich waren, etwa private Badehäuser, Tempel und Bäckereien. Die meisten Villen hatten für die Wasserversorgung und Kanalisation ein eigenes System.

Ruinen der Hadriansvilla, einer großzügigen Kaiserresidenz auf dem Land nordöstlich von Rom in der Nähe von Tivoli.

Villen an der Küste

Mit steigender Nachfrage verzichtete man bei vielen Villen ganz auf landwirtschaftliche Flächen oder reduzierte sie auf eine für die Versorgung der Villa nötige Größe. Villen entlang der Meeresküste kamen in Mode, denn das kühle Meeresklima war ein angenehmer Kontrast zur stickigen Sommerhitze in Rom.

Der südlich von Rom gelegene Golf von Neapel wurde ein sehr beliebter Standort für solche Küstenvillen. In den Überresten von Pompeji und Herculaneum haben sich zahlreiche Beispiele für solche Villen erhalten. Besonders beliebt unter den Orten am Golf von Neapel war das Seebad Baiae, wo sich viele reiche Römer niederließen. Als Julius Caesar sich dort eine Villa baute, folgten ihm viele reiche Bürger der römischen Oberschicht, die sich hier ebenfalls Ferienhäuser errichten ließen. Baiae erfreute sich mit seinen Schwefelquellen, dem kühlen Klima und einer üppigen Vegetation lange großer Beliebtheit.

Villen in den Provinzen

Mit der Zeit entstanden überall im Imperium Villen, denn lokale Eliten und römische Beamte bemühten sich, das Leben ihrer Kollegen in Rom nachzuahmen. Die Villen der Provinzen wurden oft im römischen Architekturstil errichtet und besaßen alle Annehml chkeiten ihrer stadtrömischen Vorbilder: Zentralheizung, Wandmalereien, Badehäuser, Bäckereien und Tempel.

Außerhalb Italiens entwickelte die Villenkultur einen eigenen Charakter, besonders in den weniger urbanisierten Provinzen wie Gallien und Britannien. Hier diente die Villa weniger als Ferienhaus, sondern war permanent bewohnt. Zu den Villen gehörten daher auch ausgedehnte Anbaugebiete, die oft in die lokale Wirtschaft integriert waren.

Goldene Öllampe aus Pompeji.

Detail einer Wandmalerei mit einer Villa an der Küste.

Mosaiken

Bodenmosaiken in Villen finden sich im gesamten Römischen Reich. Gewöhnlich sind die meist hervorragend erhaltenen Mosaiken die interessantesten Fundstücke in den ausgegrabenen Villen. Mosaiken bestehen aus vielen kleinen Glas- oder Steinstückchen, den sogenannten *tesserae*, die in kunstvollen Mustern in ein feuchtes Mörtelbett gedrückt wurden.

Die Mosaikarbeiten wurden zwar oft individuell nach dem Geschmack des Villenbesitzers hergestellt, die Motive und der Dekor folgten aber gewissen Modetrends. Ein abstraktes Muster aus ineinander verschlungenen Linien war sehr beliebt, daneben gab es eine Vielzahl von Standardmustern und -formen. Bei aufwendigeren Mosaiken wurden auch bildliche Darstellungen eingefügt. Meist zeigten sie eine einzelne Figur, häufig Tiere oder Götter. Daneben gab es ebenso Mosaiken, die komplexe Szene wiedergaben, etwa Männer bei der Jagd, Gladiatoren beim Duell oder berühmte Mythen und Legenden.

Wandmalerei

In reicheren Häusern wurden die Innenwände mit Fresken geschmückt. Bei Fresken trägt der Maler die Farbe auf den noch feuchten Putz auf. Durch diese Technik wird die Farbe dauerhaft mit der Wand verbunden, und so haben sich einige antike Fresken bis heute erhalten, auch wenn die Farben verblasst sind. Da jedoch die meisten Gebäude im Laufe der Zeit abgerissen wurden oder verfielen, sind solche Funde Glücksfälle. In Pompeji und Herculaneum, wo die Vulkanasche die Wände samt Malereien einhüllte, sind einige der besten Beispiele zu sehen.

Innenräume eines Hauses in Ostia: Üppig dekorierte Bodenmosaiken waren ein klarer Hinweis auf den Wohlstand des Villenbesitzers.

Kriegerische Expansion

Von den bescheidenen Anfängen auf dem Palatin bis zur Vormachtstellung im Herzen Italiens durchlebte Rom mehrere Jahrhunderte einer aggressiven Expansion. 275 v. Chr. hatten die Römer schließlich Italien südlich des Arno fest unter Kontrolle.

Vorherrschaft in Latium

Zunächst musste Rom die Kontrolle über Latium gewinnen. 493 v. Chr. schloss die Stadt mit den Latinern ein Bündnis, das dem gemeinschaftlichen Handel und Schutz diente.

In der Frühzeit war Alba Longa die Hauptstadt dieses Latinerbunds, Rom stand zunächst in deren Schatten. Erst unter der Herrschaft von Tullus Hostilius, der angeblich den König von Alba in Stücke reißen ließ, konnte Rom die Vorherrschaft in diesem Bündnis übernehmen.

Latinerkrieg

Doch der Latinerbund lehnte sich noch einmal gegen die römische Dominanz auf. 340 v. Chr. versuchte man, die Schwäche Roms auszunutzen: Der sogenannte Latinerkrieg endete allerdings nach zwei Jahren mit dem Sieg Roms. Der Latinerbund wurde aufgelöst und seine Städte als *municipiae* mit vollen Bürgerrechten in den römischen Staat integriert.

Triumph über die Etrusker

Neben den benachbarten Latinern sah sich Rom mit den zahlreichen kleinen Stämmen konfrontiert, die über Mittelitalien verstreut lebten. In der Königszeit und der frühen Republik führte man immer wieder erfolgreiche Kriege gegen die benachbarten Etrusker, Sabiner, Äquer und Volsker. Der vielleicht wichtigste Sieg gelang der jungen römischen Republik 396 v. Chr. mit der Einnahme der nahe gelegenen etruskischen Stadt Veji nach zehnjähriger Belagerung.

Veji wurde dem Erdboden gleichgemacht, und seine Bewohner wurden getötet oder als Sklaven verkauft. Dieser Sieg brachte Rom wichtige ökonomische Vorteile. Kurzfristig profitierte man von der nach Rom gebrachten Beute. Langfristig hatte sich Rom eines der wichtigsten Handelsrivalen in Mittelitalien entledigt. Zugleich markiert der römische Sieg den endgültigen Niedergang der Etrusker.

Das Detail des berühmten Nilmosaiks aus Palestrina zeigt das überschwemmte Nildelta. Die Stadt Palestrina liegt in der Region Lazio (Latium), die in den Latinerkriegen gegen Rom kämpfte.

Gallierkatastrophe

Roms Ruhm währte nicht lange, denn nur wenige Jahre später bereiteten die Gallier den Römern eine vernichtende Niederlage. Diese keltischen Stämme waren in den Jahrzehnten zuvor aus ihrem Kernsiedlungsgebiet im heutigen Frankreich bis nach Norditalien und Etrurien vorgedrungen. 391 v. Chr. bedrohten sie die etruskische Stadt Clusium. Die Stadt bat Rom um Hilfe, ein Indiz für Roms neuen, mächtigen Status in der Region.

Die Römer schickten eine Delegation, die mit den Invasoren aus dem Norden verhandeln sollte. Die Situation eskalierte, als ein Römer einen gallischen Verhandlungspartner tötete. Die aufgebrachten Gallier marschierten mit ihrem Anführer Brennus nach Rom. 387 v. Chr. schlugen sie die Römer an der Allia vernichtend und eroberten Rom.

Friesfragment mit einer Kampfszene.

Wiederaufbau

Rom wurde zwar stark zerstört und geplündert, jedoch nicht dem Erboden gleichgemacht. Man zahlte den Galliern ein Lösegeld, damit sie sich zurückzogen, ohne die Bevölkerung zu töten oder zu versklaven. So konnte man sich die nächsten Jahre dem Wiederaufbau der Stadt und ihrer Verteidigungsanlagen widmen und vor allem das eigene Prestige in der Region wiederherstellen. Gleichzeitig führte Roms wachsende Bevölkerung zu einer steigenden Nachfrage nach Land und Nahrungsmitteln, sodass erneute Konflikte unvermeidbar wurden.

Krieg gegen die Samniten

Durch seine Expansion im 4. Jahrhundert v. Chr. kam Rom in Konflikt mit den Samniten, die in der Bergregion des Apennin lebten. Die Samniten waren ein militärisch starkes Volk, das die Römer in drei lange Kriege verwickelte: Der erste begann 343, der letzte endete 290. Im 2. Samnitenkrieg mussten die Römer 321 an den Caudinischen Pässen eine vernichtende Niederlage hinnehmen, und die Samniten gewannen für einige Jahre die Oberhand.

Der dritte und letzte Krieg brach 298 aus, als die Samniten Unterstützung von weiteren Gegnern Roms, wie den Kelten und einigen etruskischen Städten, erhielten. Dabei war die Schlacht bei Sentinum 295 kriegsentscheidend. Beide Seiten erlitten hohe Verluste, doch die Römer konnten die Samniten endgültig schlagen. Durch den Sieg über die Samniten brachte Rom Mittelitalien unter seine Kontrolle.

Stabilisierung der neuen Gebiete

Rom hatte aus dem Latinerkrieg gelernt: Wichtig war, Aufstände in den eroberten Gebieten zu vermeiden, wenn Rom seine Kräfte auf anderen Gebieten benötigte oder geschwächt erschien – wie bei den andauernden Expansionskriegen. Daher war es unbedingt notwendig, die neu eroberten Territorien zu konsolidieren.

Diese Erkenntnis führte in Rom zu einer neuen Besatzungspolitik. Krisenregionen wurden brutal unterdrückt, während weniger aufsässigen Völkern mehr Wohlwollen entgegengebracht wurde. Sie konnten unter römischer Herrschaft fast so weiterleben wie zuvor, solange sie die römische Autorität akzeptierten. Man siedelte gezielt römische Bürger in diesen Gebieten an, um die Bevölkerung zu romanisieren und künftige Aufstände gegen die römische Herrschaft zu verhindern. Eine Besatzungspolitik, die übrigens auch heute noch viele Nachahmer hat.

Detail eines Sarkophagreliefs: Wagenrennen.

Ausdehnung nach Süden

Im 3. Jahrhundert v. Chr. begann Rom seine Expansion ins südliche Italien. Diese Ausdehnung nach Süden markiert eine wichtige Wende in der Geschichte des römischen Imperiums. Rom führte nicht länger Kriege gegen die kleinen Volksstämme Mittelitaliens, jetzt trat man in Konkurrenz mit einigen der bedeutendsten Mächte der antiken Welt, mit Karthago und Griechenland.

Einer der ersten Vorstöße Roms in diese Region erfolgte, nachdem die Stadt Thurii um Beistand gegen die Lukaner gebeten hatte. Die von Rom entsandte Flotte wurde aber von Tarent, dem führenden griechischen Stadtstaat in Italien, versenkt.

Pyrrhische Siege und Niederlagen

280 v. Chr. rief das um die griechische Vorherrschaft im südlichen Italien besorgte Tarent König Pyrrhus von Epirus zu Hilfe. Pyrrhus rückte mit einer Armee von 25 000 Soldaten und einigen Kriegselefanten an. Die Römer hatten keine vergleichbare Waffe, und ihre Armee verlor die ersten Gefechte.

Seine erste große Schlacht gewann Pyrrhus 279 bei Ausculum, allerdings mit derart hohen Verlusten in den eigenen Reihen, dass man danach einen verlustreichen Sieg als Phyrrhussieg bezeichnete. Pyrrhus versuchte nicht nur, die vorrückenden Römer zu bekämpfen, sondern gleichzeitig auch den griechischen Städten auf Sizilien beizustehen, die im Westen der Insel von den Karthagern bedroht wurden. Diese Spaltung der Truppen erlaubte es Rom, seine Kräfte aufzufrischen und weiter nach Süden vorzurücken. 275 belagerten römische Truppen Tarent. Trotz seiner Erfolge auf Sizilien entschloss sich Pyrrhus wegen der schweren Verluste in Süditalien zum Rückzug nach Griechenland und überließ Tarent den Römern.

Oben: Münze mit der Darstellung eines sogenannten tropaion, eines Siegesmals, das aus erbeuteten Waffen erstellt wurde.

Rechts: Wandmalerei mit dem Bildnis des Herkules. Die Römer übernahmen den Halbgott Herkules schon früh von den Griechen, die ihn Herakles nannten. Herkules war die Verkörperung aller männlichen Tugenden.

Das römische Heer

Das republikanische Heer

Zur Zeit der frühen und mittleren Republik gab es kein Berufsheer. Die Soldaten wurden im Bedarfsfall mobilisiert, und in Friedenszeiten unterhielt man nur einige wenige Legionen. Wenn Legionen aufgestellt werden mussten, dann hatten alle vermögenden römischen Bürger bis zu einem bestimmten Alter der Einberufung als Freiwillige Folge zu leisten. Die Konsuln entschieden über die Mobilmachung, worauf die gewählten Militärtribunen geeignete römische Bürger rekrutierten. Sechs Tribunen kommandierten eine Legion und waren den Konsuln gegenüber verantwortlich. Die Tribunen waren gewöhnlich jüngere Ritter, die eine Karriere im Senat anstrebten.

Legionen und Zenturien

Das republikanische Heer war eine erfolgreiche Streitmacht. Es ermöglichte Rom die Eroberung fast ganz Italiens und den Sieg über Karthago in den Punischen Kriegen. Die Legion mit rund 6000 Mann bildete die Kerntruppe des Heeres. Angeblich konnte eine einzelne Legion einen Krieg führen, meist zogen jedoch mehrere Legionen zusammen in die Schlacht. Jede Legion bestand aus 60 Zenturien, die jeweils paarweise zu 30 Manipeln zusammengefasst waren.

Jede Zenturie unterstand einem *centurio*. Die Mitglieder der Legion wählten 30 dieser Hauptleute, die dann weitere 30 Hauptleute ernannten. Ein gewählter *centurio* führte zusammen mit seinem ernannten Kandidaten ein Manipel. Die Zenturie auf dem rechten Flügel wurde immer von dem gewählten *centurio* befehligt, die auf dem linken von dem ernannten.

Kampfformation

Die römische Armee gliederte sich in mehrere Reihen unterschiedlich ausgerüsteter schwerer Infanterie. Die vorderste Linie bildeten zehn Manipel *hastati*, besetzt mit den jüngsten Soldaten. Männer im Alter von Ende Zwanzig bis Dreißig waren in den zehn Manipeln *principes* der mittleren Linie zusammengefasst. In der hintersten Linien standen die zehn Manipel *triarii*. Diese erfahrenen Veteranen bildeten den Rückhalt und waren oft kriegsentscheidend. Wenn sie zum Einsatz kamen, dann hatten es die Römer mit keinem einfachen Gegner zu tun. Jedem Manipel waren einige leicht bewaffnete *velites* zugeordnet. Diese Rekruten, jünger als die *hastati*, bildeten die vordersten Ränge eines jeden Manipel und waren extrem mobil. Sie leiteten durch Vorstöße das Gefecht ein und zogen sich dann hinter die schwere Infanterie zurück.

Jede Legion wurde von den *equites* flankiert, der Kavallerie. In der frühen Republik dienten die wohlhabendsten Männer als *equites*, in der mittleren Republik übernahmen zunehmend Verbündete der Römer diese Funktion.

In der Uniform von Zenturionen marschierten diese Männer am 21. April 2003 durch die Ruinen des Forum Romanum. Sie gehörten zu einem Festzug anlässlich des Jahrestages der Gründung Roms 748 v. Chr.

Einführung eines Berufsheeres

Das republikanische Heer hatte erfolgreich bei der Expansion Roms mitgewirkt, doch gegen Ende des 2. Jahrhunderts v. Chr. war eine Heeresreform notwendig. Das Imperium war enorm gewachsen und nicht länger nur mit Wehrpflichtigen zu kontrollieren. Bis dahin wurden für Militäraktionen nur vermögende römische Bürger eingezogen, die nach ihrem Einsatz wieder auf ihr Land zurückkehrten. Nun brauchte Rom aber Berufssoldaten und ein stehendes Heer.

Der Konsul Gaius Marius wurde mit dieser Heeresreform beauftragt. Er führte den Sold ein und öffnete das Heer auch für Römer ohne Vermögen. So entstand ein Berufsheer, das schnell wuchs, denn viele ärmere Römer sahen in einer Militärkarriere die Möglichkeit, ihre wirtschaftliche Situation zu verbessern und gesellschaftlich aufzusteigen. Die Umwandlung in ein Berufsheer erforderte zwar mehr Geld für die Ausbildung und die Ausrüstung der Soldaten, doch das Resultat war ein gut ausgebildetes Heer, das viele Siege erringen konnte.

Zusätzlich zu dieser Reform setzte man zunehmend auch nichtrömische Bürger als Hilfstruppen ein, um dem Personalmangel zu begegnen. Neben dem Sold hatten diese Hilfskräfte die Möglichkeit, nach dem Militärdienst die begehrte römische Staatsbürgerschaft zu erhalten.

Statue des Mithras mit einem Stier. Der Mithraskult, von dem Frauen ausgeschlossen waren, kam im 1. Jahrhundert n. Chr. auf. Er erreichte seine Blüte im 3. und 4. Jahrhundert, als er bei den römischen Soldaten sehr beliebt war.

Reform der Legionen

Marius reformierte auch die Struktur der Legionen. Zwischen 113 und 101 v. Chr. hatten germanische Stämme bei verschiedenen Gelegenheiten das römische Heer besiegen können, da dessen Gliederung nicht ausreichend flexibel war. Die Legionen mit ihrer altersmäßigen Staffelung in drei Linien konnten sich nur schwer gegen Angriffe von den Seiten verteidigen. Feinde konnten die Römer von den Flanken attackieren und, ohne mit den jüngeren Soldaten der vordersten Linie konfrontiert zu werden, gleich die älteren, verwundbareren *triarii* im hintersten Glied angreifen.

Mit der Reform gab man die linearen Formationen der mittleren Republik auf und ersetzte sie durch Kohorten. Diese aus rund 500 Mann bestehenden Einheiten umfassten alle drei Schlachtreihen. Sie waren dadurch flexibler und konnten sowohl Angriffe von den Flanken wie auch von vorn oder hinten gut abwehren.

Eine zwölfsitzige Latrine in den Ruinen eines Militärlagers in Dougga (Tunesien).

Legionen in der Kaiserzeit

Römische Ringkämpfer (Marmorstatuetten). Ringen war ein beliebter Sport unter Soldaten.

Durch die Reformen des Marius wurde das Heer zu einer festen Einrichtung im römischen Alltag. Bis zur Kaiserzeit hatte das Kohortensystem seine endgültige Form angenommen. Die auf 80 Mann geschrumpfte Zenturie war in zehn Gruppen untergliedert. Diese kleinste Einheit, das *contubernium*, bestand aus acht Soldaten, die eine enge Kampf- und Zeltgemeinschaft bildeten. Das Kohortensystem behielt man bei, und sechs Zenturien ergaben eine Kohorte von 480 Mann. Die erste Kohorte war größer, sie umfasste zehn Zenturien mit 800 Mann. Zehn Kohorten, die übergroße erste Kohorte eingeschlossen, bildeten die Legion. Die Mannschaftsstärke lag zumeist bei ungefähr 6000 Mann, denn neben den knapp über 5000 Soldaten gab es in jeder Legion noch viele Hilfskräfte wie Ärzte, Sanitäter und Köche.

Die Prätorianer – die Leibwache des Kaisers

In der Kaiserzeit genoss eine Elitegruppe von Offizieren das Privileg, in der hochgeachteten Prätorianergarde zu dienen. Die Garde war eigentlich zum persönlichen Schutz des Kaisers und seiner Familie gedacht, konnte aber auch rasch Unruhen in Rom niederschlagen. Die Prätorianer entstanden bereits während der Republik als Schutzgarde der Feldherren. Bedeutend wurden sie unter der Regentschaft von Augustus, dem ersten Kaiser.

Der Posten als Prätorianer war bei den Offizieren sehr begehrt, denn er bot eine deutlich bessere Entlohnung als die der Legionäre und war mit einer wesentlich kürzeren Dienstzeit von nur zwölf Jahren verbunden. Der Einfluss der Prätorianer nahm im Kaiserreich stark zu. Sie entwickelten sich zu einer Institution, die selbst die Position des Kaisers bedrohen konnte, wie zum Beispiel im Fall von Aurelian, Pertinax und Commodus.

Die Macht der Prätorianer, sogar den Kaiser unter Druck setzen zu können, verschaffte ihnen eine privilegierte Stellung. Es gab Situationen, in denen die Prätorianer das Amt des Kaisers an den Meistbietenden verkauften. Obwohl Septimus Severus den Einfluss der Garde stark zurückdrängen konnte, wurde die Prätorianergarde erst unter Konstantin dem Großen im Jahr 312 aufgelöst.

Luftaufnahme der römischen Festung Old Sarum nördlich von Salisbury (England). Soldaten der römischen Armee konnten in allen Teilen des Reiches eingesetzt werden, wie zum Beispiel in Britannien, der nördlichsten Ecke des Römischen Reichs.

Das Leben in der römischen Armee

Auf dem Marsch

Das Heer musste auf dem Marsch von Ort zu Ort große Tagesetappen von vielen Kilometern bewältigen. Durch das Berufsheer war es möglich geworden, die Rekruten für die langen, anstrengenden Märsche mit schwerem Gepäck (Rüstung, Waffen und Gepäck) zu trainieren. Nach einem langen Tagesmarsch errichtete das Heer ein Nachtlager aus den mitgeführten Zelten. Sobald der Lagerplatz ausgewählt war, begannen die Legionäre zur Verteidigung rings um das Lager einen Graben auszuheben und den Wall mit Palisaden zu verstärken. Am nächsten Morgen wurde alles wieder abgebaut, und die Soldaten zogen weiter. Die acht Männer eines *contubernium* teilten sich ein Zelt. Gewöhnlich halfen Hilfskräfte beim Transport des Zeltes, doch gelegentlich mussten die Soldaten dieses auch selbst tragen.

Befestigungsanlagen

Die Römer bauten im ganzen Imperium zahlreiche Befestigungen zur Verteidigung der Grenzen und als Quartier für die Soldaten. Die Kastelle waren durch Mauern, Gräben und schwer bewachte Tore gut geschützt. Jeden Tag wurde ein neues Passwort an die Soldaten ausgegeben, damit nur sie und keine Fremde die Tore passieren konnten. Das Leben im Kastell war streng reglementiert.

Die Soldaten mussten durch ständiges Exerzieren ihre Einsatzbereitschaft aufrechterhalten. Sie absolvierten Märsche und betrieben Schwimm- und Kampftraining. Man achtete auf strenge Disziplin. Die Lebensumstände in den Kastellen waren aber wesentlich komfortabler als in den Marschlagern. Viele glichen mit ihren Gebäuden, wie Kornspeichern und Waffenwerkstätten, kleinen Städten. Oft gab es dort Altäre für verschiedene Götter, ebenso sanitäre Einrichtungen wie Badehäuser und öffentliche Latrinen. Die Soldaten lebten in festen Unterkünften und mussten nur bei Manövern Zelte und Gepäck transportieren.

Besondere Vergünstigungen

Das Soldatenleben bot manche Vorteile. Der Sold war höher als die Bezahlung für viele andere Tätigkeiten. Die Soldaten hatten im Heer eine bessere medizinische Versorgung als die meisten Zivilisten, und nach 25-jähriger Dienstzeit erhielten die Söldner ein Stück Land und eine kleine Pension.

Für Nichtrömer bot die Soldatenlaufbahn einen zusätzlichen Anreiz, denn nach ihrer Entlassung konnten sie römische Bürger werden. Und nach seinem Tod bekam ein ehemaliger, ehrenhaft entlassener Soldat ein günstigeres Begräbnis.

Doch es gab auch einige Nachteile. Die Pension stand einem Soldaten erst nach Ableistung der gesamten Dienstzeit zu. Viele wurden zuvor im Kampf getötet. In Friedenszeiten konnte das Leben stumpfsinnig und ermüdend sein, vor allem durch das monotone, aber harte Exerzieren. Anfangs war es den in Kastellen einquartierten Soldaten untersagt zu heiraten. Dies hielt viele von einer Militärlaufbahn ab, denn Soldaten mussten 25 Jahre lang dienen, bevor sie sich dann im fortgeschrittenen Alter niederlassen konnten. Obwohl dieses Heiratsverbot später wegfiel, zogen viele römische Soldaten nicht mit Familie durchs Reich, sondern waren mit Frauen liiert, die in der Umgebung des Lagers lebten.

Ein Reiter mit Lanze auf einer römischen Münze aus Spanien.

Die Punischen Kriege

Knapp ein Jahrzehnt nach der Niederwerfung der griechischen Stadtstaaten in Süditalien befand sich Rom im Krieg mit Karthago, der großen Handelsmacht, die einst das westliche Mittelmeer beherrschte. Mit dem Sieg über diesen Gegner kündigte sich Roms Aufstieg zu einer der größten Weltmächte der Geschichte an.

Streit um Messana

Angesichts der gemeinsamen Bedrohung durch Pyrrhus hatten Römer und Karthager 279 v. Chr. ein Abkommen geschlossen. Durch den Streit um die strategisch wichtige Stadt Messana auf Sizilien, die die Meerenge zum italienischen Festland kontrollierte, wurde der Vertrag dann gefährdet. Die Mamertiner aus Mittelitalien beherrschten die Stadt, seit sie in die Region gekommen waren, um dem griechischen Stadtstaat Syrakus gegen die Bedrohung durch Römer und Karthager beizustehen. Als Pyrrhus abzog, behielten die Mamertiner die Stadt weiterhin unter ihrer Kontrolle. 264 versuchte Syrakus, Messana zurückzugewinnen, und die Karthager unterstützten Syrakus in diesem Bestreben. Diese Krise bot den Falken in Rom die lang ersehnte Gelegenheit, nach Sizilien einzumarschieren. Der Senat beschloss, Soldaten nach Messana zu entsenden, um die Stadt von den Karthagern zu befreien. Rom ging erfolgreich gegen eine kleine karthagische Garnison vor und ließ die Truppen aus Karthago und Syrakus großmütig abziehen. Allerdings hielt dieses großzügige Verhalten beide Parteien nicht davon ab, sich gegenseitig den Krieg zu erklären.

***Unten:** Römisches Kriegsschiff (Relief). Nach dem Sieg der karthagischen Flotte 260 v. Chr. bei den Liparischen Inseln initiierte Rom ein ehrgeiziges Flottenbauprogramm. In der Schlacht bei Mylae triumphierte die römische Flotte, und die Machtverhältnisse im Mittelmeer veränderten sich.*

***Gegenüber oben:** Hafenszene auf einem Wandbild in Pompeji.*

***Gegenüber unten:** Straßen im römischen Hafen von Ostia. Der wichtige Handelshafen diente in den Punischen Kriegen als Ausgangspunkt für Militäraktionen. Heute liegt er nicht mehr an der Küste, sondern rund acht Kilometer landeinwärts.*

1. Punischer Krieg

Der 1. Punische Krieg dauerte bis 241 v. Chr. und war im Wesentlichen ein Kampf um die Vormacht auf Sizilien. (In Rom bezeichnete man die Karthager, die zu den Phönikern gehörten, als *peoni*, also Punier.) Die Römer eroberten rasch einige karthagische Siedlungen und rückten auf Syrakus vor. Angesichts der Bedrohung des Stadtstaats beschloss sein Herrscher Hieron, die Seiten zu wechseln und sich den Römern anzuschließen. Zwar konnten die Römer einige frühe Erfolge an Land erzielen, doch um Karthagos Macht herauszufordern, musste der Gegner auch zu Wasser besiegt werden. Dies stellte jedoch eine äußerst große Herausforderung dar, denn bei Ausbruch des Krieges zählte Karthago zu den bedeutendsten Seemächten der damaligen Welt und beherrschte relativ uneingeschränkt das westliche Mittelmeer.

Maritime Vorherrschaft

Dank ihrer Überlegenheit gewannen die Karthager die erste Seeschlacht 260 v. Chr. bei den Liparischen Inseln. Doch Rom gab nicht auf und beschloss ein ehrgeiziges Flottenbauprogramm. Dabei nutzte man die von Karthago übernommene Technologie. Schon bei der folgenden Begegnung in der Schlacht von Mylae triumphierten die Römer. Es sollte der erste Seesieg Roms sein, der zugleich eine Machtverschiebung im westlichen Mittelmeer ankündigte. Rom konnte Korsika und große Teile Siziliens erobern.

Nach diesen territorialen Gewinnen wollte Rom allerdings den Krieg rasch beenden, da er eine große finanzielle Belastung bedeutete. Um die Karthager zur Kapitulation zu zwingen, setzten die Römer 257 nach Afrika über und bedrohten die Karthager auf ihrem eigenen Terrain. Doch Rom konnte diesen weit entfernten Kriegsschauplatz nicht halten, da die Verteidigung der Karthager durch spartanische Söldner, die aus Griechenland kamen, und Kriegselefanten gestärkt wurde.

Mit dem Rückzug der Römer aus Afrika geriet der Krieg in eine Sackgasse und konzentrierte sich auf Landgefechte und die Belagerung von Sizilien. Karthago war bald den Belastungen eines derartig langen Konflikts nicht mehr gewachsen. Unruhen in seinen afrikanischen Provinzen zwangen Karthago zu kapitulieren. Die letzte Schlacht fand bei den Ägatischen Inseln im Westen Siziliens statt. Rom ging daraus als klarer Sieger hervor, und Karthago zog sich zurück, um die Unruhen zu Hause zu beschwichtigen. Zuvor setzte Rom einen Friedensvertrag durch, der die Karthager zur Zahlung von 3200 Talenten und zum Abzug von Sizilien verpflichtete.

Der Söldneraufstand

Die von den Römern auferlegten Zahlungen, verbunden mit der ökonomischen Notlage nach den Jahren der Kriegsführung, führten dazu, dass sich Karthago zurückzog und sich den drängenden Problemen zu Hause widmete. Zwischen 240 und 238 v. Chr. brach in Karthago ein Aufstand aus, den Söldner auslösten, die im 1. Punischen Krieg von Karthago angeheuert, aber wegen der wirtschaftlichen Situation nicht bezahlt worden waren. Der Aufstand beschränkte sich zwar im Wesentlichen auf Nordafrika, doch auch auf Sardinien, das nominell noch unter Karthagos Kontrolle stand, rebellierten Söldner. Karthago war jedoch nicht in der Lage, sowohl in Nordafrika und als auch auf Sardinien die Lage unter Kontrolle zu bringen, und musste so hinnehmen, dass die Römer auf die Insel vorrückten und Sardinien annektierten.

Krisenherd Sagunt

Nachdem Karthago den Söldneraufstand niedergeschlagen hatte, kehrte es um 230 auf die internationale Bühne zurück. Karthago hatte seine Ambitionen nicht aufgegeben. Doch statt Rom wegen seiner ehemaligen Besitzungen auf Sizilien und Sardinien herauszufordern, richtete Karthago den Blick auf die Iberische Halbinsel, das heutige Spanien. Die Karthager hatten bereits vor dem Krieg die Küstengebiete im Süden der Halbinsel besiedelt. Zwischen 237 und 219 drangen sie tiefer ins Landesinnere vor und festigten auf Kosten der lokalen keltischen Stämme ihre Herrschaft über die Region.

Karthagos wiedererwachter Expansionsdrang blieb Rom nicht verborgen. Doch die Römer waren zu jenem Zeitpunkt mit der Unterwerfung gallischer Stämme nördlich des Arno und ihrer Expansion Richtung Alpen gebunden. 222 v. Chr. wurde Mediolanum (Mailand) eingenommen. Rom entschied sich, ein Abkommen mit Karthago zu treffen: Karthago würde sich nicht nördlich des Ebro und Rom nicht südlich davon ausbreiten. Karthago erhielt damit scheinbar die Kontrolle über die Iberische Halbinsel.

Doch das Abkommen hatte keinen Bestand. Durch die Besetzung der Iberischen Halbinsel konnte sich Karthago finanziell und politisch von der Niederlage im 1. Punischen Krieg erholen. Schließlich flackerte die Rivalität mit Rom um die Vorherrschaft auf dem Mittelmeer erneut auf.

Die Stadt Sagunt, südlich des Ebro in Karthagos Einflussbereich gelegen, spielte dabei eine wichtige Rolle. Rom stellte die Stadt provokativ unter seinen Schutz, worauf Karthago 219 v. Chr. Sagunt belagerte. Als sich Sagunt schließlich den Karthagern ergeben musste, erklärte Rom den Krieg.

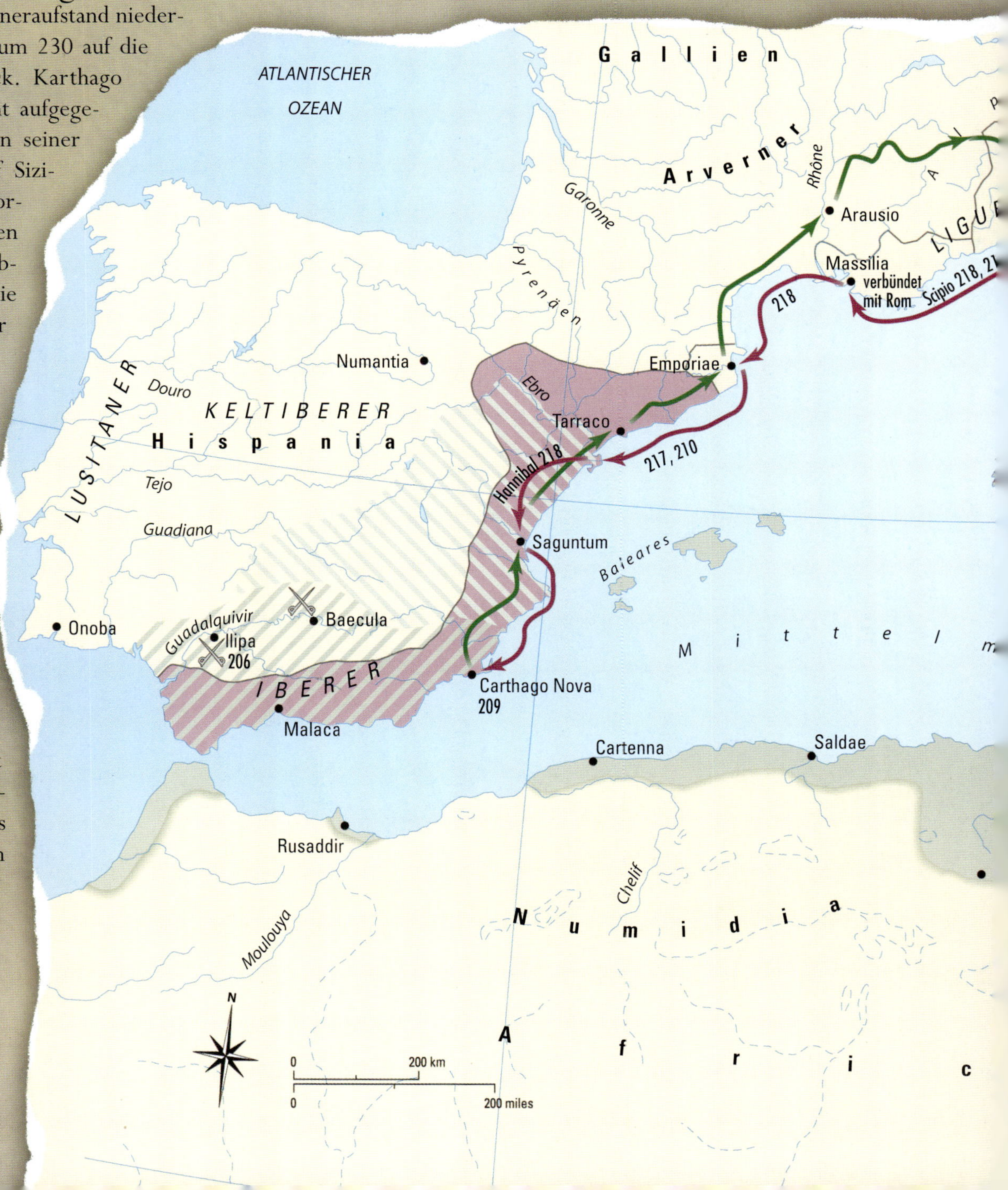

2. Punischer Krieg

Der zweite römisch-karthagische Konflikt unterschied sich deutlich vom ersten, denn Karthago besaß jetzt in Spanien eine europäische Basis, und seine Truppen wurden von dem 221 v. Chr. ernannten Feldherrn Hannibal angeführt. Hannibal lehnte kategorisch einen Frieden mit Rom ab. Er soll geschworen haben, nie mit Rom Frieden zu schließen.

Hannibals Vormarsch

Hannibal beschloss, den Kampf in das römische Kernland in Italien zu verlagern. Von seinem Stützpunkt in Spanien aus wollte er über Land zur Invasion ansetzen. Hierzu mussten seine Truppen in einem berühmt gewordenen Kraftakt sowohl die Pyrenäen als auch die Alpen überqueren. 218 v. Chr. überschritt er mit mehr als 60 000 Mann und 37 Kriegselefanten den Ebro. Nach der Überquerung der Pyrenäen musste Hannibal lokale Stämme bekämpfen, die seinen Vormarsch behinderten, bevor er dann über die Alpen nach Italien vorstieß. Viele Soldaten kamen auf der gefährlichen Passage um, andere ließ Hannibal aus strategischen Gründen zurück, weil er an ihrer Loyalität zweifelte.

Die Römer hielten Hannibals Vormarsch von Spanien nach Italien nicht auf. Die römische Armee hätte ihn im Rhônetal besiegen können, doch sie war durch Aufstände in den Kolonien Cremona und Placentia geschwächt. Um den Vormarsch zu stoppen, versuchte schließlich eine römische Armee unter dem Kommando von Konsul Publius Cornelius Scipio, Hannibals Truppen zu vernichten, bevor sie sich von dem Gewaltmarsch über die Alpen erholen konnten. Im Oktober 218 verwickelten die Römer Hannibal bei Ticinus in eine Schlacht, die die Karthager trotz ihrer erschöpften Truppen gewannen.

Zwei Elefanten marschieren durch die Überreste eines Tors. Sie sind Teil einer britischen Expedition zur Rekonstruktion von Hannibals Alpenüberquerung.

Hannibal

Hannibal Barkas, Sohn des karthagischen Generals Hamilkar Barkas, gilt wegen seiner strategischen und taktischen Vorgehensweisen als einer der größten Militärführer der Geschichte. Der Namenszusatz Barkas bedeutet „Blitz“ und wurde von seinen Nachkommen übernommen.

Die Legende erzählt, der neunjährige Hannibal habe seinen Vater gebeten, ihn auf eine Mission zur Errichtung einer Militärbasis nach nach Spanien mitzunehmen. Sein Vater willigte ein, doch zuvor musste der junge Hannibal schwören, die römische Republik zu seinem ewigen Feind zu machen.

Diese Büste aus dem 1. Jahrhundert v. Chr. zeigt den karthagischen Feldherrn Hannibal, der 218 v. Chr. Rom angriff.

Wie der Vater, so der Sohn

Auch Hamilkar war ein erfolgreicher General, der viele militärische Siege erzielt hatte, bevor er im Kampf fiel. Nach Hamilkars Tod 229 v. Chr. übernahm sein Schwiegersohn Hasdrubal das Kommando bis zu seiner Ermordung 221. Dann wurde Hannibal Befehlshaber der karthagischen Armee. Er hatte ohne Zweifel viele Eigenschaften seines Vaters geerbt und setzte umgehend zu einer Serie von militärischen Vorstößen an. Höhepunkt war seine berühmte Alpenüberquerung, um die Römer auf ihrem heimischen Territorium zu bekämpfen.

Das Ende einer Karriere

Hannibals Militärkarriere endete mit der Niederlage bei Zama am 19. Oktober 202. Der Feldherr kehrte zurück in seine Heimat und versuchte, als oberster Magistrat einige Reformen durchzusetzen. Er wurde jedoch 195 von seinen mit Rom verbundenen Gegnern zum Rückzug aus der Politik gedrängt und ging schließlich ins Exil. Hannibal war noch mehrfach als Feldherr für andere Staaten tätig, bevor er sich 183 mit 64 Jahren das Leben nahm, um der Auslieferung an die Römer zu entgehen.

Noch viele Jahre nach seinem Tod war der Name Hannibal im ganzen Römischen Reich ein Synonym für Angst und Terror. Die Römer prägten den Ausdruck „Hannibal ad (auch ante) portas“ (Hannibal ist vor den Toren) für eine Situation drohender Gefahr oder kündenden Unheils.

Hannibal im Kampf mit einer römischen Legion am Rande der Alpen (Gemälde aus der Renaissancezeit).

Roms vernichtende Niederlage

Obwohl der Sieg am Ticinus für die Karthager nur ein Punktsieg war und sich die römische Armee schnell wieder formieren konnte, war er doch bedeutsam, denn viele norditalienische Stämme entschieden sich nach der römischen Niederlage zum Wechsel in Hannibals Lager. So konnte Hannibal die Reihen seiner erschöpften Truppen neu auffüllen. Die Soldaten des römischen Feldherrn Scipio zogen sich zum Fluss Trebia zurück, wo die Armee des zweiten Konsuls Sempronius von Sizilien zu ihnen stieß. Sempronius bestand auf einem direkten Angriff auf Hannibal. Dieser durchschaute den Plan und kam jenem mit einer Invasion des römischen Heerlagers am frühen Morgen im Dezember 218 zuvor. Er traf die Römer völlig unvorbereitet, durchkühlt und hungrig. Scipio und Sempronius erlitten eine verheerende Niederlage und verloren rund 30 000 Mann.

Fabius Maximus

Infolge dieser verheerenden Niederlage berief der Senat die beiden Konsuln ab und ernannte Gaius Flaminius und Gnaeus Servilius, die Hannibal aber auch nicht schlagen konnten. Verzweifelt auf einen Sieg aus, ließ Flaminius sich und seine Legionen am Trasimenischen See in einen Hinterhalt locken. Hannibals Truppen nutzen den See, um die Römer zu umzingeln und ihnen den Rückzug abzuschneiden. Die Karthager metzelten die eingeschlossenen Feinde nieder und errangen einen weiteren wichtigen Sieg. Flaminius fiel im Kampf, und der besorgte Senat ernannte Quintus Fabius Maximus zum Diktator. Dieser verfolgte eine hinhaltende Defensivstrategie, was ihm den Beinamen Cunctator (lateinisch: Zauderer) einbrachte. Die Römer drückten damit ihre Verachtung für seine scheinbar unheroische Strategie aus, die Hannibals Vorrücken nach Süden zuließ.

Grabstele mit dem Bild eines Kriegers zu Pferd.

Das Mandat Maximus' als Diktator wurde beendet, und Aemilius Paullus und Gaius Terentius Varro, die für ein entschiedeneres Vorgehen gegen Hannibal plädierten, wurden zu Konsuln ernannt. Die verlorene Schlacht bei Cannae 216 – die schwerste Niederlage Roms in diesem Krieg – schien die Strategie des Maximus zu rechtfertigen. Rom hatte eine deutlich überlegene Armee zusammengezogen, mit der die Konsuln geglaubt hatten, Hannibal besiegen zu können.

Ruinen der Hafenstadt Ostia. Der Ort, der heute acht Kilometer im Landesinneren liegt, war einst ein wichtiger Stützpunkt im Kampf gegen Karthago.

Rom verliert seine Gefolgschaft

Hannibal gelang es, durch einen geschickten militärisch-strategischen Zug dem zahlenmäßig überlegenen römischen Heer eine verheerende Niederlage zuzufügen. Er lockte den Gegner in die eigenen Linien, um ihn dann einzuschließen. Die eingekesselten römischen Truppen wurden vernichtend geschlagen. Die Schlacht bei Cannae war ein entscheidender Wendepunkt in diesem Krieg, denn viele Verbündete in Süditalien kündigten Rom die Gefolgschaft und erklärten Karthago ihre Loyalität. Daraufhin beschloss Hannibal, nicht nach Rom zu marschieren, sondern nach Süden vorzustoßen, um dort die karthagische Vorherrschaft zu konsolidieren.

Scipio vertreibt die Karthager aus Spanien

Während die Römer in den ersten Kriegsjahren in Italien nur Niederlagen erlitten, konnten sie in Spanien einige wichtige militärische Siege erringen. 218 v. Chr. wurde eine Armee unter Führung von Gnaeus Cornelius Scipio, dem Bruder des Publius Cornelius Scipio, nach Spanien entsandt, um dort Hannibals Basis für Nachschub und Finanzmittel auszuschalten. Die Kämpfe in Spanien zogen sich bis 211 hin, als Scipio besiegt und getötet wurde. 209 trat sein Neffe, der wie sein Vater Publius Cornelius Scipio hieß, seine Nachfolge an.

In den folgenden drei Jahren gelang es Scipio, die Karthager aus Spanien zu vertreiben. 205 kehrte er nach Italien zurück. Der Verlust Spaniens war ein schwerer Schlag für Hannibal. Er besaß nun keine unabhängige Basis mehr außerhalb des karthagischen Kernlandes. Karthagos größte Sorge galt der Verteidigung des heimischen Territoriums. Diese Situation nutzte Scipio und entsandte ein Heer nach Afrika, um die gegnerische Hauptstadt zu erobern. 204 erreichte er Nordafrika, und Hannibal wurde sofort aus Italien zurückbeordert. Er musste die gewonnenen Gebiete im Süden aufgeben, mit seiner Rückkehr 203 nach Karthago verlor er alle Eroberungen seines jahrelangen Feldzugs.

Karthago bittet um Frieden

Die endgültige Entscheidung des 2. Punischen Kriegs fiel 202 in der Schlacht bei Zama. Nach einigen Niederlagen in Italien gelang es den Römern, mit ihrem Nordafrikafeldzug die Karthager zu bezwingen, die schließlich um Frieden baten. Der von Rom auferlegte Friedensvertrag bedeutete eine noch schwerere Last als der nach dem 1. Punischen Krieg. Karthago wurde gezwungen, 10 000 Talente zu zahlen, und musste alle Kriegsschiffe bis auf zehn ausliefern, die es zur Bekämpfung von Piraten behalten durfte. Um ein neues Heer aufzustellen, benötigte Karthago fortan die Zustimmung Roms. Damit war Karthagos Macht bereits gebrochen, doch es dauerte noch 50 Jahre, bis diesem Imperium der endgültige Todesstoß versetzt wurde.

***Links:** Reste einer Römerstraße, die quer durch die Sierra de Gredos in Zentralspanien verläuft. Im Krieg gegen Karthago war Spanien ein wichtiges Schlachtfeld.*

3. Punischer Krieg

Nach dem 2. Punischen Krieg fand Hannibal eine neue Rolle als Staatsmann. Rom konnte sich damit nicht abfinden und forderte seine Auslieferung. Hannibal ging jedoch ins Exil. Mehr als ein Jahrzehnt hielt er sich in verschiedenen Königreichen auf, bis die Römer vom bithynischen König seine Herausgabe verlangten. Um einer Auslieferung an die Römer zuvorzukommen, beging Hannibal allerdings 183 v. Chr. Selbstmord.

Karthago muss zerstört werden

Die ehemalige Großmacht Karthago überlebte Hannibal nur um knapp 50 Jahre. Obwohl Karthago nach dem 2. Punischen Krieg bedeutungslos geworden war, verloren die Römer nie ihr Misstrauen gegenüber ihrem ehemaligen Erzfeind. Cato griff dieses weitverbreitete Gefühl auf, indem er angeblich jede Rede im Senat mit den Worten „Im Übrigen bin ich der Meinung, dass Karthago zerstört werden muss" beendete. Schließlich war es aber weniger Rom selbst, sondern das benachbarte Numidien, das Karthagos Ende herbeiführte. In einer geschickten Strategie provozierte Numidien die Karthager durch Angriffe auf ihre Städte, wohl wissend, dass Karthago ohne das Einverständnis Roms nicht zurückschlagen konnte. Da Numidien Rom in der Schlacht bei Zama unterstützt hatte, favorisierte Rom in diesen Streitfällen immer die Numider. Doch 150 v. Chr. beschlossen die Karthager, unter Missachtung der römischen Restriktionen die Numider zu bekämpfen. Dieser militärische Vorgang bedeutete eine Verletzung des Friedensvertrags. Rom forderte einen unmöglichen Preis für den Fortbestand des Friedens: Alle Karthager sollten ihre Stadt verlassen und ins Innere Afrikas umsiedeln. Angesichts dieser Forderung blieb den Karthagern keine Wahl, als sich auf einen neuen Krieg mit Rom einzulassen.

Der 3. Punische Krieg dauerte von 149 bis 146 und war im Wesentlichen ein Kampf um Karthago selbst. Nach dem Sieg von 146 tilgte Rom Karthago von der Landkarte. Die Stadt wurde bis auf die Grundmauern zerstört. Große Teile der Bevölkerung wurden getötet, die Überlebenden versklavt. Rom annektierte Karthagos ehemalige Besitzungen und gewann so einen Vorposten auf dem afrikanischen Kontinent.

In ihrem Bemühen, nicht nur die karthagische Stadt auszuradieren, sondern auch die Erinnerung an die einstige Großmacht auszulöschen, waren die Römer sehr gründlich. Man weiß heute über das einst so bedeutende Karthago sehr wenig. Die einzigen Informationen stammen aus römischen Quellen und sind daher nicht sehr zuverlässig. Erst jüngste Grabungen in Karthago und in ehemaligen karthagischen Besitzungen könnten in Zukunft vielleicht ein anderes Bild von diesem viel zitierten, aber wenig bekannten Imperium verraten.

Oben: Gladiator im Kampf mit einem Löwen (Wandbild).

Links: Ein Gladiator tötet einen Leoparden. Detail eines Mosaiks mit kämpfenden Gladiatoren. Wildkatzen wie Löwen und Leoparden waren beliebte Motive im antiken Rom. Sie gehörten zum exotischen Reiz Afrikas und dienten als kraftvolle Metapher, da man im Kampf mit diesen Tieren seine Stärke beweisen konnte.

Die Römer in Afrika

Roms Vorstoß nach Nordafrika begann im 3. Punischen Krieg, als die römische Armee das karthagische Reich zerschlug und als Provinz Africa in das römische Reich eingliederte. Im Laufe von Jahrhunderten brachte Rom das gesamte Gebiet zwischen der Wüste Sahara und dem Mittelmeer unter seine Kontrolle. Die Provinzen in Nordafrika waren vergleichsweise friedliche und reiche Gebiete, und die römische Herrschaft wurde hier weitgehend akzeptiert.

Mosaik aus Hammam Lif (Tunesien) mit der Darstellung eines jungen Mannes.

Roms Verbündeter in Afrika

Das nordafrikanische Königreich Numidien war im 2. Punischen Krieg mit den Karthagern verbündet. Als der neue König Masinissa an die Macht kam, wechselte er die Seiten und schloss sich den Römern an. Das Königreich wurde ein wichtiger Verbündeter Roms, denn die Numider steuerten große Kontingente zur römischen Kavallerie bei, als die Nachschublinien des Imperiums stark beansprucht waren. Als Dank für ihre Unterstützung durften die Numider nach dem Krieg den geschwächten Karthagern Teile ihres Gebiets abnehmen. Karthago waren die Hände gebunden, denn der Friedensvertrag mit den Römern verlangte, dass Rom allen Militäraktionen Karthagos zustimmen musste. Doch Rom hatte wenig Interesse, seinen numidischen Verbündeten Einhalt zu gebieten. Als sich Karthago schließlich zum Gegenschlag ohne Roms Zustimmung entschloss, brach der 3. und letzte Punische Krieg aus, und Karthago wurde völlig zerstört.

Theater in Sabratha, der Stadt, die mit zwei weiteren Städten zum heutigen Tripolis (Dreistadt) in Libyen vereint wurde. Die ehemalige Nubierstadt wurde später von den Römern wieder aufgebaut.

Instabilität in Numidien

König Masinissa starb 148 v. Chr. während des 3. Punischen Krieges und hinterließ sein Königreich unter römischer Protektion. Sein Sohn Micipsa, der ihm auf den Thron folgte, regierte bis zu seinem Tod im Jahr 118 v. Chr. Seine Nachfolger waren seine Söhne Adherbal und Hiempsal und sein Adoptivsohn Jugurtha. Doch es kam zu einem Machtkampf zwischen den Thronerben, dabei ließ Jugurtha Hiempsal ermorden. Adherbal bat den römischen Senat um Hilfe. Der Senat beschloss die Aufteilung des Reichs zwischen den verbliebenen Herrschern.

Doch Jugurtha war mit diesem Schiedsspruch nicht zufrieden und drang in Adherbals Herrschaftsgebiet ein. Dessen Truppen waren rasch besiegt, und Adherbal musste Zuflucht in der Stadt Cirta nehmen, wo er sich unter den römischen Bürgern sicher wähnte. Jugurtha erstürmte jedoch Cirta und nahm Adherbal gefangen. Nach dessen Hinrichtung herrschte er über das gesamte Königreich.

Krieg gegen Jugurtha

Der innernumidische Thronstreit hätte vermutlich Rom nicht auf den Plan gebracht, doch die Tatsache, dass Jugurtha auch römische Bürger töten ließ, die Adherbal unterstützt hatten, führte zum Eingreifen Roms. 111 v. Chr. zog Rom gegen Jugurtha, um den Mord an römischen Bürgern zu rächen.

Der Jugurthinische Krieg schleppte sich einige Jahre dahin, ohne dass Rom einen Sieg für sich beanspruchen konnte. 107 v. Chr. übertrug man in Rom dem populistischen Feldherrn Gaius Marius den Oberbefehl über die Truppen, nachdem man die bis dahin für die Kriegsführung Verantwortlichen für unfähig erklärt hatte. Marius führte den Krieg 105 zu einem günstigen Ende. Jugurtha wurde gefangen genommen, nach Rom gebracht und nach einem Triumphzug durch die Stadt hingerichtet. Anschließend regierten Klientelkönige Numidien, bis es Julius Caesar 46 v. Chr. nach dem Sieg bei Thapsus in die Provinz Africa eingliederte. Unter Augustus fasste man diese Provinz mit dem Gebiet um Karthago zur Provinz Africa proconsularis zusammen.

Der säulengesäumte Cardo von Gerasa (Djerash, Jordanien).

Kornkammer des Imperiums

Nordafrika war ein wichtiger Produzent von Getreide und wurde als „Kornkammer Roms" bezeichnet. Tatsächlich lieferte die Region aber Getreide in das gesamte Imperium. Der Getreidenachschub war für Rom äußerst wichtig: Tausende Römer lebten von den kostenlosen Getreidezuteilungen; zugleich wurden die Zuteilungen genutzt, um die Bevölkerung politisch zu beeinflussen. Als Vespasian 69 n. Chr. Vitellus stürzte, eroberte er zuerst Alexandria in Ägypten, um die Getreideversorgung, die für die Kontrolle Roms unabdingbar war, zu sichern.

Afrikas Rohstoffe

Die nordafrikanischen Besitzungen Roms lieferten neben Getreide noch andere wertvolle Rohstoffe und Produkte. Afrika löste Spanien als Roms wichtigste Quelle für Olivenöl ab, das für viele alltägliche Zwecke verwendet wurde. Daneben kamen aus Nordafrika viele Tiere, die für die beliebten Hetzjagden und Spiele in Rom und in anderen Teilen des Reichs bestimmt waren. Überdies entwickelte sich in der Region ein reger Handel mit Elfenbein, und auch die Fischindustrie gewann in Nordafrika an Bedeutung. Geliefert wurden neben Frischware auch zunehmend gesalzener Fisch und eine beliebte Fischsoße, die zum Würzen diente.

Ägypten und die Cyrenaica

Die griechischstämmigen Pharaonen der in Ägypten herrschenden Dynastie der Ptolemäer konnten ihre Unabhängigkeit länger bewahren als ihre griechischen Nachbarn. Ägypten spielte im letzten Bürgerkrieg der römischen Republik eine wichtige Rolle, als Marcus Antonius sich dort mit der ägyptischen Königin Kleopatra verschanzte. 30 v. Chr. besiegte Octavian seinen Rivalen Marcus Antonius und zwang ihn und Kleopatra zum Selbstmord. Octavian ließ Kleopatras Sohn töten und machte Ägypten zu einer direkt dem Kaiser unterstellten Provinz.

Die benachbarte Cyrenaica stand ursprünglich unter der Kontrolle des ägyptischen Königs, wurde aber gegen Ende des 1. Jahrhunderts v. Chr. dem ägyptischen Königssohn Ptolemaios Apion als Provinz zugeteilt. Ptolemaios Apion vererbte die Provinz nach seinem Tod 96 v. Chr. an Rom. Obwohl die Cyrenaica und Ägypten unter den Römern relativ ruhige Gebiete waren, gab es ständig gärende Konflikte zwischen den griechischen, jüdischen und christlichen Bevölkerungsgruppen. Kämpfe zwischen Griechen und Juden führten dazu, dass die Römer die Cyrenaica 64 v. Chr. besetzten. Ein jüdischer Aufstand 116 n. Chr. forderte viele Menschenleben, vor allem bei der brutalen Niederschlagung der Rebellion durch Trajan und später Hadrian.

Forum des Septimius Severus in Leptis Magna, Libyen. Leptis Magna war der Geburtsort von Kaiser Severus, der seine afrikanische Heimatstadt zu einer blühenden Metropole ausbaute. Sie wurde später mit Sabratha und Oea zu Tripolis in Libyen vereint.

Afrikanische Städte

Leptis Magna: Geburtsort von Severus

Kaiser Septimius Severus machte seine afrikanische Heimatstadt Leptis Magna zu einer blühenden Metropole, die den Vergleich mit anderen großen Städten im Reich nicht scheuen musste. Er baute ein neues Forum mit einer von Säulen gesäumten Prachtstraße, die zum modernisierten Hafen führte. Dank eines fruchtbaren Hinterlands war Leptis Magna aber schon, bevor Severus Ende des 2. Jahrhunderts n. Chr. Kaiser wurde, eine bedeutende Stadt. Sie hatte während der Herrschaft Augustus' einen bedeutsamen Aufschwung erlebt und besaß bereits 50 Jahre vor Severus' Amtszeit einen gewaltigen Thermenkomplex, den Hadrian gestiftet hatte.

Karthago: auferstanden aus Ruinen

Nach dem Sieg der Römer über die Karthager im 3. Punischen Krieg wurde deren Stadt dem Erdboden gleichgemacht und angeblich Salz auf die Felder gestreut, um sie für immer unfruchtbar zu machen. Utica löste Karthago als wichtigste Stadt der Region ab und wurde zur Hauptstadt der römischen Provinz Africa. Doch die Römer konnten auf das fruchtbare Umland Karthagos als Getreidelieferant nicht verzichten, und so wurde auf Befehl Augustus' dort eine neue Kolonie gegründet.

Timgad und Antinopolis

Die bedeutendsten von den Römern in Nordafrika gegründeten Städte waren Timgad in Numidien und Antinopolis in Ägypten. Trajan ließ Timgad 100 n. Chr. als Militärkolonie zur Ansiedlung seiner Veteranen errichten. Die Stadt lag strategisch günstig, um die einheimischen Berberstämme zu kontrollieren. Die schachbrettartige Stadtanlage erinnert noch an die ursprünglich militärische Funktion der Stadt.

Antinopolis wurde von Hadrian an der Stelle gegründet, wo sein Geliebter Antinous im Nil ertrunken war. Hadrian errichtete die Stadt, die vorrangig als Gedenkstätte für Antinous diente, in Anlehnung an klassisch griechische Vorbilder. Antinous wurde zum Gott erhoben, und man baute ihm zu Ehren in der Stadt einen Tempel.

Eine nackte Frau mit einem Korb. Mosaik am Eingang zu den Frauenbädern im Musée de Timgad in Algerien.

Mumifiziertes Krokodil aus dem antiken Rom – ein Beleg für den Einfluss Ägyptens auf Rom.

Eroberung Griechenlands

Während Rom mit Karthago um die Vorherrschaft im westlichen Mittelmeer kämpfte, spitzte sich auch die Situation im Osten zu. Nach dem Tod Alexanders des Großen 323 v. Chr. zerfiel das riesige makedonische Reich, und es entstanden viele kleine, rivalisierende griechische Staaten.

1. Makedonischer Krieg

Rom hatte bereits in der Zeit zwischen dem 1. und 2. Punischen Krieg Interesse am östlichen Mittelmeerraum gezeigt, als es Illyrien auf der gegenüber von Italien gelegenen Adriaseite erobert hatte. Die römische Expansion in diese Region alarmierte den makedonischen König Philipp V., der sich 215 v. Chr. im 2. Punischen Krieg mit den Karthagern gegen die Römer verbündete. Durch diese Allianz befanden sich Rom und Makedonien in Krieg. Als Hannibal Rom bedrohte, schlossen die Römer ein Abkommen mit dem Ätolischen Bund, dem Rivalen der Makedonier. Somit konnten die Makedonier in Schach gehalten werden, ohne dass Rom eigene Truppen einsetzen musste, die zur Verteidigung der Hauptstadt gebraucht wurden. 206 willigten die erschöpften Ätoler in einen Frieden ein, und der 1. Makedonische Krieg endete ohne größere römische Beteiligung.

2. Makedonischer Krieg

Im 2. Makedonischen Krieg von 200 bis 197 v. Chr. kam es dann zu einem direkten Eingreifen der Römer. Nachdem der Krieg im Westen gewonnen war, suchte Rom vermutlich nach Möglichkeiten, in den reichen Osten vorzudringen. Die Bitte einiger kleiner griechischer Staaten um Beistand bot einen willkommenen Vorwand dafür. Philipp V. hatte in Anknüpfung an Makedoniens einstigen Glanz unter Alexander dem Großen versucht, den östlichen Mittelmeerraum unter seine Vorherrschaft zu bekommen. Durch diese Expansion alarmiert, baten die griechischen Kleinstaaten Rhodos und Pergamon Rom um Hilfe, was zum 2. Makedonischen Krieg führt. 197 kam es zur entscheidenden Schlacht bei Kynoskephalai. Die siegreichen Römer forderten umfangreiche Entschädigungen, um das einst mächtige makedonische Reich endgültig zu zerstören.

Nach der Befriedung Makedoniens zogen die Römer ihre Truppen aus Rücksicht auf ihre griechischen Verbündeten ab. Doch sie zeigten weiter großes Interesse an der Region, wie der Seleukidenkönig Antiochos II. bald feststellen musste. Durch den Niedergang Makedoniens ermuntert beschloss Antiochos, dessen Platz als regionale Vormacht einzunehmen. Dieses Vorgehen führte zum Konflikt mit den Römern, die zurückkehrten und die Seleukiden 191 in der Schlacht bei den Thermopylen vernichteten. Rom stationierte zwar keine Truppen in Griechenland, war aber weiterhin dort präsent.

333 v. Chr. errang Alexander der Große einen bedeutenden Sieg über den Perserkönig Dareios III. in Issos, nahe dem heutigen Iskenderun in der Türkei. Alexander wurde in Rom als großer Stratege verehrt. In der Schlacht bei Issos kämpften Alexanders Männer gegen eine dreimal so große Übermacht. Dareios, hier in seinem Kampfwagen dargestellt, erlitt seine erste Niederlage, die gleichzeitig das Ende der persischen Vorherrschaft in der Region markierte. Das Mosaik mit der „Alexanderschlacht" stammt aus dem sogenannten Haus des Fauns in Pompeji.

Makedoniens letzter Versuch

Nach dem Tod von Philipp V. 179 v. Chr. wurde sein Sohn Perseus König. Wie sein Vater wollte auch Perseus an die einstige Größe Makedoniens anknüpfen und versuchte erneut, Griechenland unter makedonische Kontrolle zu bringen. Als es ihm gelang, mit den benachbarten griechischen Staaten Bündnisse zu schließen, rief Pergamon, das durch die Bündnisse isoliert wurde, Rom abermals zu Hilfe. 171 v. Chr. erklärten die Römer Makedonien zum dritten Mal den Krieg, um dessen Hegemonie und den Verlust der eigenen politischen Vorherrschaft über Griechenland zu verhindern. Die Entscheidungsschlacht fand 168 bei Pydna statt und endete mit dem Sieg der Römer. Makedonien sollte keine Bedrohung mehr darstellen: Rom teilte das Territorium in vier Gebiete auf.

Rom vernichtet Makedonien

Zwei Jahrzehnte später – Rom war durch den Krieg mit Karthago abgelenkt – erhob ein angeblicher Sohn des Königs Perseus Ansprüche auf den makedonischen Thron. Dieses Mal zögerte Rom jedoch nicht lange: Man vertrieb 148 v. Chr. den Thronprätendenten und gliederte Makedonien als Provinz in das römische Imperium ein. Die dauerhafte Ansiedlung der Römer im Norden alarmierte andere griechische Staaten, und der Achäische Bund im Süden erklärte den Krieg. Dieser Schritt bot Rom den Anlass, seine Hegemonie nach Süden auszuweiten und den Achäischen Bund zu zerschlagen.

Um 146 v. Chr. war Griechenland weitgehend in römischer Hand. Die Zustimmung der restlichen griechischen Staaten sicherte sich Rom durch ein Exempel, das es im selben Jahr an Korinth statuierte. Korinth gehörte zum Achäischen Bund, und als Bestrafung für die Kriegserklärung brannten die Römer die Stadt nieder, töteten alle Männer und verkauften die Frauen als Sklavinnen.

***Oben:** Ein überlebensgroßer Marmorkopf aus den Hadriansthermen in Aphrodisias, einer antiken griechisch-römischen Stadt in der heutigen Türkei.*

***Rechts:** Marmorrelief aus Cumae. Die Griechen hatten bereits im 8. Jahrhundert v. Chr. in Cumae, im Golf von Neapel, eine Kolonie errichtet.*

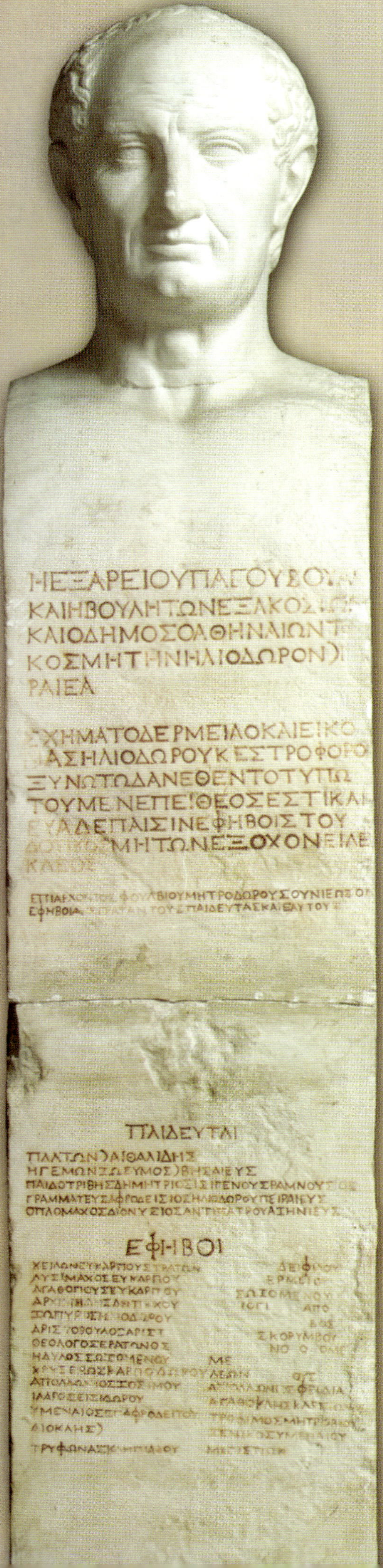

Hellenisierung Roms

Griechische Kultur, Bildung und Wertvorstellungen hatten direkten Einfluss auf Rom. Der Prozess der Hellenisierung begann bereits mit der Invasion der griechischen Stadtstaaten in Süditalien, gewann aber mit dem Vorstoß nach Griechenland sichtlich an Bedeutung. Die griechische Kultur war vielfältiger als die Lebensart der Römer, die traditionelle Tugenden wie Pflichtbewusstsein und Genügsamkeit betonte. Ein Beispiel für diese Tugend aus frührepublikanischer Zeit war Cincinnatus, der in einer Krisensituation, dem Ruf der Pflicht gehorchend, seine Feldarbeit liegen ließ, um für einige Wochen als Diktator zu fungieren. Als die Situation sich wieder normalisierte, kehrte er zu seinem bescheidenen Leben auf dem Hof zurück. Im Gegensatz zu Cincinnatus' Vorbild stand das prunkvolle Leben, das nach der römischen Eroberung Griechenlands in Rom Einzug erhielt und das die Kaiserzeit prägte.

Neue Moden, neue Speisen

Der griechische Lebensstil beeinflusste Rom in vielerlei Hinsicht. Die Römer räumten in Griechenland ganze Heiligtümer leer, um ihre Häuser mit griechischen Kunstwerken und Kostbarkeiten zu schmücken. Sie nahmen nicht nur Statuen und Reliefs mit, sondern ließen auch ganze Gebäude abbauen. Und auch griechische Speisen und Trends traten allmählich an die Stelle der römischen Gerichte und Moden.

Griechische Intellektuelle in Rom

Rom wirkte wie ein Magnet auf griechische Intellektuelle: Hier waren sie als Lehrer für die jungen Römer gefragt und in den gelehrten und politischen Kreisen willkommen. Auch griechische Ärzte waren in Rom tätig. So kam der berühmte Arzt Galen, dessen Lehren und Methoden über viele Jahrhunderte Bestand hatten, im 2. Jahrhundert n. Chr. nach Rom.

Links:* *Bildnis des griechischen Schriftstellers Heliodor.

Unten:* *Römische Wandmalerei mit der Darstellung der Opferung von Iphigenie. Das römische Leben wurde zunehmend von griechischer Kultur und Lebensart beeinflusst.

Alexander der Große

Der makedonische König Alexander, der von 356 bis 323 v. Chr. lebte, gilt als einer der erfolgreichsten Feldherren aller Zeiten. Er eroberte ein riesiges Reich, das sich von Griechenland bis zum Himalaja im Norden Indiens erstreckte.

Ein gefährlicher Gegner

Das Persische Reich, bis dahin die führende Macht im Nahen Osten, erwies sich als Alexanders gefährlichster Gegner. Nachdem Alexander der Große nach Kleinasien übergesetzt hatte, gewann sein Heer zahlreiche Schlachten und brachte rasch Judäa, Ägypten und das Gebiet der heutigen Türkei unter makedonische Kontrolle. 331 stieß Alexander mit seinen Soldaten weiter ostwärts vor, überrannte Mesopotamien und Babylon, bevor er 330 die persische Hauptstadt Persepolis einnahm. Er zog weiter nach Osten bis zum Hindukusch und von dort südwärts nach Indien. Erst seine erschöpften Soldaten konnten ihn 325 zum Rückzug nach Westen zwingen.

Früher Tod

Alexander starb völlig unerwartet 323 v. Chr. im Alter von 32 Jahren. Sein riesiges Imperium wurde unter seinen Generälen und Weggefährten aufgeteilt, das makedonische Reich zerfiel.

In Rom verehrt

Alexander der Große lebte in einer Zeit, als Rom noch in den Anfängen steckte. Während er große Teile der damals bekannten Welt eroberte, stritten die Römer in einem Krieg mit den Samnitern um die Vorherrschaft in Süditalien.

Im antiken Rom wurde Alexander zu einem hochverehrten Helden, besonders unter den römischen Kaisern, die sich bemühten, seinen Erfolgen und seiner Größe nachzueifern. Der Schriftsteller Sueton berichtet von Caesars Eifersucht auf Alexanders Leistungen und von Kaiser Caligula, der Alexanders Brustpanzer trug, den er aus dessen Grab in Alexandria entwendet hatte. Im 2. Jahrhundert n. Chr. fühlte sich Kaiser Trajan durch Alexanders Triumphe ermutigt, ebenfalls nach Osten vorzustoßen. Doch sein fortgeschrittenes Alter bremste seine Ambitionen am Persischen Golf.

Medizin

Die römische Medizin war stark von Griechenland beeinflusst. Viele ihrer Vorstellungen, basierend auf einer Mischung aus begrenzten wissenschaftlichen Erkenntnissen und religiösen Überzeugungen, erscheinen uns heute seltsam. Die römische Medizin behielt ihre Bedeutung noch mehr als ein Jahrhundert nach dem Zusammenbruch des Imperiums.

Gesundung mithilfe der Götter

Die Religion spielte eine wichtige Rolle in der römischen Heilkunde. Viele Römer erkannten in Krankheiten ein Zeichen von göttlicher Missbilligung, weshalb sich der Patient bei vielen Behandlungen durch fromme Taten um die Gunst der Götter bemühen musste.

Auch böse Geister galten als Auslöser von Gesundheitsproblemen, und die Betroffenen verscheuchten sie mit Opfergaben und Zaubersprüchen. Da sich viele Krankheiten irgendwann besserten, schien der Zauber gewirkt zu haben.

Der Gott Äskulap genoss besondere Verehrung unter Kranken. Das Pendant zum römischen Äskulap war in der griechischen Welt Asklepios, der Heilgott. Die Menschen pilgerten zu seinen Tempeln, die Asklepieion genannt wurden. Dort glaubte man, erscheine Äskulap und heile die Kranken im Traum.

Zahlreiche Votive, die sich sowohl in griechischen wie auch römischen Heiligtümern des Asklepios fanden, berichten von erfolgreich kurierten Fällen. Die Verbreitung und Beständigkeit des Kults bezeugt, dass viele an diese Heilmethode glaubten. In früher Zeit reisten die Römer zu den bekannten Heiligtümern des Asklepios in Griechenland, bis später auch ein Asklepieion auf der Tiberinsel in Rom errichtet wurde.

Statuette des Äskulap. Der Kult des griechischen Heilgotts wurde von den Römern übernommen.

Waage aus Messing. Fundstück aus den Ruinen von Aphrodisias, einer antiken griechisch-römischen Stadt in der heutigen Türkei. Diese Waage könnte von einem Arzt zum Abwiegen von Heilmitteln für seine Patienten benutzt worden sein.

Besuch beim Arzt

Äskulap war nicht der einzige griechische Import im Bereich Medizin, auch die meisten Ärzte im alten Rom stammten aus Griechenland. In der Republik genoss der Heilberuf kein besonderes Ansehen. Die Ärzte waren meist griechische Sklaven oder Freigelassene. Mit Beginn der Kaiserzeit gewannen sie an Wertschätzung, da Augustus selbst einen Leibarzt beschäftigte und ihre Rolle im Militär institutionalisierte. Reiche Römer konnten sich einen Arzt ins Haus kommen lassen, Arme mussten dagegen einen Arzt aufsuchen, wenn sie sich eine ärztliche Behandlung überhaupt leisten konnten. Zahlreiche Quacksalber boten daher armen Römern ihre preiswerten Dienste an, meist mit keinem oder nur geringem Heilungserfolg. 100 n. Chr. beendete der Staat den Missstand und gewährte Armen Zuschüsse für Heilbehandlungen.

Wissenschaftlicher Ansatz

Die Ärzte propagierten eine Vielzahl von vorbeugenden Maßnahmen zur Erhaltung der allgemeinen Gesundheit. Ähnlich wie heutige Mediziner empfahlen sie eine ausgewogene Ernährung, Sport und Hygiene. Was die Behandlungen anbelangt, war der Wissensstand der Ärzte nicht so groß und sie orientierten sich an der griechischen Vorstellung von den vier Körpersäften. Die Idee stammte von Empedokles und wurde von Hippokrates auf die Medizin übertragen. Für ihn bestand der Körper aus vier Säften (Blut, Schleim, schwarzer und gelber Galle), die sich mit den vier Naturelementen (Luft, Erde, Feuer und Wasser) in Harmonie befanden. Daraus leitete sich der wissenschaftliche Ansatz der Medizin ab, der im Ungleichgewicht der Körpersäfte die Ursache für eine Krankheit sah. Aus den Symptomen des Patienten konnte man diagnostizieren, welcher Saft im Übermaß vorhanden war: Grippe war beispielsweise eine Folge von zu viel Schleim. Die Ärzte verordneten Behandlungen zur Wiederherstellung des Gleichgewichts, wie zum Beispiel den Aderlass.

Galen

Der berühmte Arzt Galen (Claudius Galenus) übertrug viele griechische Schriften ins Lateinische. Er verband die hellenistische Medizin mit der Vorstellung eines alleinigen Schöpfers, was die spätere Übernahme seiner Theorien durch das Christentum und den Islam förderte. Die Unterstützung seiner Erkenntnisse durch diese bedeutenden Religionen sorgte dafür, dass die griechisch-römische Medizin über Jahrhunderte ihre dominante Stellung behielt.

Chirurgie

Im Gegensatz zur allgemeinen Heilkunde war die römische Chirurgie sehr fortschrittlich. Auch hier war Galen ein Pionier, der seine Schüler ermutigte, jede Gelegenheit zu nutzen, um das Innere eines menschlichen Körpers zu betrachten. Das Sezieren von Leichen war nicht zulässig, weshalb die Römer ihr anatomisches Wissen durch die Untersuchung menschlicher Skelette erwarben. In Rom galten sehr strenge Bestattungsvorschriften für die Toten. Daher standen nur die Leichen von hingerichteten Gefangenen für Anatomiestudien zur Verfügung. Galen wandte aus diesem Grund auch andere Methoden an, um Erkenntnisse über den menschlichen Körper zu gewinnen. So obduzierte er Affen oder erforschte das Körperinnere durch Wundöffnungen bei Gladiatoren und Soldaten.

Die Behandlungsmethoden der römischen Chirurgen waren gut. Sie konnten neben einfachen Operationen wie Amputationen auch anspruchsvollere Eingriffe wie Trepanationen und Staroperationen durchführen. Bei der Trepanation wurde zur Entlastung des Gehirndrucks mit einem kleinen Bohrer ein Loch in den Schädel gebohrt. Historischen Quellen zufolge waren diese schmerzhaften Eingriffe durchaus erfolgreich.

Galen übertrug viele griechische Abhandlungen ins Lateinische. Er verband die griechische Medizin mit dem Konzept eines alleinigen Schöpfers, was seine Theorien für das Christentum und den Islam interessant machte. Das Interesse dieser Religionen an seinen Schriften sorgte dafür, dass die griechisch-römische Heilkunde lange ihren dominanten Einfluss behielt.

Die späte Republik

Soziale Krise

Eindrucksvolle Siege, ein stark erweitertes Territorium und der dabei angehäufte Reichtum hatten Rom seit den Anfängen der Republik verändert. Die Stadt war zu einer geschäftigen Metropole mit der höchsten Einwohnerzahl in der damaligen Welt geworden. Die raschen Veränderungen bedrohten allerdings den Zusammenhalt der römischen Gesellschaft.

Obwohl der Sieg im 2. Punischen Krieg langfristig Roms Größe sicherte, schuf er kurzfristig einige Probleme für den Staat. Das Heer wurde traditionell aus Landbesitzern rekrutiert. Dabei handelte es sich um römische Bürger, die über bewirtschaftete Ländereien verfügten. In den Kämpfen gegen Karthago hatte Rom schwere Verluste erlitten, und viele Römer waren gefallen, darunter auch zahlreiche Grundbesitzer, sodass die Ländereien nicht mehr bewirtschaftet wurden. Doch überdies zerstörte der Krieg große Teile der Ländereien in Italien, was die Probleme der römischen Bauern zusätzlich verschärfte.

Roms üppiger Staatsschatz

Während das Umland in die Krise geriet, erlebte die Stadt ein goldenes Zeitalter. Roms Staatsschatz war durch Kriegsbeute, Handelsmonopole und gewaltige Reparationszahlungen stark angewachsen. Der Reichtum Roms wirkte wie ein Magnet auf alle, die der Depression auf dem Land entgehen wollten. Menschen vom Land strömten in die Stadt, die beständig wuchs. Doch Rom bot den Neuankömmlingen kaum Chancen, denn der Reichtum beschränkte sich auf wenige.

Gegenüber unten: Eine goldene Fibel aus Pompeji. Solche Nadeln waren Wohlhabenden vorbehalten. Mit Fibeln hielt man die Gewänder zusammen. Das Material der Fibel gab Auskunft über den Status des Trägers.

Gegenüber oben: Die Via Appia galt als Symbol der Republik: Die Straße begann auf dem Forum und führte von da bis nach Brindisi an der Südostküste Italiens. Die Ende des 4. Jahrhunderts v. Chr. begonnene Straße war ein wichtiger Faktor bei der Errichtung und Sicherung der römischen Vorherrschaft.

Wachsende soziale Kluft

Die Kluft zwischen reichen und armen Bürgern wuchs ständig. Reiche Römer kauften im großen Stil Ländereien außerhalb Roms auf und häuften riesige Besitzungen an. Dabei wurden viele der Kleinbauern von ihrem Land vertrieben; ihre Arbeit übernahmen Sklaven. Die ihres Landes beraubten Kleinbauern mussten in die Stadt abwandern und dort Arbeit suchen. Durch die erfolgreichen Feldzüge war zudem die Zahl der Sklaven enorm gestiegen. Sie schränkten die Arbeitsmöglichkeiten für Römer, die keinen Grundbesitz hatten, stark ein. Sklaven verrichteten alle niederen Arbeiten, sodass sich die wirtschaftlichen Verhältnisse der armen römischen Bürger weiter verschlechterten.

Sozialreformen

Mit der zunehmenden Polarisierung der römischen Gesellschaft kam es zu einer Lagerbildung in der Politik. Die *populares* („die Volksmänner") der Volkspartei setzten sich für die Unterstützung der armen Stadtbewohner ein. Die Mitglieder dieser Gruppe waren zwar selbst Aristokraten, nahmen aber einen populistischen Standpunkt ein, da sie entweder wirklich an Sozialreformen interessiert waren oder sich auf diese Weise eine populäre Basis in der Volksversammlung schaffen wollten. Ihre politischen Gegner waren die *optimates* („die Besten"). Sie lehnten die progressiven Vorstellungen der *populares* ab. Die Optimaten waren meist Senatoren, die eine Stärkung der Senatsmacht und eine Kontrolle der Volksversammlungen anstrebten.

Beide Gruppierungen erkannten die Probleme, die durch Zuwanderung und Armut auf Rom zukamen. 133 v. Chr. schlug der engagierte Volkstribun Tiberius Gracchus eine Landreform vor, um den ehemaligen kleinen Landbesitzern durch Aufteilung von Großgrundbesitz und staatlichem Ackerland wieder zu Anbauflächen zu verhelfen. Viele Eigentümer dieser Güter waren aber Senatoren und lehnten den Vorschlag vehement ab. Tiberius gelang es aber, seine Pläne voranzutreiben, indem er die Macht der Plebs nutzte, um den Senat zu umgehen und die Landreform einzuleiten.

Die Senatoren rächten sich mit einer Verleumdungskampagne an Tiberius: Sie warfen ihm vor, dass er eigentlich die Alleinherrschaft anstrebe und die Landreform nur als Mittel zu diesem Zweck einsetze. Seit den Tagen von Tarquinius Superbus war die Angst vor einem Alleinherrscher tief im Gedächtnis der Römer verankert, und viele wandten sich gegen Tiberius. Der Senat konnte die Bürger für seine Zwecke mobilisieren, und Tiberius wurde ermordet. Doch der soziale Unfriede ließ sich nicht mehr beilegen. Das sensible Gleichgewicht, das einst zwischen Volk und Senat bestanden hatte, war erschüttert. Das Ende der Republik war eingeläutet.

Vorboten turbulenter Zeiten

Nach dem Tod Tiberius' bemühte sich sein Bruder Gaius, der 123 v. Chr. zum Volkstribun gewählt wurde, dessen Reformpläne zu verwirklichen. Gaius Gracchus wollte eine Getreidebeihilfe für arme Römer einführen, doch dieses populistische Vorhaben erregte wie andere den Unmut der Senatoren und konservativer Patrizier. Gaius stützte sich allerdings bei seinen Reformen auf eine breite Basis im Volk und wurde 122 sogar erneut zum Volkstribun gewählt, sodass seine Gegner zunächst wenig gegen ihn unternehmen konnten. Erst sein Vorschlag, den Latinern außerhalb Roms auch das Bürgerrecht zu gewähren, brachte auch die Plebs gegen ihn auf. Sie war entschieden gegen die Ausdehnung des römischen Bürgerrechts, wie auch der Senat. Gaius wurde nicht wiedergewählt, und der Senat rief unter dem Vorwand, Gaius Gracchus plane einen Umsturz, den Notstand aus. Dieser verschanzte sich daraufhin auf dem Aventin, wurde aber von Senatstruppen überwältigt und zusammen mit vielen seiner Anhänger getötet. Mit diesen politischen Gewalttaten begann einer der turbulentesten Abschnitte in der römischen Geschichte.

Leben auf dem Land

Zunächst lebten die meisten römischen Bürger in ländlichen Gebieten als Kleinbauern, doch allmählich wurden sie in die Stadt verdrängt, als Grundbesitzer große Liegenschaften erwarben. So wurden die meisten Bürger aus dem Umland Roms Stadtbewohner, während im übrigen Reich die Menschen überwiegend auf dem Land lebten.

Mosaik mit der Darstellung von Landarbeiten.

Verlust einer Generation

In der Frühzeit gewann Rom die meisten Kriege, doch als sich Niederlagen einstellten, wurde die Problematik des römischen Rekrutierungssystems schnell offensichtlich. 218 v. Chr. stieß Hannibal über die Alpen nach Italien vor, sein Heer richtete dabei große Verwüstungen an. Im Verlauf dieses Krieges starben so viele römische Soldaten, dass am Ende eine ganze Generation von Landbesitzern ausgelöscht war. Es kam zu tiefgreifenden Veränderungen auf dem Land: Die betroffenen Familien konnten die Landwirtschaft ohne Ehemänner oder Familienväter nicht mehr fortführen, viele mussten ihre Höfe verkaufen, um zu überleben. Zugleich hatten die Kriege eine Gruppe neureicher Bürger hervorgebracht, die durch Kriegsbeute zu Wohlstand gekommen waren. Sie waren bereitwillige Käufer der kleinen Ländereien.

Latifundien

Mit der Zeit konzentrierte sich immer mehr Land in den Händen von wenigen, als auch die verbliebenen Kleinbauern zum Verkauf an die Großgrundbesitzer gezwungen waren. Das Land verteilte sich schließlich auf wenige große Landgüter, die sogenannten Latifundien.

Diese neuen Eigentümer lebten nicht auf ihrem Besitz, sondern verbrachten die meiste Zeit in Rom. Die Ländereien dienten ihnen als Einnahmequellen und wurden von einem Verwalter geleitet. Suchte ein Eigentümer seinen Landbesitz auf, dann nur um sich in seiner Villa vom Stadtleben zu erholen und nicht, um sich um den Betrieb zu kümmern. Mit der Entstehung der Latifundien veränderte sich die Landwirtschaft grundlegend. Man produzierte nicht mehr zur Deckung des eigenen Bedarfs, sondern für die Märkte in Rom, dessen Bevölkerung durch die vertriebenen Kleinbauern stark angewachsen war.

Kleinbauern in der frühen Republik

In der Anfangszeit der römischen Republik waren die meisten Landbesitzer Kleinbauern, die Nahrungsmittel für den Eigenbedarf erzeugten. Überschüssige Produkte nutzte man für Tauschgeschäfte mit benachbarten Bauern. Roms Bedarf an Getreide war nicht groß, denn die Stadt hatte noch verhältnismäßig wenige Einwohner, die sich meist über ihre eigenen Bauernhöfe im Umland der Stadt versorgten.

Während Kriegszeiten wurde das Heer ausschließlich aus der Klasse der römischen Landbesitzer rekrutiert. Der sich allmählich herausbildenden städtischen Schicht ohne Landbesitz war der Militärdienst verwehrt. Nach dem Ende eines Feldzugs oder Krieges wurden die Landbesitzer wieder entlassen und kehrten auf ihre Höfe zurück.

Ein Mann fängt einen Strauß. Mosaik aus einer Villa in Piazza Armerina, Sizilien.

Eine neue Wirtschaftsform entsteht

Mit den neuen Landbesitzern, die Profit aus ihren Ländereien ziehen wollten, entstand auf dem Land eine neue Wirtschaftsform. Um die Produktionskosten zu senken, holte man Sklaven als Arbeitskräfte. Sklaven gab es reichlich, daher investierte man kaum in arbeitssparende Geräte und Einrichtungen.

Zu den wenigen Ausnahmen gehörten von Ochsen gezogene Mähmaschinen und mechanische Weinpressen. Aber auch dabei war noch viel Sklavenarbeit nötig. Die Sklaven auf dem Land wurden weniger gut behandelt als die Haussklaven in der Stadt, die oft eine enge Beziehung zu ihren Familien entwickeln konnten. Auf dem Land unterstanden die Sklaven einem Verwalter, meist einem Freigelassenen oder einem vom Besitzer besonders geschätzten Sklaven, der dem Landeigentümer gegenüber verantwortlich war. Für ihn waren gute Produktionszahlen wichtiger als das Wohl der beliebig verfügbaren Arbeitskräfte.

Sklavenarbeit

Der Einsatz von Sklaven auf den Latifundien der reichen Landbesitzer vertrieb die traditionellen römischen Bauern endgültig vom Land in die Stadt, denn mit den billigen Sklaven konnten sie als Arbeitskräfte nicht konkurrieren. Die wenigen übrig gebliebenen Kleinbauern wurden schließlich zum Verkauf ihrer Landwirtschaften gezwungen, denn sie konnten mit der neuen Produktionsweise auf den Latifundien nicht mithalten.

Die kleinbäuerliche Wirtschaft verschwand aber nicht gänzlich, denn die Veteranen bekamen bei ihrem Ausscheiden aus dem Militär ein Stück Land als Gratifikation für ihre loyalen Dienste. Während der Republik teilte man diesen Soldaten zunächst Land in Italien zu, bevor die Flächen knapp wurden und sie Land in den Provinzen erhielten. Städte wie Timgad in Numidia und Italica in Hispania wurden zur Ansiedlung von Veteranen gegründet, die dort als Hilfstruppen bei Provinzaufständen eingesetzt werden konnten.

Weinpresse mit Widderkopf. Aus der Mysterienvilla in Pompeji.

Die wichtigsten, auf den Latifundien angebauten und direkt auf die römischen Märkte gelieferten Produkte waren Obst, Gemüse und Getreide. Oliven und Trauben wurden zu Öl und Wein verarbeitet. Die Weinerzeugung entwickelte sich zu einem lukrativen Geschäft, sodass viele Güter Wein produzierten. Wein war das wichtigste Getränk in Rom und wurde in großen Mengen konsumiert. Die meisten Römer tranken tagsüber lieber Wein als pures Wasser. Der Wein, der stärker war als der heutige, wurde aber stets mit Wasser verdünnt.

Meist gewann man den Wein aus wilden Trauben, die damals überall im Mittelmeerraum wuchsen. Die Trauben wurden geerntet und dann gepresst. Die meisten Güter benutzten dazu eine torculum *genannte mechanische Presse. Daneben gab es die traditionelle Methode, bei der mit bloßen Füßen der Saft aus den Trauben gepresst wurde.*

Die Gärung erfolgte in Tongefäßen, den Amphoren. Um den Weinen einen besonderen Geschmack zu verleihen, fügte man ihnen Geschmacksstoffe wie Kräuter, Gewürze, Honig oder sogar Salz zu. Die Weinproduktion wurde zu einem so bedeutenden Zweig, dass Kaiser Domitian sie per Gesetze beschränkte, um die Kultivierung anderer Produkte zu fördern.

Heeresreform

Die Reformbemühungen der beiden Gracchen hatten die Krise in Rom nicht beigelegt. Nach dem Tod von Gaius Gracchus bestimmten die konservativen Optimaten für mehr als zehn Jahre die römische Politik. In dieser Zeit war Rom in Kriege gegen die Numider in Afrika sowie die Teutonen und Kimbern in Germanien verstrickt. Noch immer rekrutierte sich die Armee aus den Reihen der Landbesitzer, doch deren Zahl nahm ständig ab, und das Heer brauchte neue Männer, denn die Kriege in Afrika und Germanien hielten an.

Gaius Marius, ein den Popularen nahestehender Patrizier, sollte Rom aus dieser doppelten Zwangslage – innen- wie außenpolitisch – befreien. Er schuf ein stehendes Heer, in dem nun alle Römer dienen konnten. Dank der mit neuen, besser ausbildeten Rekruten verstärkten Truppen konnten die Römer kurz darauf ihre Feinde in Numidien (105 v. Chr.) und Germanien (101 v. Chr.) besiegen. Langfristig eröffnete die Militärlaufbahn ärmeren römischen Bürgern einen Ausweg aus der Armut.

Durch seine Siege schuf sich Gaius Marius eine treue Anhängerschaft, und dies brachte ihm 100 eine sechste Amtszeit als Konsul ein. Bis zu diesem Zeitpunkt war noch nie ein Konsul fünfmal wiedergewählt worden. Obwohl mit den Popularen verbündet, war Marius doch in erster Linie an seiner eigenen Macht gelegen. Als der Volkstribun populäre Reformen wie eine weitere Senkung der Getreidepreise einforderte, widersetzte sich der Senat, und es kam erneut zu Gewalt zwischen den beiden Lagern. Marius stellte sich gegen seine politischen Verbündeten und schloss sich dem Senat an. Durch sein Vorgehen gegen den plebejischen Tribun verärgerte er seine Gefolgschaft und zog sich daher 100 v. Chr. aus der Politik zurück.

Bundesgenossenkrieg

Neun Jahre später betrat Marius erneut die politische Bühne, um in den Bundesgenossenkrieg einzugreifen. Der Konflikt war eigentlich ein Bürgerkrieg, der zwischen Rom und seinen italischen Verbündeten ausgetragen wurde. Zusätzlich zu den Unruhen durch die Verarmung der römischen Landbewohner regte sich verstärkt Unmut bei den italischen Verbündeten Roms, die für alle Steuern aufkommen mussten, während römische Bürger davon befreit waren. Und während römische Bürger ein Mitspracherecht bei der Verwendung der Gelder hatten, blieb dies den Verbündeten als Nichtrömern verwehrt.

91 v. Chr. schlug der Volkstribun Marcus Livius Drusus im Interesse von Roms Verbündeten und unter Fortführung der Reformen von Gaius Gracchus die Ausdehnung des Bürgerrechts auf die italischen Bundesgenossen vor. Doch wie bei Gracchus sprachen sich nur wenige Römer, unabhängig davon, ob sie reich oder arm waren, für ein erweitertes Bürgerrecht aus, und der Vorschlag scheiterte.

Die Mehrheit der Bundesgenossen brach mit Rom und gründete einen eigenen Bund mit der Hauptstadt Corfinium (Corfinio). Es kam zum Krieg. Rom entschloss sich, den Bundesgenossen, die bereit waren, den Krieg zu beenden, das Bürgerrecht anzubieten. Damit wurden die Reihen der Gegner geschwächt. 88 v. Chr. ging Rom als Sieger aus den Auseinandersetzungen hervor.

Lucius Cornelius Sulla

Lucius Cornelius Sulla trat in diesem Krieg durch militärische Erfolge hervor. Er erhielt eine der höchsten Auszeichnungen des Militärs. 88 v. Chr. wurde er zum Konsul gewählt und stand damit in Gegnerschaft zu Marius, der selbst das Konsulamt angestrebt hatte. Sulla hatte unter Marius gedient, doch während des Feldzugs gegen die Numider in Afrika war es zum Bruch zwischen den beiden gekommen. Marius setzte auf seine alten Verbindungen zu den Popularen und ließ sich von der Volksversammlung anstelle von Sulla zum Konsul einsetzen. Die politische Instabilität provozierte eine Welle von Gewalt in der Stadt, und Sulla musste mangels Gefolgschaft aus Rom fliehen.

***Gegenüber:** Ruinen des Forum Romanum: Hier versammelten sich Volkstribunen und Senatoren.*

***Links:** Herme mit dem Bildnis des griechischen Herrschers Sosistratos.*

***Unten:** Amphitheater von Leptis Magna. Um 23 v. Chr. wurde die punische Stadt Teil der römischen Provinz Africa. Hier findet man einige der großartigsten und besterhaltenen Zeugnisse aus römischer Zeit.*

Sullas Marsch auf Rom

Sullas Truppen befanden sich nicht in der Stadt, da sie gerade erst ihren Einsatz im Bundesgenossenkrieg beendet hatten. Allerdings konnte Sulla sie rasch neu formieren, um mit ihnen nach Rom zu marschieren. Marius floh nach Afrika und überließ Sulla die Stadt. Dieser übte dort blutige Rache, und Tausende von Marius' Anhängern wurden getötet.

Nach der Vergeltungsaktion zog Sulla nach Kleinasien in den Krieg gegen Mithridates, den König von Pontus. Mithridates hatte sich Teile der römischen Provinz Asia einverleibt und galt bei den lokalen Völkern als Befreier. Marius nutzte die Abwesenheit Sullas. Er kehrte mithilfe von Lucius Cornelius Cinna nach Rom zurück und verfolgte nun seinerseits die Anhänger Sullas. Marius wurde 86 v. Chr. Konsul, starb aber kurz darauf. Sein Gefährte Cinna folgte ihm als Konsul und sorgte dafür, dass Sullas Gefolgsleute ausgeschaltet wurden.

Pompeius Magnus

Nach seiner Strafaktion im Osten schloss Sulla schnell Frieden mit Mithridates, um nach Rom zurückkehren und erneut die Herrschaft übernehmen zu können. Doch mittlerweile hatten die Anhänger von Marius Sullas Gefolgschaft in der Stadt weitgehend aus allen wichtigen Positionen entfernt. Sulla fand aber Unterstützer in den beiden jungen Generälen Marcus Licinius Crassus und Gnaeus Pompeius Magnus. Pompeius hatte sich den Beinamen Magnus („der Große") durch seine Siege über die Anhänger von Marius auf Sizilien und in Nordafrika erworben.

Sullas Tod

Um Gewalt und Chaos ein Ende zu setzen, ernannte man Sulla zum Diktator. Doch er nutzte diese Position für eine der brutalsten Säuberungsaktionen, die Rom bis dahin erlebt hatte: Viele Tausende erlitten den Tod, und ihr Vermögen wurde vom Staat eingezogen, was vor allem Sulla zu persönlichem Reichtum verhalf. Als Gefolgsmann der Optimaten vergrößerte er die Zahl der Senatsmitglieder auf das Doppelte und schwächte damit zugleich die Volksversammlung.

81 v. Chr. waren seine Feinde ausgeschaltet. Sulla legte seine Vollmachten als Diktator nieder, um 80 das Konsulat zu übernehmen. Danach zog er sich zurück und starb zwei Jahre später. Doch die Gewalttaten dauerten auch nach dem Rückzug von Sulla und Marius an, und sie sollten sogar noch zunehmen.

Erstes Triumvirat

Als Sulla seine Vollmachten als Diktator zurückgab, schienen die Optimaten den Bürgerkrieg gewonnen zu haben. Mit seinen Reformen hatte Sulla die Macht des Volkstribuns, des für die gegnerischen Popularen so wichtigen Amtes, geschwächt. Der Senat war nun das mächtigste Staatsorgan in Rom.

Widerstand gegen die Optimaten

Die Popularen waren durch Sullas Terrorregime zwar stark geschwächt, doch Marius hatte noch eine Anhängerschaft. Quintus Sertorius, aus Feindschaft zu Sulla ein überzeugter Marius-Anhänger, verbündete sich mit den Lusitanern im Westen der Iberischen Halbinsel gegen Rom. Er beherrschte in den 70er-Jahren große Teile der Halbinsel und konnte gemeinsam mit Exilrömern und Einheimischen die römischen Strafaktionen abwehren.

76 v. Chr. wurde Pompeius zur Niederschlagung dieser Rebellen nach Spanien geschickt. Doch erst nach der Ermordung Sertorius' konnte er den Aufstand niederschlagen. In Rom wurde er als Held empfangen.

Herausforderung für den Senat

78 v. Chr. bedrohte der Konsul Marcus Aemilius Lepidus mithilfe seiner Truppen das politische Gleichgewicht und versuchte, das Amt des Volkstribuns wieder aufzuwerten. Pompeius konnte sein Vorhaben vereiteln und zwang Lepidus zur Flucht nach Sardinien. Die Marius-Anhänger waren nicht in der Lage, die Macht des Volkstribuns wiederherzustellen. So lag es nun an drei mächtigen Männern, ein Gegengewicht zum Senat aufzubauen: Marcus Licinius Crassus, Gnaeus Pompeius Magnus und Gaius Julius Caesar.

Links: Marmorstatue aus den Ruinen der Hafenstadt Ostia.

Ganz links: Römische Brücke in Alcántara, Spanien. In Spanien gab es unter der Anhängerschaft von Marius heftigen Widerstand gegen die Macht des Senats. Pompeius konnte den dortigen Aufstand unter Quintus Sertorius, der sich weigerte, Roms Autorität anzuerkennen, nicht niederschlagen.

Gegenüber: Jäger im Kampf mit einem Löwen. Mosaik aus Piazza Armerina, Sizilien. Die Insel Sizilien, Nordafrika und Spanien waren Gebiete, die der Senat nur mühsam unter Kontrolle halten konnte.

Crassus und Pompeius

Der Älteste der drei Staatsmänner war der 115 v. Chr. geborene Crassus. Als Verbündeter Sullas hatte er es bei der Beschlagnahmung von Land und Besitz während der Terrorherrschaft zu unglaublichem Reichtum gebracht. Er hatte sich zwar nicht unbedingt als Militärführer hervorgetan wie Pompeius, aber immerhin 71 einen Sklavenaufstand niedergeschlagen.

Spartacus

Der Aufstand begann 73, als Gladiatoren unter Führung des aus Thrakien stammenden Spartacus aus einer Kampfschule in Capua ausbrachen. Sie sammelten sich am Vesuv und konnten zwei römische Legionen besiegen. Durch den Erfolg ermutigt, schlossen sich immer mehr Sklaven der Rebellion an. Crassus konnte sie mit seinen Truppen zunächst in der Stiefelspitze Italiens einschließen. Den Sklaven gelang zwar der Ausbruch, doch der mit seinem Heer aus Spanien zurückgekehrte Pompeius konnte sie besiegen. Crassus versetzte ihnen den letzten Schlag, und Spartacus fiel vermutlich im Kampf. Tausende Sklaven gerieten in Gefangenschaft, und Crassus ließ sie als abschreckendes Beispiel entlang der Via Appia, der Straße von Rom nach Capua, an Kreuze schlagen.

Für ihren erfolgreichen Einsatz übertrug man 70 v. Chr. Crassus und Pompeius in Rom zusammen das Konsulat. Die gegenseitige Abneigung der beiden Staatsmänner war ganz offen, doch, um Erfolg zu haben, mussten die reichsten und mächtigsten Männer Roms zusammenarbeiten. Eine offene Gegnerschaft wäre für beide zu kostspielig gewesen.

Caesar kommt ins Spiel

In den 60er-Jahren war Pompeius lange in einen Krieg gegen Mithridates im Osten verwickelt. In dieser Zeit betrat Julius Caesar die politische Bühne. Er war zunächst in privilegierter Umgebung aufgewachsen, doch schon früh hatte seine Familie ihren Besitz verloren und ein bescheidenes Leben geführt, ein Umstand, der Caesar später die Sympathie der einfachen Leute einbrachte. Er besaß aber nicht die nötigen Mittel für eine glänzende Politikerkarriere. Caesar schloss sich dem reichen Crassus an, der ihn als Redner schätzte. Crassus war mit den Optimaten verbunden, Caesar dagegen mit den Popularen. Marius war ein angeheirateter Onkel, und Caesars Frau die Tochter Cinnas, des engsten Verbündeten von Marius. Caesar konnte sich allerdings neben der Unterstützung durch Crassus eine politische und ökonomische Basis schaffen, als er 63 zum *pontifex maximus* und 62 zum Statthalter in Spanien gewählt wurde.

Pompeius kehrt zurück

62 v. Chr. kam Pompeius aus dem Osten zurück und erfreute sich nach dem Sieg über Mithridates einer unglaublichen Popularität. Crassus und Caesar dagegen sorgten sich, wie sich Pompeius' Rückkehr auf ihre Position in der römischen Politik und Gesellschaft auswirken würde. Und auch der Senat sah Pompeius' Rückkehr mit Besorgnis entgegen, denn man befürchtete, er könnte wie Sulla eine Diktatur errichten. Um Pompeius zu schwächen, verweigerte der Senat die Zuteilung von Land an seine Veteranen.

Pompeius schloss daher mit den beiden anderen mächtigen Männern in Rom, mit Crassus und Caesar, ein Bündnis, um den Senat zu umgehen. Zusammen konnten sie die Macht des Senats herausfordern und durch Caesars Popularität die Plebs als Basis ihrer Macht gewinnen.

Das Triumvirat erringt die Macht

Obwohl es nie offiziell eingesetzt wurde, gelang es diesem Triumvirat („Dreimännerherrschaft"), die römische Regierung zu untergraben, den Senat zu schwächen und den Weg in die Kaiserzeit zu ebnen. Das Triumvirat blieb aber ein Zweckbündnis, denn zwischen Pompeius und Crassus herrschte stets Misstrauen. Doch Pompeius' Heirat mit Caesars Tochter stärkte das Verhältnis der Männer etwas.

Die Macht des Triumvirats wuchs 59 mit Caesars Ernennung zum Konsul. Als Caesar dann Rom verließ, um Gallien zu erobern, brachen die alten Konflikte zwischen Crassus und Pompeius wieder aus, und das Triumvirat begann, sich aufzulösen. Caesar rief die beiden zu einer Konferenz nach Luca (Lucca) und stimmte einem weiteren Konsulat der beiden für das Jahr 55 zu. Der Frieden hielt jedoch nur bis 54, als Caesars Tochter, die mit Pompeius verheiratet war, im Kindbett starb und damit die Familienbande zwischen den beiden Männern zerbrachen.

Tod des Crassus

53 v. Chr. fand das Triumvirat endgültig sein Ende, als Crassus im Kampf gegen die Parther in Gefangenschaft geriet. Angeblich tötete man ihn, indem man flüssiges Gold in seinen Mund goss.

Die vereinte Macht dieser drei Männer hatte zum Machtverlust des Senats beigetragen und ihm wieder die Bedeutung entzogen, die Sulla ihm verliehen hatte. Am Ende des ersten Triumvirats war der Senat geschwächt, Crassus tot. Jetzt lag die Zukunft Roms in den Händen Caesars.

Rechts: Golddiadem mit feinen Blütenornamenten. Gold war in römischer Zeit ein wertvolles Metall. Der Legende nach wurde Crassus, der von den Parthern gefangen genommen worden war, durch flüssiges Gold getötet, das man ihm in den Mund goss.

Gegenüber links: Mosaik mit der Darstellung eines kämpfenden Gladiators. Viele Gladiatoren waren Sklaven. 73 v. Chr. führte Spartacus einen Sklavenaufstand an, der 71 v. Chr. von Crassus brutal niedergeschlagen wurde.

Gegenüber rechts: Büste des Julius Caesar.

Germanien unter römischer Herrschaft

Die Römer kamen erstmals gegen Ende des 2. Jahrhunderts v. Chr. in intensiven Kontakt mit den Germanenstämmen im Nordosten Europas, als die Kimbern und Teutonen südwestwärts nach Gallien zogen. Diese Völkerwanderung verdrängte die dort ansässigen keltischen Stämme aus der Region. Als die Germanen in das Gebiet der mit Rom verbündeten Taurisker eindrangen, entschloss sich Rom zum Eingreifen.

Kämpfe mit germanischen Stämmen

Die germanischen Invasoren gewannen die ersten beiden Begegnungen mit dem römischen Heer: Sie besiegten die römische Armee 112 v. Chr. bei Noreia und 105 bei Arausio (Orange). In Arausio erlitt Rom seine größte Niederlage seit der Schlacht bei Cannae, wo römische Truppen mehr als ein Jahrhundert zuvor Hannibal unterlegen waren.

Die Situation änderte sich, als Gaius Magnus mit der Kriegführung betraut wurde. Er hatte kurz zuvor den Numiderkönig Jugurtha bezwungen und verfügte über eine gut trainierte Armee. Seine Truppen besiegten 102 die Teutonen und 101 auch die Kimbern. Beide Volksstämme wurden dabei fast ausgelöscht, denn die Männer wurden im Kampf getötet, während Frauen und Kinder den Freitod wählten, um nicht als Sklaven zu enden.

Römischer Vorstoß

Auch nach der Vernichtung der Kimbern und Teutonen kam es wiederholt zu Einfällen germanischer Stämme in Gallien. Caesar wurde während seines Feldzugs in Gallien immer wieder mit diesen Bedrohungen konfrontiert und führte Strafexpeditionen gegen die Usipeter, Tencterer und Sueben durch. Vermutlich hatte Caesar gehofft, eine ständige römische Präsenz in Germanien errichten zu können, doch dies erwies sich als schwierig. Caesar schätzte die Germanen ähnlich kriegerisch wie die Gallier ein, doch hielt er sie im Gegensatz zu den Galliern für nicht „zivilisierbar". Der Bürgerkrieg gegen Pompeius und Caesars Ermordung machten alle Pläne für einen Vorstoß nach Germanien zunichte. Die römische Grenze konnte nicht über den Rhein hinaus verlegt werden.

Römische Münze mit dem Bildnis einer Frau, die mit einem Eichenblattkranz geschmückt ist.

Porta Nigra, die Ruine des römischen Stadttors aus dem 2. Jahrhundert in Trier. Augusta Treverorum, das heutige Trier, war die Hauptstadt der Provinz Belgica und wurde nach der Aufteilung des Reichs unter Diokletian zum weströmischen Kaisersitz.

Augustus übernimmt die Kontrolle

Als Augustus an die Macht kam, organisierte er die römischen Provinzen neu und schuf westlich des Rheins die Provinzen Germania inferior und Germania superior. Germania inferior umfasste das Gebiet an der Rheinmündung in den heutigen Niederlanden. Germania superior hingegen lag rheinaufwärts und umfasste Westdeutschland und Ostfrankreich. Die Hauptstadt von Germania superior war Mogontiacum (Mainz).

Doch Augustus wollte sich nicht mit dem Status quo begnügen und beauftragte seine Stiefsöhne Drusus und später Tiberius, weiter nach Germanien vorzudringen. Drusus gelang es, um 9 v. Chr. bis an die Elbe vorzudringen. Tiberius stabilisierte anschließend die neuen römischen Gebiete.

Erzwungener Rückzug

Doch die einheimischen Stämme fanden sich nicht mit den römischen Besatzern ab und verbündeten sich. Der in Rom erzogene Cheruskerfürst Arminius lockte 9 n. Chr. den Statthalter Quinctilius Varus unter dem Vorwand, in einem entlegenen Teil der Provinz gäbe es einen Aufstand, in eine Falle. Varus zog mit drei Legionen los, um die Rebellion niederzuschlagen. Arminius führte die Römer in ein unwegsames Hügel- und Sumpfgelände im Teutoburger Wald (Kalkriese am Wiehengebirge), wo sie von den verbündeten Germanenstämmen komplett ausgelöscht wurden. Die Vernichtung von drei Legionen war ein Schock und erschütterte Roms Selbstbewusstsein nachhaltig. Rom sah sich gezwungen, die Reichsgrenze von der Elbe an die sichere Rheinlinie zurückzuverlegen.

Der Rhein als Grenze

Bis 16 n. Chr. hatten die Römer unter dem Kommando von Germanicus, dem äußerst populären Sohn von Tiberius, das verlorene Gebiet zurückerobert und die Grenze an der Elbe wieder gefestigt. Diese Siege stärkten das römische Selbstbewusstsein, doch Tiberius erachtete die Operationen in Germanien mittlerweile als zu kostspielig. Er zog die römischen Truppen an den Rhein zurück, der über weite Strecken als ständige Grenze des Imperiums festgelegt wurde. Gleichzeitig hielten die Römer weiterhin Gebiete östlich des Rheins besetzt. Diese wurden, weil der Fluss als natürlicher Schutz fehlte, durch einen aufwendig befestigten Grenzwall, den Limes, geschützt.

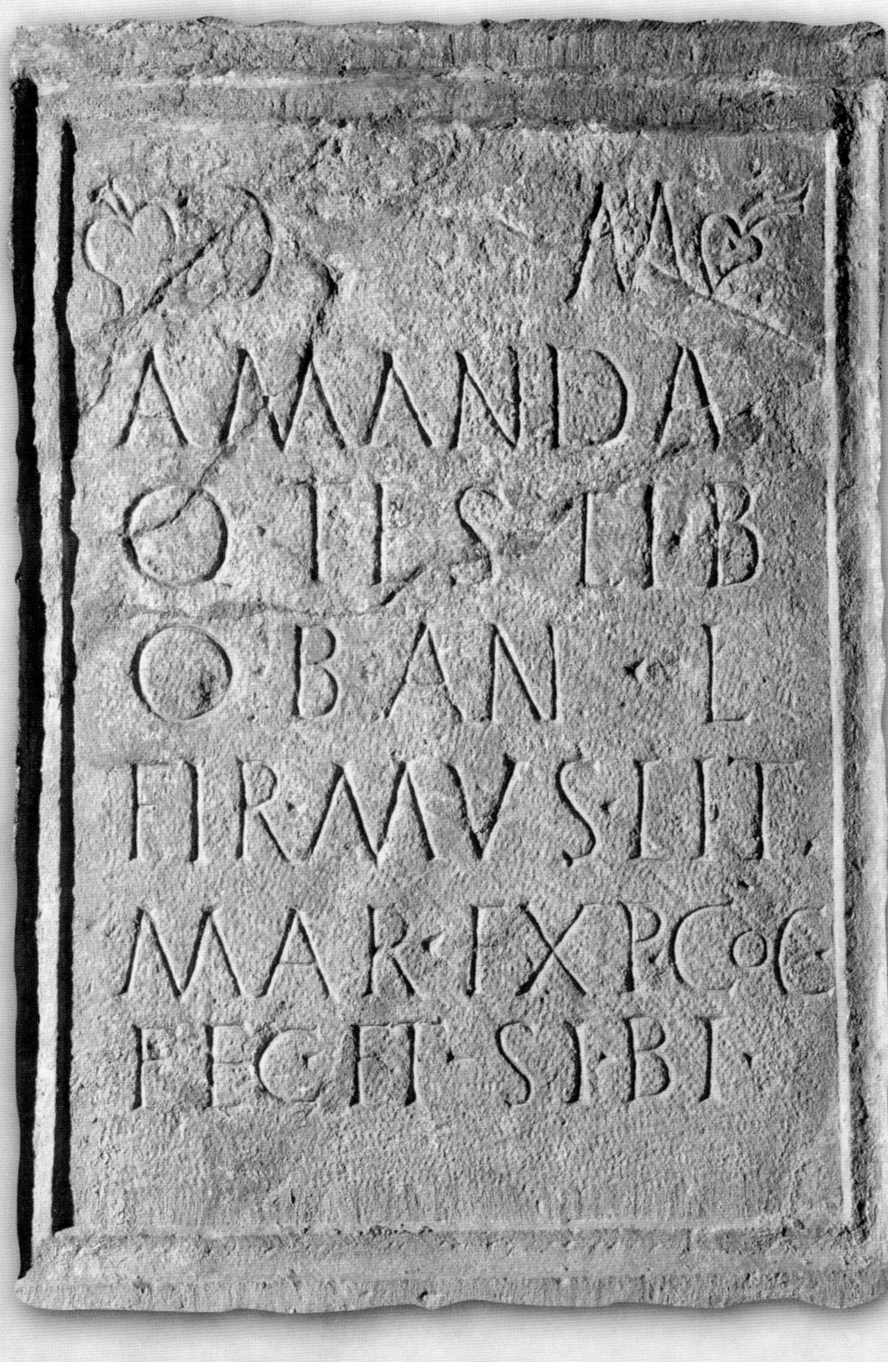

Römischer Grabstein aus dem Chiemgau.

Die Invasion in Gallien

Caesar strebte nach militärischem Ruhm, um seine Position im Triumvirat und in der römischen Politik zu stärken. Die Befriedung der angeblich so rebellischen gallischen und germanischen Krieger erschien ihm als ideale Gelegenheit für sein Vorhaben.

Caesar macht sich einen Namen

Nach seiner Amtszeit als Konsul 59 v. Chr. wurde Caesar zum Statthalter der drei nördlichen Provinzen Illyricum, Gallia cisalpina und Gallia transalpina ernannt. Der Einfluss des Triumvirats auf die römische Politik ermöglichte ihm eine außergewöhnlich lange Zeit als Prokonsul. In den 50er-Jahren übertrug man Caesar die Kontrolle über die Grenzprovinzen zwischen dem Römischen Reich und Gallien – eine perfekte Ausgangsbasis, um sich einen Namen zu machen.

Einen Vorwand zum Eingreifen fand Caesar, als die Helvetier zu einer massiven Einwanderung in Gallien ansetzten. Der gallische Stamm der Helvetier lebte im heutigen Süden Deutschlands, wo er von den dortigen germanischen Stämmen bedrängt wurde. Eingezwängt zwischen den Römern im Süden und den Germanen im Norden, beschlossen die Helvetier nach Gallien umzusiedeln. Caesar lehnte die Umsiedlung ab, denn er befürchtete eine Destabilisierung Galliens und den Verlust eines wichtigen Puffers zwischen dem Römischen Reich und den gallischen Stämmen.

Trotz der römischen Bedrohung begannen die Helvetier über die Region Genf nach Gallia transalpina zu wandern. Caesars Truppen stellten sich ihnen entgegen, und sie mussten eine Route über nichtrömisches Territorium suchen. Die Helvetier passierten dabei das Gebiet der Äduer, die Caesar um Hilfe baten.

Caesar nutzte die Gelegenheit, die Helvetier in der Schlacht bei Bibracte zu besiegen. Der Großteil des Stamms wurde niedergemetzelt, die Überlebenden zur Rückkehr in ihre ehemalige Heimat gezwungen.

Roms wachsender Einfluss in Gallien

In der Folge riefen einige gallische Stämme Caesar gegen die sie bedrohenden germanischen Sueben zu Hilfe. Ein Teil der Sueben war in Gallien eingedrungen und hatte die Averner gegen die Äduer unterstützt. Caesar folgte den Hilferufen und zog gegen die Sueben, die er 58 v. Chr. in den Vogesen zur Schlacht zwang. Nach dem Sieg der Römer wurden die Sueben zurück über den Rhein nach Osten gedrängt.

Die Nekropole Alyscamps liegt vor der alten Stadtmauer von Arles, Frankreich. Bestattungen innerhalb der Stadt waren in römischer Zeit nicht erlaubt.

Der sterbende Gallier, eine römische Kopie einer verloren gegangenen hellenistischen Statue. Man stellte den Gegner als edel und tapfer dar, um die Bedeutung des Sieges hervorzuheben. Der Gallier ist bis auf einen Halsring nackt, seine Waffen liegen neben ihm. Dieses Bild der Gallier wird auch durch die Kriegsberichte Caesars bestätigt.

Caesar fällt in Britannien ein

Der wachsende Einfluss Caesars beunruhigte viele Volksstämme im Norden. Diese als Belgen bekannten Stämme aus dem Gebiet des heutigen Belgiens planten Anfang 57 v. Chr. einen Überraschungsangriff auf die Römer. Caesar kam ihnen zuvor und besiegte die einzelnen Stämme, bevor sie ihre Truppen zusammenschließen konnten. 56 griff Caesar die Veneter in der Bretagne an und setzte dann 55 und nochmals 54 über den Ärmelkanal nach Britannien über, um die Nachschublinien nach Nordgallien zu unterbinden und die dort angesiedelten Belgen zu vertreiben.

Aufstand in Gallien

Caesars Vorstoß in Britannien wurde durch den wiederaufflackernden Aufruhr in Gallien gestoppt. Die Eburonen, ein Belgenstamm, hatten sich unter ihrem Anführer Ambiorix gegen die Römer erhoben und ihnen eine vernichtende Niederlage bereitet. Darauf schlossen sich andere Stämme der Rebellion gegen Rom an. Caesar musste neue Legionen mobilisieren, mit denen es ihm dann gelang, den Aufstand brutal zu unterdrücken. Die Eburonen wurden vernichtet. Doch der gewaltsam wiederhergestellte Friede in Gallien währte nur kurz.

Anfang 52 war die römische Armee durch Revolten im Norden abgelenkt. Gallische Stämme im Süden und Zentrum Galliens nutzten die Situation aus, um gegen die Herrschaft Roms zu rebellieren. Ihr Anführer war der Arvernerfürst Vercingetorix. Die Rebellen errangen durch ihre besseren Ortskenntnisse und ihre Strategie der verbrannten Erde zunächst einige Erfolge. Jeder Sieg ermutigte weitere Stämme zur Teilnahme am Aufstand gegen Rom.

Caesar zog seine Truppen im Norden zusammen und rückte gegen die Rebellen vor. Er eroberte die von den Aufständischen verschonte Stadt Avaricum (Bourges) und ließ all ihre Bewohner töten. Allmählich konnten die Römer wieder die Oberhand in der Region gewinnen und einige Siege in kleineren Gefechten erringen. Vercingetorix und seine Verbündeten, die bei diesen Kämpfen viele Männer verloren hatten, wurden gezwungen, sich in Alesia neu zu formieren.

Der römische Tempel in Nîmes (Frankreich) wurde Ende des 1. Jahrhunderts v. Chr. von Agrippa erbaut. Der außergewöhnliche Erhaltungszustand des Tempels ist wohl auf seine Nutzung als Kirche seit dem 4. Jahrhundert n. Chr. zurückzuführen.

Schlacht um Alesia

Alesia war eine Festung der gallischen Rebellen, die durch ihre Lage auf einem von Flüssen umgebenen Bergrücken gut zu verteidigen war. Als Caesar, den Galliern folgend, dort eintraf, verzichtete er auf den Angriff dieser wehrhaften Festung. Stattdessen belagerte er die Stadt und hungerte seine Gegner aus. Vercingetorix' Truppen hielten der Belagerung eine Weile stand, mussten dann aber aus Mangel an Nahrung einen Ausbruchversuch wagen. Das überlegene römische Heer und seine Kavallerie konnten den Ausbruch zurückschlagen und dabei Tausende Gallier töteten. Die übrigen Gallier wurden in die Festung zurückgedrängt. Vercingetorix blieb schließlich keine Wahl, er musste sich den Römern ergeben. Die meisten Rebellen wurden als Sklaven verkauft, Vercingetorix verbrachte fünf Jahre in Gefangenschaft in Rom. Nachdem er im Anschluss an Caesars Sieg über Pompeius im Triumphzug präsentiert worden war, brachte man auch ihn um.

Ende des Gallieraufstands

In Gallien kam es zwar immer wieder zu Unruhen, doch Vercingetorix fehlte als Integrationsfigur, und die Aufständischen waren untereinander zerstritten. So konnten die Römer einzelne Stämme isolieren und vernichten. Caesar ging dabei meist äußerst rücksichtslos vor, wobei er allerdings versuchte, strategisch wichtige Stämme mit einer Politik des Wohlwollens für sich zu gewinnen. 51 v. Chr. fanden die Aufstände der Gallier ein Ende. Viele Dörfer und Städte waren zerstört, und mindestens ein Drittel der Bevölkerung Galliens, so Schätzungen, war bei Kämpfen umgekommen. Bei seiner Rückkehr nach Rom wurde Caesar als erfolgreicher Feldherr gefeiert. Seine Popularität stieg ins Unermessliche – sehr zur Sorge seines Verbündeten Pompeius.

Apollo

Die Römer übernahmen den Gott Apollo von den Griechen, und bereits im 5. Jahrhundert v. Chr. ist in Rom ein Kult für Apollo nachweisbar. Während der Punischen Kriege wurden ihm zu Ehren Spiele eingeführt.

Augustus fördert den Kult

Unter der Herrschaft von Augustus gewann Apollo als römischer Gott weiter an Bedeutung. Nach der Schlacht gegen Sextus Pompeius im Jahr 36 v. Chr. ließ Augustus einen neuen Tempel für Apollo in Rom bauen. Der Tempel auf dem Palatin wurde 28 v. Chr. geweiht. Er stand in direkter Nachbarschaft zu Augustus' Privathaus und war auch mit diesem verbunden.

Bronzene Apollostatue aus Pompeji.

Der Mythos um Apollo

Der griechisch-römischen Mythologie zufolge war Apollo Sohn von Jupiter (Zeus) und Leto sowie der Zwillingsbruder von Diana (Artemis). Er war der Gott der Sonne, des Bogenschießens, der Musik und der Dichtkunst und wurde daher oft mit einer Lyra abgebildet. Als Vater des Äskulap (Asklepion) sah man in ihm auch den Gott der Heilung, der den Menschen die Heilkunst vermittelte. Man glaubte, seine wichtigste Aufgabe sei es, vier Pferde vor seinen Wagen zu spannen, um damit Tag für Tag die Sonne über den Himmel zu ziehen. Der Lorbeerbaum war ihm heilig.

Ein sportlicher Gott

Die antiken Darstellungen des Apollo zeigen ihn als schönen, ewig jugendlichen, sportlichen Mann. Die Griechen veranstalteten ihm und seinem Sieg über den Drachen Python zu Ehren in Delphi alle vier Jahre die pythischen Spiele. Die Römer ließen sich von diesen der griechischen Mythologie und Kultur entstammenden Spielen inspirieren und riefen eigene Spiele zu Apollos Ehren ins Leben.

Augustus ließ auf dem Palatin zu Ehren von Apollo einen Tempel erbauen. Der 28 v. Chr. geweihte Tempel befand sich in unmittelbarer Nachbarschaft seines Wohnhauses. Das Areal wurde im Laufe der Zeit vielfach verändert. In der Renaissance legte dort der Architekt Vignola für Kardinal Alessandro Farnese die Farnesinischen Gärten (hier abgebildet) an.

Römisches Gallien

Ein römischer Spiegel.

Schon vor Caesars Feldzügen in Gallien waren die Römer in ehemals gallischen Gebieten entlang der Alpen präsent. Gegen Ende des 2. Jahrhunderts v. Chr. wurde das südliche Gallien westlich des Alpenhauptkamms zur Provinz Gallia transalpina (lateinisch: Gallien jenseits der Alpen) gemacht. Mit dieser Bezeichnung wollte man die Provinz von der Provinz Gallia cisalpina (lateinisch: Gallien diesseits der Alpen) abgrenzen, die sich zwischen dem Gebirgszug und dem Rubikon erstreckte.

Erste gallische Kolonie

Im 1. Jahrhundert v. Chr. gliederte Augustus Gallia cisalpina Italien an. Gallia transalpina blieb eine eigene Provinz und wurde nach der Provinzhauptstadt Narbo Martius (Narbonne) in Gallia narbonensis umbenannt. Die Römer sprachen oft nur von „der Provinz", was bis heute in der Bezeichnung Provence für diesen Teil Südfrankreichs fortwirkt.

Narbo Martius war die erste römische Kolonie in Gallien. Sie wurde 118 v. Chr. an dem Ort gegründet, wo die Via Aquitania von der Via Domitia abzweigte. Die Via Domitia war eine strategisch bedeutsame Römerstraße, die von Italien nach Spanien verlief, während die Via Aquitania zum Atlantik führte.

Nîmes

Schon bald löste Nemausus (Nîmes) Narbo Martius als wichtigste römische Stadt in Gallien ab. Unter Augustus wurde sie stark ausgebaut und romanisiert. Marcus Vipsanius Agrippa ließ hier, kurz nachdem er in Rom die Fertigstellung des Pantheon geleitet hatte, auf einer imposanten Plattform den Stadttempel (Maison Carrée) errichten. Der Tempel gehört heute zu den besterhaltenen römischen Kultbauten.

Nemausus verfügte über eine Rennbahn für Wagenrennen und ein Amphitheater für mehr als 20 000 Zuschauer. Die Rennbahn wurde zerstört, doch das Amphitheater ist gut erhalten und wird auch heute noch genutzt. Ein 50 Kilometer langes Aquädukt, das ebenfalls Agrippa bauen ließ, versorgt die Stadt mit Wasser. Zur Überbrückung des Flusstals des Gard wurde der bis heute sehr gut erhaltene, spektakuläre Pont du Gard errichtet. Diese fast 50 Meter hohe Brücke hat drei übereinander angeordnete Bogenreihen.

Arkaden des imposanten Amphitheaters in Arles.

Wichtige Städte in Gallien

Lugdunum (Lyon) wurde im Jahr nach Caesars Ermordung zur Ansiedlung geflüchteter Stämme gegründet. Es entwickelte sich zu einem wichtigen Verwaltungszentrum Galliens und Westeuropas. Die in Germanien operierenden Feldherren nutzten die Stadt häufig als Stützpunkt und revanchierten sich mit der Stiftung von öffentlichen Bauten. Lugdunum prosperierte bis Ende des 2. Jahrhunderts n. Chr. Erst nachdem Septimius Severus zum Kaiser ausgerufen wurde und es zum Bürgerkrieg kam, wurde die Stadt teilweise zerstört.

Augusta Treverorum (Trier) wurde, wie der Name bereits vermuten lässt, von Augustus 16 v. Chr. gegründet. Er machte die neue Stadt zur Hauptstadt der Provinz Belgica und stattete sie mit zahlreichen repräsentativen Gebäuden aus. Mehr als 300 Jahre später folgte Konstantin der Große diesem Vorbild und errichtete dort die Kaiserthermen und eine gewaltige Audienzhalle, die später in eine Kirche integriert wurde.

Die Blütezeit der Stadt liegt im 3. Jahrhundert, als Trier nach der Teilung des Reichs unter Diokletian zu einer wichtigen Residenz des weströmischen Reichs wurde.

Geburtsort von Antoninus

86 n. Chr. kam der spätere Kaiser Antoninus Pius in Nîmes zur Welt. Allerdings gehörte Antoninus Pius zu den eher bescheidenen und sparsamen Kaisern. Anders als seine Vorgänger Hadrian und Trajan, die ihre Geburtsstädte in Spanien reich ausschmückten, hinterließ er wenig Spuren in seiner Heimatstadt.

Da zu späteren Zeitpunkten keine einschneidenden Veränderungen vorgenommen wurden, stammen viele der bemerkenswert gut erhaltenen römischen Bauwerke noch aus augusteischer Zeit, als die Stadt großzügig ausgebaut wurde. Nîmes und das benachbarte Arles mit seinem imposanten Amphitheater streiten heute um den Titel des „französischen Rom".

Caesars Gallien

In den Jahren zwischen 58 und 51 v. Chr. eroberte Caesar das nördlich von Gallia transalpina gelegene Gebiet und errichtete dort die Provinzen Gallia lugdunensis, Aquitania und Belgica. Landwirtschaft und Bergbau waren hier die dominierenden Wirtschaftszweige.

Viele römische Quellen berichten über diese Gebiete, dass es im nördlichen Gallien auffallend wenige Städte gab und die Einheimischen es vorzogen, in kleinen Dörfern zu leben. Von den wenigen Städten, die dort entstanden, gehörten Lugdunum (Lyon) und Augusta Treverorum (Trier) zu den bedeutendsten.

Das römische Amphitheater in Arles wird noch heute genutzt.

Sklaven

Sklaverei war im antiken Rom sehr weit verbreitet. Durch erfolgreiche Feldzüge während der republikanischen Zeit kamen immer mehr Sklaven aus allen Teilen der römischen Welt nach Rom und in das Umland. Roms prachtvolle Größe gründete sich zum Großteil auf Sklavenarbeit. Sklaven wurden bei der Errichtung von öffentlichen Bauten, als Arbeitskräfte auf landwirtschaftlichen Gütern oder in Haushalten von römischen Bürgern eingesetzt.

Vielfältige Aufgaben

Sklaven erfüllten sehr vielfältige Aufgaben: Sie waren nicht nur einfache Arbeits- und Reinigungskräfte, sondern auch Lehrer, Ammen, Köche und Gladiatoren. Zu den härtesten Tätigkeiten für Sklaven zählte die Arbeit in den Minen, wo die Lebenserwartung bei extrem schwierigen Arbeitsbedingungen sehr niedrig war. Dagegen konnte die Tätigkeit als Sklave im Haushalt einer römischen Familie wesentlich angenehmer sein. Einige Dienstherren waren allerdings sehr streng: So sprach sich beispielsweise Cato der Ältere öffentlich gegen jegliches Mitgefühl mit Sklaven aus. Manche Familien hatten jedoch zu ihren Sklaven ein freundschaftliches Verhältnis. Während der Saturnalien, einem Fest zu Ehren von Saturn nach der Herbstaussaat, hob man die Standesunterschiede auf und beschenkte auch die Sklaven. Die Aufhebung der Standesunterschiede konnte sehr unterschiedlich ausfallen.

Aufstand der Sklaven

Meist mussten sich die Sklaven ihrem Schicksal fügen, doch gegen Ende der Republik kam es zu drei großen Sklavenaufständen. Besonders bekannt wurde der dritte Aufstand, der von Spartacus, einem aus Thrakien stammenden Sklaven und Gladiator, angeführt wurde.

Die Rebellion brach 73 v. Chr. aus, als Spartacus mit anderen Gladiatoren nach der Aufdeckung einer Verschwörung in der Gladiatorenschule von Capua fliehen musste. Nachdem sie die Wachen getötet hatten, zogen sie durch Süditalien und fanden regen Zulauf. Die Selbstbefreiung der Gladiatoren veranlasste viele Sklaven, ihre Herren zu verlassen und sich dem Aufstand anzuschließen. Dem Sklavenheer gelang es, am Vesuv sogar zwei römische Legionen zu vernichten, was dazu führte, dass weitere Sklaven den Aufständischen folgten.

Oben: Ein Gladiator kämpft mit einem Leoparden. Die meisten Gladiatoren waren Sklaven. Der Gladiator und Sklave Spartacus führte 73 v. Chr. einen Sklavenaufstand an, der erst zwei Jahre später von Crassus niedergeschlagen werden konnte.

Unten: Griechische Vasendarstellung mit einem Satyr und einer Mänade.

Niederschlagung des Spartacusaufstands

Spartacus hatte ursprünglich geplant, über die Alpen von römischem Gebiet zu fliehen, doch die nachhaltigen Erfolge seiner Truppen gegen die Römer ermutigten ihn, in Italien zu bleiben und zu kämpfen. Der Senat beauftragte Crassus, den Spartacusaufstand endgültig zu beenden, doch seinen Soldaten gelang es nicht, die Rebellen zu schlagen. Crassus, der aus innenpolitischen Gründen dringend einen Sieg benötigte, griff zu äußerst brutalen Disziplinierungsmaßnahmen bei seinen Truppen: So wurde zur „Motivation" jeder zehnte Soldat hingerichtet.

Mit dem so „diziplinierten" Heer konnte Crassus die Rebellen an der Stiefelspitze Italiens einschließen. Den Sklaven gelang zwar der Ausbruch aus der Belagerung, doch sie liefen direkt in die Hände von Pompeius' Truppen, die von Spanien angerückt waren. Zwischen den Armeen von Pompeius und Crassus eingeschlossen, blieb den Sklaven nur noch der Kampf. Crassus' Truppen versetzten den Rebellen den entscheidenden Stoß. Spartacus fiel vermutlich im Kampf.

Tausende Sklaven gerieten in Gefangenschaft. Dabei statuierte Crassus ein grausames Exempel: Er ließ die Gefangenen entlang der Via Appia, der Straße von Rom nach Capua, an Kreuze schlagen.

Änderungen in der Kaiserzeit

In der Kaiserzeit wurden die Sklaven im Allgemeinen besser behandelt als in republikanischer Zeit. Kaiser Claudius erließ neue Gesetze, um die unmenschliche Behandlung von Sklaven einzuschränken, und in der späten Kaiserzeit konnten Sklaven ihre Herren sogar verklagen.

In römischer Zeit hatten Sklaven die Möglichkeit, unter bestimmten Umständen freigelassen zu werden. Die Bedingungen für die Freilassung waren unterschiedlich: Die Sklaven konnten sich von ihrem Dienstherrn freikaufen, der Herr konnte den Sklaven nach seinem Tod aus dem Dienst entlassen oder ihm zu Lebzeiten als Belohnung für gute Dienste die Freiheit schenken. Die entlassenen Sklaven nannte man Freigelassene; sie unterlagen aber einigen Einschränkungen und waren keine römischen Bürger. Sie konnten Land erwerben, und ihre Kinder erhielten das römische Bürgerrecht. Vor allem in spätrepublikanischer Zeit und in der frühen Kaiserzeit bildeten einige reiche Freigelassene eine politisch einflussreiche Gruppe.

Unten: Dakische Gefangene. Detail von der Trajanssäule. Die meisten Sklaven kamen aus den von den Römern besetzten Gebieten des Imperiums.

ASTYANAX VICI

Ende der Republik

Untergang der Republik

Das Triumvirat hatte die Kontrollfunktion des Senats außer Kraft gesetzt, und nach dem Tod von Crassus gab es nur noch zwei Rivalen, die dieses Machtvakuum füllen wollten und konnten. Der Kampf zwischen Caesar und Pompeius sollte das Ende der römischen Republik herbeiführen.

Ein Zweckbündnis

Die Verbindung zwischen Caesar und Pompeius war weitgehend ein Zweckbündnis. Caesar war ein Anhänger der *populares*, während Pompeius den *optimates* verbunden war. Beide Männer einte aber der Widerstand gegen den Senat. Unter großem Zuspruch der Bürger Roms schloss sich Pompeius Caesar an. Mit seinen Erfolgen in Gallien von 58–51 v. Chr. erfreute sich Caesar allerdings einer zunehmenden Unterstützung durch die breiten Massen. Pompeius, der sich durch die Popularität Caesars bedroht sah, suchte schließlich die Nähe des Senats, um seine Position gegenüber Caesar zu stärken.

Obwohl der Senat kein Vertrauen in Pompeius hatte, ernannte er ihn 52 v. Chr. zum alleinigen Konsul, damit dieser gegen Unruhen und Parteikämpfe vorgehen konnte, die immer schlimmer wurden, seit Marius und Sulla die Autorität des Senats infrage gestellt hatten. Nachdem Pompeius die Ordnung wiederhergestellt hatte, konnte er die Gunst des Senats gewinnen und gegen Caesar vorgehen.

Porträt des Pompeius Magnus. Ptolemaios von Ägypten überreichte Caesar Pompeius' Kopf als Geschenk.

Der Würfel ist gefallen

Eine Gelegenheit, Caesar auszuschalten, bot sich 50 v. Chr., als Caesars Amtszeit als Prokonsul auslief. Caesar wollte seinen erfolgreichen und populären Feldzug in Gallien fortsetzen und brauchte dafür ein weiteres Konsulat. Das machte ihn von der Gunst der stadtrömischen Politik abhängig und bot Pompeius und dem Senat die Chance, den gemeinsamen Gegner zu schwächen. Sie bestanden darauf, dass sich Caesar nicht in Abwesenheit um das Konsulat bewerben konnte, sondern nach Rom kommen musste. Diese Forderung bedeutete jedoch, dass Caesar seine Truppen verlassen musste und so seine Position geschwächt hätte. Caesar entschied sich für ein anderes Vorgehen: Er beschloss, mit seinen Truppen nach Rom zurückzukehren. Im Januar 49 befahl Caesar seinen Truppen, den Fluss Rubikon zu überschreiten, der die Grenze zwischen Gallien und Italien markierte. Dabei soll Caesar den berühmten Satz „Der Würfel ist gefallen" gesagt haben. Der Übertritt eröffnete den Krieg zwischen Pompeius und Caesar.

Dieses gut erhaltene, aber unvollendete römische Bauwerk gehörte zum Tempelkomplex auf der Nilinsel Philae in Ägypten.

Bürgerkrieg

Während Caesar auf Rom zumarschierte, beschloss Pompeius, die Stadt zu verlassen, um seine Truppen gegen Caesar zu formieren. Er ging zunächst nach Brundisium und setzte dann über die Adria nach Dyrrhachium über. Nach der Eroberung Roms wandte sich Caesar aber nicht direkt gegen Pompeius, sondern zog erst nach Spanien, um die von Pompeius dort stationierten Truppen unter seine Kontrolle zu bringen. Wäre Caesar zum direkten Angriff auf seinen Rivalen nach Osten vorgestoßen, hätten Pompeius' Truppen in Spanien nach Italien marschieren können. Nach dem Sieg über Pompeius' Armee in Spanien zog Caesar nach Dyrrhachium, um seinen Rivalen direkt anzugreifen. Die erste Schlacht gegen Pompeius endete für Caesar nicht erfolgreich. Pompeius hatte 45 000 Mann zusammengezogen und konnte Caesars Angriff im Januar 48 v. Chr. zurückschlagen. Allerdings sicherte Pompeius seinen Erfolg nicht ab, und Caesars Truppen konnten fliehen. Im Jahr 48 kontrollierte Pompeius den Zugang zum Adriatischen Meer, sodass Caesars Nachschublinien stark gefährdet waren und es zu einer Hungersnot bei seinen Truppen kam. Pompeius hätte in dieser Situation den Zusammenbruch von Caesars Armee abwarten können, doch der Senat wollte eine Entscheidungsschlacht und ermutigte ihn zu einem verfrühten Angriff auf Caesar. In der Schlacht von Pharsalos im August 48 trafen dann die Gegner erneut aufeinander. Caesar, der Pompeius' Taktik richtig einschätzte – nämlich, dass dieser mit seiner Kavallerie den rechten Flügel von Caesars Truppen angreifen würde –, verstärkte die rechte Seite und ließ die linke weitgehend ungeschützt. Caesars riskantes Kalkül ging auf, Pompeius attackierte die rechte Flanke. Die entscheidende Schlacht endete mit dem Sieg Caesars.

Pompeius flieht nach Ägypten

Der geschlagene Pompeius floh aus Griechenland nach Ägypten, doch Caesar setzte ihm nach. In Ägypten angekommen, ließ Pharao Ptolemaios Pompeius ermorden, um sich so die Gunst Caesars zu sichern. Er hoffte auf Caesars Unterstützung in einem dynastischen Konflikt zwischen ihm und seiner Mitregentin Kleopatra, die zugleich seine Gemahlin und Schwester war. Ptolemaios wollte Kleopatra, die seine Position bedrohte, ausschalten.

Das Römische Reich, 55 v. Chr.

Pompeius' Kopf

Als Caesar schließlich in Alexandria ankam, überreichte Ptolemaios Caesar den Kopf des Pompeius. Die Geste fand aber keinesfalls Caesars Wohlwollen; trotz seiner Feindschaft zu Pompeius war er tief erschüttert, denn Pompeius war einst nicht nur sein Kollege, sondern auch sein Schwiegersohn gewesen. Caesar schlug sich im Streit der ägyptischen Geschwister auf die Seite von Kleopatra.

Kleopatra wurde so nicht nur alleinige Herrscherin über Ägypten, sondern auch die Geliebte Caesars. Ihren gemeinsamen Sohn nannte sie Caesarion. Er wurde später neben seiner Mutter Mitregent in Ägypten und sollte nach Kleopatras Plänen seinen Vater als römischen Herrscher beerben. Als Octavian, Caesars Adoptivsohn, später Kleopatra besiegte, ließ er Caesarion töten, da er in ihm einen potenziellen Konkurrenten sah.

Caesars Triumph

47 v. Chr. verließ Caesar Ägypten und kämpfte in der Schlacht von Zela gegen Pharnakes, den Sohn von Mithridates. Pharnakes hatte den Bürgerkrieg in Rom dazu genutzt, sein Königreich in Kleinasien auszudehnen. Caesar siegte fast mühelos über Pharnakes und soll anschließend den berühmten Ausspruch „veni, vidi, vici" (ich kam, ich sah, ich siegte) getan haben. Im darauffolgenden Jahr gelang Caesar in Thapsus ein weiterer Sieg, als er die verbliebenen Pompeius-Anhänger stellte, die nach der Schlacht bei Pharsalos und dem Tod des Pompeius nach Nordafrika geflohen waren. Der unterlegene Befehlshaber Cato der Jüngere, ein leidenschaftlicher Verfechter der alten republikanischen Staatsform und ein Gegner Caesars, stürzte sich nach Caesars Sieg ins Schwert. Damit hatte Caesar in Thapsus fast alle seine Gegner vernichtet; nur die Söhne des Pompeius konnten nach Spanien fliehen. 45 v. Chr. gelang es Caesar, diese in der Schlacht bei Munda vernichtend zu schlagen. Dadurch sicherte sich Caesar endgültig die Alleinherrschaft.

Die Pompeius-Säule in Alexandria wird von ägyptischen Sphingen gerahmt. Die Säule wurde 300 n. Chr. zu Ehren des römischen Kaisers Diokletian errichtet, der Alexandria vor einer Hungersnot gerettet hatte. Sie erhielt ihren Namen im Mittelalter von Reisenden, die fälschlicherweise glaubten, Pompeius' Kopf sei darunter begraben.

Brettspiele

Würfel aus Elfenbein. Funde aus Pompeji.

Die Römer vergnügten sich mit verschiedenen Brett- und Würfelspielen wie den *latrunculi*. Mit 16 Steinen wurde auf einem Brett mit Gittermuster gespielt. Dabei galt es, die Steine des Gegners zu erobern, bis einer der beiden Spieler alle verloren hatte. Steine dieses Brettspiels, die man in Ausgrabungen fand, sind häufig aus Stein oder farbigem Glas. Das Spielbrett selbst bestand meist aus Holz. Gelegentlich wurden die Spielfelder aber auch einfach in Stein- oder Marmorböden geritzt.

Bei erwachsenen Römern erfreute sich das Würfelspiel als Glücksspiel großer Beliebtheit. Glücksspiele waren eigentlich verboten und nur an den Saturnalien gestattet, trotzdem waren sie offensichtlich weitverbreitet und wurden in Spiellokalen, Bordellen und Tavernen betrieben. Die Würfel waren aus Knochen, Elfenbein oder einfachem Holz gefertigt.

Zwölflinienspiel

Das Brettspiel *duodecim scripta* (auch *ludus duodecim scriptorium*) war vermutlich ein Vorläufer des modernen Backgammon. Das Brett war mit drei horizontalen Reihen und zwölf vertikalen Linien markiert, und es galt, alle Steine in das Zielquadrat auf der gegenüberliegenden Seite zu bringen. Da bei diesem Spiel drei Würfel eingesetzt wurden, galt *duodecim scripta* als Glücksspiel und war offiziell verboten. Um das Spiel dennoch öffentlich spielen zu können, gab es Spielbretter, die anstelle der Linien Buchstaben trugen. Diese, nur in wenigen Details vom Zwölflinienspiel abweichende Variante wurde als „Linien der zwölf Philosophen" bezeichnet. *Tabula* ist vermutlich eine Weiterentwicklung dieses Spiels, denn es verwendet genauso viele Spielsteine und ebenfalls drei Würfel.

Knochen und Steine

Calculi oder *ludus calculorum* war ein einfaches Spiel, ähnlich wie „Fünf in einer Reihe". Es gab zwei Spieler; Gewinner war, wer als Erster auf einem Spielbrett fünf Steine in einer horizontalen, vertikalen oder diagonalen Reihe platzieren konnte.

Tali ist der lateinische Name für einen Fußknöchel, und ursprünglich benutzte man solche Knochen von Ziegen und Schafen als Spielsteine. Das Spiel stammte aus dem alten Ägypten und war in Griechenland als *astragaloi* bekannt. Die Römer spielten es mit goldenen, silbernen, marmornen, hölzernen oder aus Elfenbein gefertigten Spielsteinen. Man warf vier Steine in die Luft und addierte dann den Wert der vier markierten Flächen. *Tali* war eine Art Glücksspiel, das erst in der späten Kaiserzeit durch Würfeln als beliebtestes Spiel abgelöst wurde.

Drei Männer sitzen an einem Tisch beim Würfelspiel. Römisches Mosaik aus dem 3. Jahrhundert n. Chr., El Djem in Tunesien.

Julius Caesar

Wie Sulla hielt Caesar angeblich an den bestehenden Machtstrukturen in Rom fest. In Wirklichkeit lag die Republik aber bereits in Scherben. Caesar wurde zum Diktator auf Lebenszeit ernannt und begann, Purpurgewänder zu tragen, wie es zuvor nur die römischen Könige getan hatten.

Römischer Kranz mit Efeu und Beeren. Obwohl Julius Caesar den Titel „König" ablehnte, saß er im Senat auf einem Thron und trug einen Lorbeerkranz.

Unten: Marmorinschrift auf dem Forum Romanum.

Kein Königstitel

Zwar lehnte Caesar den Titel eines Königs ab – denn dies hätte den eindeutigen Todesstoß für die Republik bedeutet –, doch im Senat saß er auf einem Thron und trug einen Lorbeerkranz. 45 und 44 v. Chr. erreichte der Personenkult seinen Höhepunkt: Caesars Porträt schmückte die Münzen, und der Monat Juli wurde nach ihm benannt. Seine Machtbefugnis war nahezu grenzenlos, als er Regierungsämter per Dekret besetzen und damit auf Wahlen verzichten konnte.

Caesar kontrolliert den Senat

Trotz der Unterstützung durch die *populares* und seiner militärischen Siege über die vom Senat beauftragten Truppen entmachtete Caesar den Senat völlig, wie es Sulla mit den Volkstribunen getan hatte. Caesar musste

nicht zu den Mitteln seines Vorgängers greifen, denn er hatte seinen Rivalen auf dem Schlachtfeld den Todesstoß versetzt. Er behielt den Senat als Institution bei und tauschte lediglich einige unbequeme konservative Mitglieder aus. Stattdessen machte er einige seiner Gefolgsleute zu Senatoren. Die meisten der alten Mitglieder beließ Caesar aber im Amt. Somit musste der Senat nicht komplett neu besetzt werden. Mit dem offensichtlich kooperationsbereiten Senat gelang ihm sogar die Erweiterung von 600 auf 900 Senatoren, da nach Ansicht Caesars das gewachsene Imperium auch eine größere Versammlung benötigte.

Populistische Reformen

Nach der Einnahme Roms 49 v. Chr. und der Sicherung seiner Alleinherrschaft leitete Caesar einige Sozialreformen ein, die seinen populistischen Ansichten entsprachen. So konnten reiche Römer zum Beispiel stärker für Verbrechen an ärmeren Bürgern zur Verantwortung gezogen werden. Ebenso wurde allen Römern ein Viertel ihrer Schulden erlassen, da die Zinsen durch den Bürgerkrieg gewaltig angestiegen waren.

Öffentliche Bauten, die Caesar in Auftrag gab, schufen in Rom viele Arbeitsplätze, wovon unter anderem ärmere Bevölkerungsschichten profitierten. Insgesamt verfolgte Caesar jedoch eine weitgehend moderate Politik. Er schreckte vor einem völligen Schuldenerlass zurück und halbierte die Zahl der Empfänger von kostenlosen Getreidezuteilungen. Diese Maßnahmen dienten nicht seiner Popularität, wohl aber der Gesundung der römischen Wirtschaft.

Büste Julius Caesars. Nach seinem Sieg kehrte Caesar nach Rom zurück und wurde zum Alleinherrscher. Widerstand erfuhr Caesar aus dem Senat. Schließlich verschworen sich einige Senatoren und ermordeten ihn.

Gratifikationen für die Legionen

Besondere Aufmerksamkeit schenkte Caesar seinen Legionen. Nach seinem Sieg erhielt jeder Soldat einen ansehnlichen Geldbetrag. Zusätzlich stellte Caesar durch die Gründung neuer Kolonien im ganzen Reich sicher, dass jedem Veteran nach seinem Militärdienst ein Stück Land zugeteilt wurde. Zu den bekanntesten Kolonien gehörten die wieder aufgebauten Städte Korinth und Karthago, die im 2. Jahrhundert v. Chr. von römischen Truppen zerstört worden waren. Neben Caesars Veteranen wurden auch arme Römer und freigelassene Sklaven in den neuen Gebieten angesiedelt.

Caesars autokratische Herrschaft

Caesars Einschätzung, dass der von seinen offenkundigen Widersachern gereinigte Senat sich kooperativ verhalten werde, erwies sich als falsch. Die aristokratischen Senatsmitglieder wurden zunehmend durch Caesars autokratische Herrschaft und sein monarchenähnliches Auftreten alarmiert.

Im Senat bildete sich eine Verschwörergruppe, die Caesar an den Iden des März (15. März) 44 v. Chr. ermordete. Die Senatoren lockten Caesar unter dem Vorwand, ihm eine Petition vorlegen zu wollen, in eine Falle und erstachen ihn. Anführer der Verschwörung waren Marcus Iunius Brutus und Gaius Cassius Longinus, zwei Senatoren, die ursprünglich mit Pompeius verbündet waren, nach Pompeius Tod aber auf Caesars Seite wechselten und von ihm begnadigt worden waren.

Nach Caesars Tod erklärte Brutus, Rom habe seine Freiheit wiedererlangt, doch der Kampf war noch nicht gewonnen und sollte in vieler Hinsicht erst richtig beginnen.

Zeitmessung

Mit der Einführung des julianischen Kalenders hinterließ Caesar ein nachhaltiges Erbe. Der traditionelle römische Kalender zeigte allmählich eine deutliche Diskrepanz zum Sonnenjahr; die Zeit, bis die Sonne dieselbe Position am Himmel einnahm, stimmte nicht mehr mit dem altrömischen Kalender überein. Die Priester, die für die Festlegung der religiösen Festtage einen exakten Kalender benötigten, hatten den altrömischen Kalender wiederholt mit Schalttagen oder Schaltwochen an das Sonnenjahr angeglichen.

Einführung des julianischen Kalenders

Caesar suchte in seiner Funktion als *pontifex maximus* (oberster Priester) nach einer langfristigen Lösung und führte deshalb einen neuen Kalender ein. Das Jahr des julianischen Kalenders hatte entsprechend dem Sonnenjahr 365,25 Tage. Der Vierteltag wurde durch einen Schalttag alle vier Jahre ausgeglichen.

Der neue Kalender galt ab 1. Januar 45 v. Chr., doch zur Anpassung an das Sonnenjahr und die Jahreszeiten wurde das Jahr 46 v. Chr. auf 445 Tage erweitert. Caesars Kalender blieb bis ins 16. Jahrhundert in Gebrauch. Damals verfügte Papst Gregor eine weitere Korrektur, denn das Sonnenjahr war mit exakt 365,2422 Tagen etwas kürzer. Der neue gregorianische Kalender ließ deshalb bestimmte Schaltjahre ausfallen.

Tierkreiskalender

Daneben gab es einen Kalender mit Tierkreiszeichen, der durch bestimmte Planetenkonstellationen die zwölf Abschnitte des Jahres festlegte. Wie viele andere Aspekte der Astronomie und Zeitmessung gelangten die Tierkreiszeichen über die griechische Kultur nach Rom.

Tempel des Apollo in Pompeji mit Altar und Sonnenuhr.

Sonnenuhr

Auch der Gebrauch der Sonnenuhr zur Zeitmessung wurde den Römern durch Griechen vermittelt. Bei der Sonnenuhr, einer ganz einfachen Vorrichtung, wirft ein Gnomon (Schattenstab) einen Schatten auf eine in Zeitschritte eingeteilte Skala. Plinius der Ältere berichtet, dass im 3. Jahrhundert v. Chr. eine auf Sizilien (damals unter griechischem Einfluss) erbeutete Sonnenuhr in Rom aufgestellt wurde. Er erwähnt auch, dass diese zunächst die falsche Zeit anzeigte, bis entsprechende Anpassungen der Uhr an die geografische Breite Roms vorgenommen wurden.

Sand- und Wasseruhren

Da eine Sonnenuhr nur bei Tageslicht und bei sonnigem Wetter funktioniert, nutzten die Römer noch andere Vorrichtungen, um die Zeit auch ohne Sonne zu messen. Mit einer Sanduhr bestimmt man die Zeit, die eine festgelegte Menge Sand benötigte, um von einem Gefäß in ein anderes zu rieseln.

Das genaueste Instrument zur Zeitmessung war in der Antike die Wasseruhr oder *klepshydra* (griechisch „Wasserdieb"). Bereits die Griechen nutzten mechanisierte Wasseruhren; die Römer entwickelten die Instrumente weiter.

Römische Skulptur des Tierkreises.

Mosaik mit der Darstellung von Tierkreiszeichen.

Marcus Antonius und Octavian

Marcus Antonius, der Caesar bei seinem Kampf gegen Pompeius unterstützt hatte, strebte nach Caesars Ermordung dessen Nachfolge an. Doch Caesars Testament enthüllte, dass er einen anderen Erben vorgesehen hatte: seinen Neffen und Adoptivsohn Octavian.

Octavian fordert Antonius heraus

Nach der Ermordung seines Onkels und Adoptivvaters kehrte Octavian von einem Aufenthalt in Illyrien nach Rom zurück. Dort traf er auf den ehrgeizigen Marcus Antonius, der im Begriff war, seine Position durch die Besetzung von Gallia cisalpina (Oberitalien) und die Verbindung zu Kleopatra in Ägypten zu festigen.

Der Senat, der befürchtete, dass Antonius sich zum Diktator erheben wolle, ermutigte den 18-jährigen Octavian, Marcus Antonius herauszufordern. Man wollte die beiden gegeneinander ausspielen. Ein Jahr nach Caesars Ermordung kam es zum ersten Zusammenstoß zwischen den Kontrahenten, als Octavian mit den vom Senat unterstützten Truppen und den beiden Konsuln in der Schlacht bei Mutina (Modena) auf Marcus Antonius traf. Octavian siegte, doch die Konsuln fielen im Kampf, und so stand Octavian allein an der Spitze des Heeres.

Die beiden vakanten Konsulposten mussten neu besetzt werden, und Octavian forderte seine Ernennung. Doch der Senat verweigerte ihm das Amt, weil er den Aufstieg Octavians zum Diktator verhindern wollte. Da marschierte Octavian mit dem Heer nach Rom und riss das Konsulat gewaltsam an sich.

Neue Allianzen

Wie Pompeius zwei Jahrzehnte zuvor, entzog Octavian dem Senat seine Unterstützung, als dieser ihm einen weiteren Machtzuwachs versagte. Dabei wandte er gegenüber dem Senat, der keine Zugeständnisse machen wollte, dieselbe Taktik an wie zuvor Pompeius: Er verbündete sich mit seinen mächtigen Rivalen. Pompeius' Mitstreiter war Caesar gewesen, Octavians Mitkämpfer wurden sein ehemaliger Gegner Marcus Antonius sowie Aemilius Lepidus, ein enger Gefolgsmann Caesars.

Antonius und Lepidus hatten sich bereits verbündet, und Octavian besaß als Adoptivsohn Caesars ohnehin eine starke Position. Zusammen konnten sie die römische Politik bestimmen und die Macht des Senats einschränken. Bei einem Treffen in Bononia (Bologna) bildeten sie 43 v. Chr. das zweite Triumvirat.

***Rechts:** Kleopatra war sowohl mit Julius Caesar als auch mit Marcus Antonius liiert. Mit Caesar hatte sie einen Sohn, Caesarion, den sie zu seinem Nachfolger machen wollte.*

Das zweite Triumvirat

Anders als das erste war das zweite Triumvirat nicht nur eine private Übereinkunft: Es wurde vielmehr nachträglich durch ein Gesetz bestätigt. Der durch die politischen Auseinandersetzungen und Säuberungen geschwächte Senat hatte dem gemeinsamen Vorgehen der drei Männer nichts entgegenzusetzen. Das zweite Triumvirat wurde auf fünf Jahre beschränkt, doch war niemand in der Lage, diese Beschränkung zu kontrollieren, außer den Triumvirn selbst. Es wurden zwar weiterhin Konsuln ernannt, aber das Amt hatte durch die Triumvirn an Bedeutung verloren, und einige Male übernahm auch einer der Triumvirn das Amt eines Konsuls.

Rache für Caesar

Alle drei Männer hatten eine enge persönliche Beziehung zu Caesar gehabt, und so sahen sie ihre erste Aufgabe darin, die Mörder Caesars zu ergreifen und seinen Tod zu rächen. Das aufgebrachte Volk, das in Caesars Tod keineswegs eine Rettung der Republik sah, hatte die Haupttäter Brutus und Cassius zur Flucht aus Rom getrieben. Die Mörder waren nach Osten geflüchtet, wo sie von Antonius und Octavian gestellt wurden, während Lepidus in der Doppelfunktion als Triumvir und Konsul in Rom geblieben war.

Die Stunde der Rache kam im Jahr 42 v. Chr. in der Schlacht bei Philippi in Makedonien. In einem ersten Gefecht besiegte Antonius Cassius' Truppen, doch Brutus konnte Octavian bezwingen. Aufgrund fehlerhafter Informationen glaubte Cassius, Brutus sei ebenfalls besiegt worden und nahm sich das Leben. Nun stand Brutus allein Antonius und Octavian gegenüber. In der zweiten Schlacht wurde auch er bezwungen und entzog sich seiner Ergreifung durch den Freitod.

Ciceros Tod

Der Sieg über Brutus und Cassius bedeutete aber nicht das Ende der Vergeltungsaktion. Zurück in Rom, waren die Triumvirn entschlossen, die Jagd auf Mitverschwörer als Vorwand zur Beseitigung ihrer politischen Gegner zu nutzen. Eindeutige Gegner wie der Philosoph und Politiker Cicero, der sich offen gegen Caesar und Antonius gewandt hatte, wurden verfolgt und getötet.

Die Triumvirn kannten dabei keine Grenzen: Auch Antonius' Onkel Lucius Julius Caesar, ein Verbündeter Caesars, wurde getötet. Insgesamt wurden über 1000 Gegner der Triumvirn geächtet, von denen nur wenige überlebten. Die Aktion festigte das Triumvirat und verhalf den Triumvirn zu erheblichen Geldmitteln, denn das konfiszierte Vermögen der Verfolgten floss in ihre Taschen. Das zweite Triumvirat war genau wie das erste ein pragmatischer Zusammenschluss, der sich aus der Notwendigkeit der politischen Situation ergab. Die drei Männer verfolgten außer der Beseitigung ihrer Feinde keine weiteren gemeinsamen Ziele. Nachdem dieses Ziel erreicht war, wurde die Abneigung zwischen Antonius und Octavian ganz offenkundig.

Oben: Der Philosoph und Politiker Cicero, der sich offen gegen Caesar und Antonius ausgesprochen hatte, wurde im Verlauf der nach Caesars Ermordung betriebenen Vergeltungsaktion ergriffen und getötet.

Teilung des Reichs

Die Triumvirn versuchten zunächst, ihre Differenzen zu kaschieren. Man bemühte sich, die politischen Bündnisse durch Familienbindungen zu festigen. So heiratete Marcus Antonius 40 v. Chr. die Schwester Octavians, Octavia. Doch die Rivalitäten zwischen den Männern ließen sich nicht verbergen. Um den Konflikten aus dem Weg zu gehen, teilten die Triumvirn das Reich in drei Einflusssphären auf. Octavian übernahm den Westen, Antonius den Osten und Lepidus Nordafrika. Interne Machtkämpfe wurden so weitgehend vermieden, und das Triumvirat konnte 38 v. Chr. um weitere fünf Jahre verlängert werden.

Octavian und Lepidus

Doch das Triumvirat sollte nicht mehr lange fortbestehen. Das Verhältnis zwischen Octavian und Lepidus verschlechterte sich schlagartig, als Octavian Lepidus verdächtigte, Sizilien unter seine Kontrolle bringen zu wollen. Lepidus hatte seine Legionen von Afrika auf die Insel verlegt, um Octavian bei der Vertreibung von Pompeius' Sohn Sextus und dessen Truppen zu unterstützen. Octavian misstraute Lepidus allerdings und hielt dessen Beistand für eine List, um seine Legionen auf Sizilien zu stationieren. Um dieser Möglichkeit zuvorzukommen, ermutigte Octavian die Truppen Lepidus', zu ihm überzulaufen. Kein einfaches Unterfangen, doch dank seiner Autorität als Caesars Sohn gelang ihm das Unternehmen. Caesar war soeben zu einem Gott erhoben worden, und Octavian konnte nun für sich in Anspruch nehmen, der Sohn des vergöttlichten Caesars zu sein. Octavian verstieß den seiner Legionen beraubten Lepidus aus dem Triumvirat, gewährte ihm aber einen stillen Rückzug und beließ ihm das Amt des *pontifex maximus*.

Kriegsvorbereitungen

Nun verschlechterte sich zunehmend auch die Beziehung zwischen Octavian und Antonius. Antonius' Ambitionen flackerten wieder auf, als er Kleopatra von Ägypten heiratete und mit ihr gemeinsame Kinder hatte. Diese Verbindung stellte eine politische Bedrohung für Octavian dar, denn Antonius war nun König von Ägypten und konnte seinen Machteinfluss auf Griechenland ausdehnen, da Kleopatra eine Nachfahrin der aus Griechenland stammenden Ptolemäer war.

Zugleich versuchte Antonius, Caesarion, den gemeinsamen Sohn von Caesar und Kleopatra, an Octavians Stelle zu setzen. Darüber hinaus hatte er durch die Heirat Kleopatras seine familiären Bindungen zu Octavian als Schwager gekündigt. Die politische Bedrohung und die offene Feindschaft veranlassten Octavian, sich auf einen Krieg vorzubereiten. Um die Unterstützung des Senats zu gewinnen, veröffentlichte er Antonius' Testament, in dem dieser die Aufteilung des Ostens unter Kleopatras Kindern verfügte und den Wunsch äußerte, in Alexandria und nicht in Rom begraben zu werden. Der entrüstete Senat gewährte Octavian die nötige Unterstützung für einen Krieg.

***Links:** Dieser Tempel auf der Insel Philae mitten im Nil war der ägyptischen Göttin Isis gewidmet. Isis wurde mit der griechischen Göttin Aphrodite in Zusammenhang gebracht, die die Römer wiederum als Venus verehrten.*

Der letzte Bürgerkrieg der Republik

32 v. Chr. erklärte Octavian Kleopatra und Marcus Antonius den Krieg. Obwohl er den Rückhalt des Senats hatte, waren nicht alle Senatoren auf Octavians Seite, und einige schlossen sich Antonius in Ägypten an. Beide Parteien zogen große Truppenkontingente zusammen, doch die Entscheidung fiel erst 31 v. Chr. in der Seeschlacht bei Actium.

Octavians Seestreitkräfte waren der Flotte Antonius' überlegen und hatten mit Marcus Vipsanius Agrippa, einem alten Weggefährten Octavians, einen hervorragenden Feldherrn, der ihnen den Sieg sicherte. Antonius konnte sich zwar mit einem Schiff nach Ägypten retten, musste aber seine Truppen in Griechenland zurücklassen. Nach Agrippas Sieg bei Actium schlossen sich Antonius' Legionen ohne großen Widerstand dem Sieger an. Octavian verfügte nun über den größten Teil der römischen Armee und zog über Land nach Ägypten. Er verbündete sich mit seinem Cousin Lucius Pinarius, dem Statthalter der römischen Provinz Cyrenaica, die im Westen direkt an Ägypten grenzte. Gemeinsam gingen die beiden Armeen gegen Antonius' Truppen in Ägypten vor und eroberten Alexandria.

Freitod von Antonius und Kleopatra

Nach seiner Niederlage stürzte sich Antonius 30 v. Chr. in sein Schwert. Wenig später entschied sich auch Kleopatra für den Freitod, angeblich durch den Biss einer Schlange. Sie überlebte Antonius um einige Tage, in denen sie versuchte, mit Octavian zu verhandeln, um das Leben ihres Sohns Caesarion zu schonen. Die Verhandlungen scheiterten, denn Octavian fürchtete „zu viele Caesaren" und ließ seinen potenziellen Rivalen Caesarion töten.

Nach dem Tod von Caesarion, der zusammen mit seiner Mutter regiert hatte, fiel der ägyptische Thron an Octavian, der nun nicht nur zum Herrscher über Ägypten, sondern über das gesamte römische Imperium wurde.

***Oben:* Römische Münze mit der Abbildung eines Krokodils und dem Hinweis auf die Niederlage von Kleopatra.**

***Rechts:* Augustus im Alter von etwa 30 Jahren. Die Bronzeskulptur wurde in Meroë im Sudan gefunden. Der Senat verlieh Octavian 27 v. Chr. den Ehrennamen Augustus („der Erhabene").**

Essen und Trinken

Das Mosaik zeigt Meerestiere, die entsprechend zubereitet auf den Tellern der wohlhabenden Bürger landeten.

Die Speisen der Reichen

In der frühen Republik soll sich schriftlichen Quellen zufolge die Ernährung der reichen Römer kaum von dem Essen der armen unterschieden haben. Die Mahlzeiten waren bescheiden. Das Frühstück bestand meist aus einer einfachen Hafersuppe. Erst in der späten Republik übernahmen die wohlhabenden Römer griechische Essgewohnheiten, und die Küche von Reichen und Armen entwickelte sich ganz unterschiedlich. Reiche Bürger erfreuten sich einer großen Auswahl importierter und luxuriöser Nahrungsmittel, die sich Arme nicht leisten konnten. Das Frühstück eines vermögenden Römers bestand nun aus Brot, Käse, Obst, Eiern und Honig. Bei einem zweiten Frühstück gab es Reste des Abendessens vom vorherigen Tag.

Die meisten reichen Bürger tätigten ihre Geschäfte am Vormittag und suchten am frühen Nachmittag die Thermen auf. Die Hauptmahlzeit wurde deshalb am frühen Abend eingenommen. Wenn Gäste geladen waren oder viele Gänge serviert wurden, begann diese Mahlzeit oft bereits am Nachmittag.

Exotische Importe

Anfangs beschränkten sich die Römer, unabhängig von ihrem Wohlstand, auf heimische Produkte. Doch mit der Ausweitung des Imperiums auf neue Territorien waren plötzlich zahlreiche neue Lebensmittel verfügbar. Im Osten gab es verschiedene Obstsorten wie Kirschen, Granatäpfel, Aprikosen und Zitronen, und aus Afrika wurden exotische Fleischsorten wie Flamingo und Strauß nach Rom gebracht.

Trotz dieser Vielfalt an fremden Produkten waren den Römern viele der heute gängigen Speisen unbekannt. Kartoffeln, Tomaten, Mais und Schokolade kamen erst viel später aus Südamerika nach Europa. Ebenso kannte die römische Küche keinen Zucker, man süßte mit Honig.

Löffel aus Knochen und eine Schale aus Pompeji.

Eine Mahlzeit wird zum Bankett

Wohlhabende Römer nahmen ihr Abendessen häufig in Gesellschaft von Freunden oder Geschäftspartnern ein, sowohl als Gastgeber wie auch als Gast. Da sich die Gastgeber gegenseitig übertreffen wollten, entwickelten sich diese Mahlzeiten oft zu üppigen Festbanketten. Man nahm das Essen in entspannter Atmosphäre ein. Es zog sich über mehrere Stunden hin, wobei man den Gästen verschiedene Gänge servierte, die mit den Händen gegessen wurden. Im Verlauf des Abends unterhielt man die Gäste zwischen den Gängen häufig mit Darbietungen von Musikern, Schauspielern, Dichtern oder Tänzern.

Üblicherweise lag man bei diesen Mahlzeiten auf langen Liegen. Meist teilten sich drei Personen eine solche Liege, wobei insgesamt drei Liegen um einen Esstisch angeordnet waren. Kannten sich die Gäste sehr gut oder waren Kinder dabei, lagen zuweilen auch vier Personen auf einer Liege.

Ungewöhnliche Geschmäcker

Sklaven verbrachten den ganzen Tag mit der Vorbereitung der Speisen für solche Festessen. Man servierte dabei eine Auswahl von Gemüsesorten und Obst, meist auch Fisch und Fleisch. Schwein war die gängigste Fleischsorte, doch sehr wohlhabende Römer wollten Exotischeres bieten und servierten alles vom Pfau bis zur Haselmaus. Die Gastgeber wollten ihre Gäste nicht nur mit exotischen Speisen, sondern auch mit den ungewohnten, überraschenden Aromen der Gerichte beeindrucken. Dazu verwendete man eine Vielzahl von Kräutern, Gewürzen und Soßen. Weitverbreitet und sehr beliebt war eine Würzsoße aus fermentiertem Fisch.

Wandmalerei mit der Darstellung eines Festmahls.

Tischsitten

Zu einem guten Bankett gehörten Speisen im Überfluss; gewöhnlich blieben dabei viele Reste übrig. Am Ende eines solchen Banketts gab man den Gästen üblicherweise Speisen für das zweite Frühstück am nächsten Tag mit nach Hause.

Um möglichst viele Speisen zu sich zu nehmen, griffen manche Römer auch zu einem radikalen Mittel: Sie erbrachen, um Platz in ihren Mägen zu schaffen und dann weiteressen zu können. Die Wertschätzung der Speisen äußerte man nach Abschluss des Mahls durch Rülpsen.

Betreuung der Gäste

Das Festmahl wurde in unterschiedlicher Weise von Sklaven begleitet. Sie bereiteten nicht nur das Essen vor, sondern bedienten auch die Speisenden. Sobald die Gäste eintrafen, wuschen Sklaven ihnen die Hände. Da die Römer gewöhnlich mit den Fingern aßen, wurden diese Handwaschungen nach jedem Gang wiederholt.

Anschließend war es auch Aufgabe der Sklaven, die Speisen aufzutragen und abzuräumen und den Wein einzuschenken. In einigen Häusern fächelten die Sklaven den Gästen während des Mahls Luft zu.

Amphorenlager in Ostia: Die Römer bewahrten viele ihrer Lebensmittel in Amphoren auf. Die großen, bauchigen Krüge wurden zur besseren Kühlung oft in den Boden eingelassen.

Meerestiere waren gewöhnlich den wohlhabenden Römern vorbehalten. Bei allen Römern war aber eine Würzsoße aus fermentiertem Fisch beliebt.

Speisen der Armen

Die meisten Römer waren nicht vermögend genug, um sich die üppigen Festmähler und aufwendigen Speisen der Reichen leisten zu können. Ihr Frühstück und Mittagessen bestanden meist aus Brot, gebacken aus vom Staat kostenlos verteiltem Getreide. Wie die wohlhabenden Bürger nahmen auch die ärmeren Menschen ihre Hauptmahlzeit am Abend ein. Sie bestand allerdings nur aus Brot und Gemüse. Einfache Römer aßen nur selten Fleisch oder Fisch, denn diese Lebensmittel waren zu teuer. Die Ärmsten bekamen nur dann Fleisch zu essen, wenn ein Tier den Göttern geopfert wurde. Für die religiöse Zeremonie benötigte man nur die Eingeweide, das Fleisch der Opfertiere verteilte man an Bedürftige.

Jagen war nach antiken Vorstellungen eine beliebte Tätigkeit bei Göttern und Heroen. Daher wurden entsprechend häufig Jagdszenen dargestellt.

Garküchen

Die meisten Römer wohnten in engen, mehrstöckigen Mietshäusern, die aus Gründen des Brandschutzes keine Kochstellen besaßen. Statt zu Hause zu kochen, kaufte die römische Hausfrau das Abendessen in einer Garküche oder bei Straßenhändlern. Die Reste wurden dann am nächsten Tag am Morgen oder Mittag gegessen. Manche Römer besorgten sich auch bereits am Mittag oder Nachmittag einen Imbiss in einer Garküche. Beliebt waren die Stände in der Umgebung der öffentlichen Bäder.

Zuweilen kochten auch einige Familien trotz Brandgefahr in ihren Wohnungen, was immer wieder verheerende Brände zur Folge hatte.

Öffentliche Brunnen

Die einfachen Römer tranken meist Wasser aus den über ganz Rom verteilten öffentlichen Brunnen. Diese Brunnen wurden von einem Aquädukt gespeist, das frisches Wasser über ein ober- und unterirdisches Röhrensystem lieferte. Neben Wasser nahmen römische Männer oft auch Wein zu sich. Den Römerinnen war der Weingenuss untersagt, doch zumindest für die wohlhabenden Römerinnen wurde dieses Verbot im Laufe der Zeit gelockert. Die Qualität des Weins schwankte je nach Preislage stark. Doch in allen römischen Schichten galt es als unkultiviert, den Wein nicht mit Wasser zu verdünnen.

Die julisch-claudischen Kaiser

Augustus

Ein Jahrhundert der Unruhen endete, Octavian ging als Gewinner aus den Machtkämpfen mit verschiedenen Rivalen hervor. Nach seinem Sieg über Antonius und Kleopatra 30 v. Chr. herrschte er lange Zeit über ein relativ friedliches Imperium und schuf die Basis für ein neues goldenes Zeitalter.

Octavian wird Augustus

Octavian wurde zum ersten römischen Kaiser, auch wenn er zunächst 27 v. Chr. scheinbar die römische Republik rettete und wiederherstellte. Doch dies war eine formale Geste, um Widersacher zu beruhigen, denn gleichzeitig nahmen seine Machtbefugnisse zu. Im selben Jahr verlieh der Senat Octavian den Ehrennamen Augustus („der Erhabene“) und den Status eines *princeps*, eines „ersten Bürgers“. Dieser Titel verschuf ihm eine herausgehobene Position im römischen Staat, der sich nach außen weiterhin als Republik präsentierte. Tatsächlich mussten Imperatoren oder Kaiser bis zum Amtsantritt Diokletians 284 n. Chr. stets ein Lippenbekenntnis zur Republik ablegen.

Augustus wurde bald auch zum Konsul auf Lebenszeit ernannt. Noch mehr Befugnisse brachte ihm das Amt des Tribuns ein. Jetzt konnte er über die Tagesordnung des Senats bestimmen und ein Veto gegen alle Gesetze einlegen. Er überwachte alle Prokonsuln und besaß damit die Kontrolle über das gesamte Reich. Außerdem hatte er das exklusive *imperium* (Befehlsgewalt) über die Stadt Rom inne. Nach dem Tod seines ehemaligen Triumviratskollegen Lepidus 12 v. Chr. übernahm Augustus überdies das Amt des *pontifex maximus* (oberster Priester).

Goldmünze mit dem Porträt des Augustus.

Gründung der Prätorianergarde

Augustus sicherte sich zwar seine Macht – und sein Leben – durch die neu geschaffene Prätorianergarde, die ihm als skrupellose Leibgarde diente, doch war es vor allem seiner in der Öffentlichkeit zur Schau getragenen Bescheidenheit zu verdanken, dass er zur absoluten Macht gelangte. Denn so konnten viele römische Bürger seine Alleinherrschaft akzeptieren.

Nach vielen Jahrzehnten des Krieges und der Anarchie nahmen die Römer Augustus' Herrschaft nur zu gern hin, um Stabilität und Rechtssicherheit zu erlangen. Die Straßen Roms wurden von den Räuberbanden gesäubert, die dort lange geherrscht hatten, und Rom gewann seinen Frieden und Wohlstand zurück.

Panzerstatue des Augustus.

Zurück zu traditionellen Werten

Die Betonung von Bescheidenheit und traditionellen Werten, die Augustus scheinbar vorlebte, entsprach den Vorstellungen vieler Römer, die den luxuriösen Lebensstil mancher reichen Bürger während der späten Republik verurteilt hatten. Augustus bestrafte sogar seine eigene Tochter wegen ihres hedonistischen Lebenswandels und verbannte sie aus Rom ins Exil.

Auch der Senat, der sich traditionell gegen jegliche Einschränkung seiner Macht gesträubt hatte, setzte Augustus nur wenig Widerstand entgegen, denn Säuberungen und Kriege hatten ihn in eine schwache Institution verwandelt. Zudem hatte Augustus die Unterstützung der Armee, deren Loyalität er sich durch generöse Landzuteilungen an Veteranen sicherte. Zugleich wurde die Armee verkleinert, und die Legionen wurden über das Imperium verteilt, sodass sich das Militär nicht gegen Rom erheben und Augustus' Herrschaft gefährden konnte.

Marmorsäulen in einer Ruine des Forums. Augustus rühmte sich, er habe eine Stadt aus Ziegelstein vorgefunden und sie in Marmor hinterlassen.

Erneuerung Roms

Mit der Rückkehr zu stabilen politischen Verhältnissen setzte in Rom auch eine allgemeine Erholung der Stadt ein. Augustus sollte sich in seinem *Res Gestae* genannten Herrschaftsbericht rühmen, eine Stadt aus Ziegelstein vorgefunden und sie in Marmor hinterlassen zu haben. Auch wenn dies nur für einige Bereiche Roms gegolten haben mag, so veranlasste Augustus doch zahlreiche Verbesserungen in der Stadt.

Eine seiner ersten Baumaßnahmen war das Augustusforum, das 42 v. Chr. nach der Schlacht bei Philippi begonnen und 2 v. Chr. vollendet wurde. Zum Forum gehörte der Marstempel, den Augustus als Dank für den Sieg über Caesars Mörder errichten ließ.

Wichtige Baumaßnahmen auf dem Campus Martius gehen ebenso auf Augustus zurück. Augustus ließ hier vom Senat den Friedensaltar zum Gedenken an die Rückkehr des Friedens errichten und von seinem Feldherrn Agrippa das Pantheon bauen. Das Gebäude wurde später durch einen Brand vernichtet, doch der unter Hadrian errichtete Neubau steht bis heute. Ein weiterer wichtiger Bau unter Augustus war der Tempel für Julius Caesar, den er zu Ehren seines vergöttlichten Adoptivvaters errichten ließ. Augustus begründete mit seiner Bautätigkeit eine von späteren Kaisern übernommene Tradition. Besonders beliebt waren großzügig angelegte öffentliche Bauten, die dann nach ihrem Erbauer benannt wurden, etwa ein Forum.

Ostia, der Hafen Roms

Römischen Historikern zufolge wurde Ostia im 7. Jahrhundert v. Chr. von Ancus Martinus, dem vierten römischen König, gegründet, doch bisher gefundene Überreste reichen nur bis ins 4. Jahrhundert v. Chr. zurück.

Mauern in Ostia mit verschiedenen Techniken.

Die 30 Kilometer westlich von Rom an der Tibermündung gelegene Stadt wurde schon früh so ausgebaut, dass sie die Hauptstadt vor potenziellen Eindringlingen auf dem Wasserweg schützen konnte.

Marinestützpunkt

Im 3. Jahrhundert v. Chr. diente Ostia hauptsächlich als Marinebasis. Der *quaestor classicus* (der für die Flotte zuständige Offizier) operierte von hier aus in den Punischen Kriegen gegen Karthago. Von Ostia setzte Scipio 211 v. Chr. im 2. Punischen Krieg nach Spanien über, um dort gegen die Karthager vorzugehen. Die Stadtbewohner von Ostia waren nicht an den Kämpfen beteiligt, sie wurden im Hafen als Arbeitskräfte gebraucht.

Im 2. Jahrhundert entwickelte sich Ostia zu einem wichtigen Handelshafen, in dem viele Güter aus den Provinzen auf ihrem Weg nach Rom umgeschlagen wurden. Der Quästor war nun für den Getreideimport zuständig.

Unabhängigkeit und Erneuerung

Nach Angriffen von Marius (87 v. Chr.) und Piraten (67 v. Chr.) auf die Stadt veranlasste Marcus Tullius Cicero ihren Wiederaufbau und die Errichtung zusätzlicher Schutzmauern. Etwa zu dieser Zeit wurde Ostia von Rom unabhängig und bekam einen eigenen Stadtrat.

Unter Augustus und seinem Nachfolger Tiberius begann die Erneuerung der Stadt. Claudius (41–54 n. Chr.) ließ in Portus, rund zwei Kilometer nördlich von Ostia, einen neuen Hafen mit einer dazugehörigen Siedlung anlegen. Später wurde unter Trajan in Portus das sechseckige Hafenbecken angelegt, das den Schiffen besseren Schutz bei Unwetter bot. Nach der Fertigstellung des Hafens kam es zu einem richtigen Bauboom in der Stadt. Viele Bauwerke entstanden unter der Herrschaft von Hadrian und Antoninus.

Reste eines Hauseingangs in Ostia.

Aufstieg und Niedergang

Ostias lokale Stadtverwaltung bestand aus zwei Magistraten, den sogenannten *duumvirn*, die ein Jahr lang amtierten und dem Stadtrat vorstanden. Zwei *quaestores aerarii* kümmerten sich um die Finanzen, der *curator operum publicorum et aquarum* war zuständig für die öffentlichen Gebäude und die Wasserversorgung und der *quaestor alimentorum* für die Versorgung armer Kinder. Im 1. Jahrhundert n. Chr. war die Bevölkerung der Stadt auf 50 000 Einwohner angewachsen; davon waren 17 000 Sklaven, die zumeist aus Ägypten und dem Nahen Osten stammten. Doch in der zweiten Hälfte des 3. Jahrhunderts n. Chr. begann für Ostia der wirtschaftliche Niedergang, während Portus an Bedeutung gewann. Ostia entwickelte sich zu einer bevorzugten Wohngegend, wo vom 3. bis 5. Jahrhundert einige aufwendige Wohnhäuser entstanden, deren Besitzer vermutlich als Kaufleute in Portus tätig waren.

Bäckerei mit Backöfen in Ostia.

Im 11. Jahrhundert wurden Marmor und anderes Baumaterial aus Ostia in andere Regionen Italiens gebracht und für neue, prächtige Bauwerke verwendet, wie den Schiefen Turm von Pisa. Ein klares Indiz für den fortschreitenden Verfall der Stadt. 1461 besuchte Papst Pius II. die Stadt und zeigte sich erschüttert von den Ruinenfeldern. In diesem Zustand verharrte Ostia bis zum Ende des 19. Jahrhunderts.

Ostia wird freigelegt

Vereinzelte und zufällige Ausgrabungen fanden im 18. Jahrhundert statt. Im folgenden Jahrhundert stellte der römische Archäologe Rodolfo Lanciani genauere Untersuchungen an. 1907 begann Dante Vaglieri mit der systematischen Ausgrabung der Stadt, doch er verstarb bereits sechs Jahre nach Ausgrabungsbeginn. Guido Calza führte die Arbeiten weiter. Allerdings ging man nach den damals üblichen Ausgrabungsmethoden vor: Man legte die Hinterlassenschaften schnell frei, ohne dass dabei die einzelnen Schichten systematisch abgetragen und untersucht wurden, was für ein besseres Verständnis der Stadtentwicklung notwendig gewesen wäre. Zuweilen wurden einige der Ruinen wieder aufgebaut oder restauriert. In Ostia sind einige der Bauten, etwa das Theater, zu großen Teilen Rekonstruktionen aus den 1930er-Jahren.

Die Ausgrabungen brachten eine für die römische Stadtplanung typische Stadtstruktur zum Vorschein: Im Zentrum befand sich ein Forum, wo sich Längs- und Querachse *(cardo* und *decumanus)* kreuzten. In unmittelbarer Nachbarschaft stand der unter Tiberius gebaute Tempel, der der Göttin Roma und Augustus geweiht war. Die Basilika, in der die Justiz ihren Sitz hatte, die Kurie, die als Versammlungsort diente (vielleicht auch als Tempel), und das Kapitol wurden Anfang des 2. Jahrhunderts gebaut. Dieser größte Tempel der Stadt mit beeindruckenden korinthischen Säulen war Jupiter, Juno und Minerva geweiht. Darüber hinaus gab es überall in Ostia den verschiedensten Gottheiten geweihte Kultstätten. Heute liegt Ostia acht Kilometer von der Küste entfernt.

Sarkophagrelief aus Ostia.

Tiberius

Augustus' lange Herrschaft – er regierte das Römische Reich mehr als 40 Jahre – versetzte der Republik den endgültigen Todesstoß. Während dieser Zeit wurde die Autokratie als Norm akzeptiert, und die Erinnerung der meisten Römer an die republikanische Kontrolle der Macht verblasste.

Nachfolger Augustus'

Trotz oder vielleicht wegen seiner langen Regentschaft war Augustus so weit gegangen, seinen Stiefsohn Tiberius als Thronfolger zu bestimmen. Tiberius war nicht seine erste Wahl als Erbe gewesen: Augustus hatte sich zuvor für seine Enkel entschieden. Doch diese starben auf unterschiedliche Weisen vor Augustus, und so stand nach Augustus' Tod Tiberius an erster Stelle.

Livia Drusilla, Augustus' Gattin, sah sich Anschuldigungen und Unterstellungen ausgesetzt, sie habe einige potenzielle Erben aus dem Weg geräumt, um ihren Sohn Tiberius zum Nachfolger zu machen. Tiberius versuchte, seine Position durch die Ehe mit Augustus' Tochter Julia zu festigen, die er nach dem Tod ihres ersten Gatten Agrippa geheiratet hatte.

Der öffentlichkeitsscheue Kaiser

Tiberius trat ein großes Erbe an, und obwohl es ihm gelang, den Kurs Augustus', fortzusetzen, gilt er der Geschichtsschreibung doch als blasser Kaiser. Er mochte das Leben in der Öffentlichkeit nicht und hatte sich, schon bevor er zum Nachfolger ernannt wurde, auf Rhodos zurückgezogen. Als Kaiser verließ er 26 n. Chr. Rom, um den Rest seines Lebens auf der Insel Capri zu verbringen. Der ehrgeizige Prätorianerpräfekt Lucius Aelius Seianus nutzte die Abwesenheit des Kaisers, um mehr Macht zu erlangen. Schon bald nach der Amtsübernahme Tiberius' hatte Seianus den Kaiser davon überzeugt, die Prätorianergarde in einem großen, neu zu errichtenden Lager zusammenzuziehen. Seianus wollte sich so seine Machtbasis sichern. In den 20er-Jahren beseitigte er seine persönlichen Gegner in Rom und gilt Historikern als Hauptverdächtiger bei der Ermordung von Tiberius' Sohn Drusus 23 n. Chr.

Marmorbüste des Tiberius. Der unbeliebte Kaiser verbrachte die meisten Jahre seiner Regierungszeit nicht in Rom, sondern zurückgezogen auf der Insel Capri.

Tiberius sichert seine Position

Seianus wurde derweil so mächtig, dass der Kaiser misstrauisch wurde und eine Verschwörung gegen seine Person vermutete. Heimlich setzte er Seianus als Kommandeur der Prätorianergarde ab und ernannte Naevius Sutorius Macro zum neuen Kommandeur. Mithilfe Macros gelang es dem Kaiser, Seianus 31 n. Chr. zu entmachten. Es folgte eine Flut von Hochverratsprozessen, denen nicht nur Verbündete des Seianus zum Opfer fielen.

Familienintrigen

Tiberius' Herrschaft wurde zusätzlich durch eine Intrige in der Familie seines Adoptivsohns Nero Claudius Germanicus überschattet. Germanicus war der Sohn von Tiberius' älterem, früh verstorbenem Bruder. Als Augustus Tiberius adoptierte, hatte er zur Bedingung gemacht, dass Tiberius seinerseits Germanicus adoptierte.

Germanicus war, anders als Tiberius, außerordentlich populär. Er war militärisch als Feldherr erfolgreich, als er 16 n. Chr. bis an die Weser vorstieß und dabei seinen Namen Germanicus erhielt. Die Römer hatten ihre Positionen 9 n. Chr. nach der katastrophalen Schlacht im Teutoburger Wald eingebüßt, wo drei Legionen vernichtet wurden. Germanicus' Erfolg galt als ruhmvolle Vergeltung für Roms verheerende Niederlage im Teutoburger Wald. Seine Siege machten ihn beim Volk in Rom sehr beliebt, und bald mehrten sich die Stimmen, die ihn anstelle von Tiberius zum Kaiser haben wollten.

Germanicus' mysteriöser Tod

18 n. Chr. wurde Germanicus in den Osten des Imperiums geschickt, wo er ein Jahr später unter mysteriösen Umständen starb. Viele Römer glaubten einer Verschwörungstheorie, nach der Tiberius seinen Adoptivsohn habe ermorden lassen.

Germanicus' Witwe Agrippina die Ältere trug zur Verbreitung dieser Gerüchte bei, um so das Ansehen von Tiberius zu schädigen. Nach ihrer Rückkehr nach Rom schloss sie sich einer Gruppe von Senatoren an, die gegen Seianus wie auch Tiberius opponierten.

Tiberius als Tyrann

Schließlich ordnete Tiberius die Verbannung Agrippinas und ihrer beiden ältesten Söhne aus Rom an. Alle drei starben im Exil, vielleicht durch Selbstmord. Doch viele Römer glaubten eher an eine Ermordung auf Befehl von Tiberius. Das Schicksal des populären Germanicus, die Hochverratsprozesse und die lange Abwesenheit Tiberius' aus Rom führten dazu, dass der Kaiser beim Volk nicht sehr beliebt war und letztlich als Tyrann in Erinnerung blieb.

Rechts: Germanicus-Bogen. Dieser Triumphbogen in der französischen Stadt Saintes stand früher an einer Römerstraße unmittelbar vor der Brücke über die Charente. Nach dem Abriss der alten römischen Brücke im 19. Jahrhundert versetzte man den Bogen an seinen heutigen Standort.

Caligula

In Agrippinas jüngstem Sohn und ihren drei Töchtern sah man keine ernsthaften Widersacher für Tiberius. Sie entgingen deshalb dem Tod und lebten bei ihren Großmüttern. 31 n. Chr. wurde der einzige überlebende Junge, Gaius Germanicus (Caligula), zu seinem Adoptivgroßvater, Kaiser Tiberius, nach Capri gebracht.

Soldatenstiefelchen

Caligula verdankte seinen Spitznamen, der „Soldatenstiefelchen“ bedeutet, den Soldaten, die den Feldzug seines Vaters in Germanien 16 n. Chr. begleiteten. Seine Mutter pflegte ihn damals in eine kleine Soldatenuniform mit passenden Stiefelchen zu kleiden.

Auf Capri wurde er als möglicher Nachfolger des Kaisers erzogen, allerdings stand er hier in Konkurrenz zu Tiberius Gemellus, dem leiblichen Enkel von Tiberius. Gemellus war der Sohn von Drusus, den Seianus ermordet hatte. Seine Mutter war wegen ihrer Verwicklung in die Verschwörung gegen seinen Vater hingerichtet worden. Gemellus wurde wie Caligula als potenzieller Erbe erzogen.

Caligula wird Kaiser

Als Tiberius 37 n. Chr. starb, hatte er keinen der potenziellen Erben zum Nachfolger bestimmt. Naevius Sutorius Macro, der Tiberius dabei unterstützt hatte, Seianus zu beseitigen und so wieder die Macht zu erlangen, sorgte schnell für klare Verhältnisse. Er unterstützte Caligula, der besser zu seiner eigenen Karriereplanung zu passen schien. 37 n. Chr. wurde Caligula zum Kaiser ernannt. Doch Macro hatte sich getäuscht, denn Caligula ließ ihn und Gemellus später ermorden.

Zunächst erschien Caligula den Römern, die der ständigen Abwesenheit Tiberius’ und der Verratsprozesse überdrüssig waren, als vielversprechender Herrscher. Seine Abstammung aus der beliebten und gleichzeitig bedauerten Germanicus-Familie machte ihn populär, und er konnte sich im Glanz der militärischen Erfolge seines Vaters sonnen. Die sich nach Veränderung sehnenden Bürger Roms begrüßten ihn begeistert in der Stadt. Und er enttäuschte sie nicht: Er senkte die Steuern, begnadigte politische Gefangene und veranstaltete grandiose öffentliche Spiele.

Rechts: Der Tod, dargestellt als Skelett mit Sense. Bodenmosaik aus einer Villa in Pompeji. Die Inschrift bedeutet: „Erkenne dich selbst.“

Gegenüber: Caligula war zwar mit Tiberius verwandt, aber nicht sein direkter Nachkomme. Als Tiberius starb, hinterließ er zwei potenzielle Erben: Er hatte neben Caligula auch seinen Enkel Tiberius Gemellus zum Nachfolger bestimmt.

Terrorherrschaft

Der Herrschaftsstil Caligulas änderte sich aber gegen Ende seines ersten Amtsjahres, als Caligula zunehmend zum Despoten wurde. Er zeigte sich als lasterhafter, launischer Imperator, der eine grausame Terrorherrschaft über sein Volk ausübte. Berühmt wurde sein Ausspruch: „Lass sie mich hassen, solange sie mich nur fürchten!“ Die Bescheidenheit des Augustus war ihm fremd, und er verschwendete den Staatsschatz. Um den daraus resultierenden chronischen Geldmangel zu beheben, mussten ihn wohlhabende römische Bürger als Erben einsetzen. Dabei schreckte er auch vor Mord nicht zurück, um schneller an das Erbe zu kommen. Als er damit die Ausgaben nicht mehr decken konnte, belastete er die einfachen Bürger und erhob auf fast alles Steuern.

Caligula war größenwahnsinnig: Er ließ sich als Gottkaiser verehren und fühlte sich an kein Gesetz gebunden. Er bedrohte und demütigte mit großem Sarkasmus Menschen. Besonders Senatoren waren von seinen Angriffen betroffen: Er zwang sie zum Selbstmord, ließ sie neben seiner Kutsche rennen und zwang ihre Frauen zur Prostitution.

Der Caligula gewidmete Bogen in Pompeji.

Doch auch das einfache Volk entkam ihm nicht. Angeblich wurden bei den Tierkämpfen auf seinen Befehl hin auch Zuschauer in die Arena geführt, wenn nicht genügend Gefangene zur Verfügung standen. Wer immer ihn irritierte, musste mit harten Strafen rechnen.

Zu seinen bekanntesten Aktionen gehört vermutlich die Ernennung seines Pferds zum Senator. Er soll sogar versucht haben, den Senat dazu zu bewegen, das Pferd zum Konsul zu wählen.

Ermordung Caligulas

Caligulas grausames Verhalten führte zu einer stetig wachsenden Unzufriedenheit, und bald formierte sich eine Verschwörung zur Beseitigung des Kaisers. Einen willigen und geeigneten Exekutor fand man in dem Prätorianerpräfekt Cassius Chaera. Cassius war ein ehemaliger Kampfgefährte von Caligulas Vater Germanicus, was Caligula nicht daran hinderte, ihn zu verspotten und öffentlich zu demütigen. Als Chef der Prätorianergarde hatte er direkten Zugang zu Caligula. 41 n. Chr. tötete Cassius zusammen mit seinen Mitverschwörern Caligula und seine Familie.

Familienleben

Die Römer lebten in einer patriarchalischen Gesellschaftsstruktur, die sich auch im Familienleben widerspiegelte. Während der frühen Republik hatte der Mann die absolute Macht, doch diese nahm ab, als sich soziale Werte veränderten und Frauen mehr Unabhängigkeit gewannen.

Die Macht des Patriarchen

Das männliche Oberhaupt des Haushalts, *der pater familias* (Hausvater), übte die absolute Macht über alle Personen in seinem Haus aus. Diese *patria potestas*, die väterliche Gewalt, verschaffte ihm die oberste Kontrolle über seine Ehefrau, Kinder, Sklaven, die erweiterte Familie und jeden, der unter seinem Dach lebte. Selbst erwachsene Söhne unterstanden rechtlich der Autorität des Hausherrn. In der Praxis gewährte man den Söhnen aber gewöhnlich mehr Freiheit, gerade in Patrizierfamilien, wo sie sich auf eine Karriere in der Politik oder beim Militär vorbereiteten.

Die *patria potestas* gab einem Hausherrn extreme Befugnisse: Er konnte ein Mitglied seines Haushalts zum Tode verurteilen, in die Sklaverei verkaufen oder aus der Familie ausschließen. Besonders ausgeprägt war die Kontrolle des *pater familias* in der frühen Republik; später wurde diese Macht gesetzlich eingeschränkt. So gewährte ein 449 v. Chr. auf den sogenannten Zwölftafeln aufgezeichnetes Gesetz einem Sohn die Freiheit von seinem Vater, wenn er dreimal oder öfter als Sklave verkauft worden war. Diese extremen Befugnisse wurden vermutlich nur selten ausgeübt, doch sicherlich mischte sich der Hausherr häufiger in die Angelegenheiten seiner Haushaltsmitglieder ein.

Unten: Innenansicht einer Villa in Ostia. Verschiedene Generationen einer Familie lebten in einem Haus unter der Kontrolle des pater familias.

Gegenüber oben: Verschließbare Truhe. Üblicherweise bewahrte man Geld und Wertsachen zu Hause auf.

Gegenüber unten: Blasinstrumente aus Pompeji. In Rom gab es zwar ein großes Angebot an Vergnügungen, doch die Familien sorgten auch selbst für Unterhaltung.

Wandel der väterlichen Autorität

Während der späten Republik nahm mit zunehmendem Wohlstand in Rom die Macht des *pater familias* ab, und die strengen sozialen Normen der frühen Republik begannen zu bröckeln. Viele Männer, besonders Cato der Ältere, ein konservativer römischer Staatsmann, stemmten sich gegen die Unterhöhlung ihrer traditionellen Autorität. Doch der Wandel war nicht aufzuhalten: Die Frauen gewannen mehr Unabhängigkeit, und die Kinder wurden etwas freier bei der Wahl ihrer Ehepartner. Dabei betrafen diese gesellschaftlichen Veränderungen eher die oberen Schichten; bei den einfachen Römern hatte die Autorität des Hausherrn weiterhin Bestand.

Als Augustus an die Macht kam, betonte er eine Rückkehr zu den traditionellen Werten und zur Kontrolle des *pater familias*, doch nicht in dem aus der frühen Republik bekannten Umfang. Augustus behielt die Regelung, dass das Familienoberhaupt bei der Partnerwahl der Kinder mitbestimmen durfte, bei, doch man musste gute Gründe haben, um eine Ehe zu verbieten.

Heirat als Geschäftsabkommen

Im alten Rom war die Eheschließung bei Patrizierfamilien vor allem ein geschäftliches Abkommen. Man besiegelte politische und wirtschaftliche Allianzen durch eine Heirat, die als Geste des guten Willens galt. Pompeius heiratete Julius Caesars Tochter Julia, um das Triumvirat zu besiegeln. In diesem Fall soll die Tochter Caesars sogar von ihrem zukünftigen Ehemann, Pompeius, geschwärmt haben, nicht unbedingt eine Selbstverständlichkeit bei solchen Eheschließungen.

Frauen wurden meist im Alter von zwölf bis 15 Jahren mit deutlich älteren Männern verheiratet. Sie wechselten dabei direkt von der Autorität ihres Vaters in die ihres Ehemanns, gewannen allerdings in der späten Republik mehr Freiheit.

Hochzeitsbräuche

Die Hochzeitszeremonie begann mit der Opferung eines Tieres durch einen Priester, der anhand der Eingeweide untersuchte, ob die Götter der Verbindung zustimmten.

Bereits am Vortag hatte die Braut all ihre Besitztümer aus der Kindheit den Hausgöttern geopfert und ihr *pater familias* dem Bräutigam eine Mitgift übergeben. Die Trauung fand meist im Haus der Braut im Atrium statt, wo sich die einander versprochenen Partner vor Zeugen die Hände reichten und der Bräutigam der Braut einen Verlobungsring über den Mittelfinger der linken Hand streifte. Dann wurde ein Ehevertrag unterzeichnet, was zeigt, welche Bedeutung man einer solchen Verbindung im alten Rom beimaß. Nach der Zeremonie zog man in einer Prozession vom Haus der Braut zum Haus des Bräutigams, wo dieser seine Frau in ihr neues Zuhause führte. Dort gingen die Feiern dann oft über mehrere Tage weiter.

In der frühen Republik war eine Heirat zwischen unterschiedlichen Schichten, wie zum Beispiel zwischen Patriziern und Plebejern, streng verboten. Als die Plebejer dann mehr Rechte erkämpft hatten, erlaubte man ihnen schließlich auch die Heirat mit einem Mitglied des Patrizierstandes; doch die Nachkommen aus dieser Verbindung erhielten immer den Status des Vaters. Auch wenn römische Bürger Nichtrömer heirateten, hing der Status des Kindes immer von dem des Vaters ab.

Scheidung

In den Anfängen der Republik konnte sich ein Ehemann ohne Angabe von Gründen von seiner Frau trennen. Später erwartete man von ihm eine Begründung, doch die Scheidung war immer noch leicht zu vollziehen. Beschloss ein Ehemann, sich von seiner Frau zu trennen, musste er sie und ihre Aussteuer dem ehemaligen *pater familias* zurückgeben. Zu Zeiten von Augustus brauchte der Ehemann zwar noch immer keine Gründe zu nennen, allerdings konnte sich jetzt auch die Frau von ihrem Mann lossagen. Grund für die von Augustus initiierten Änderungen war seine persönliche Situation. Er wollte Livia Drusilla heiraten, die noch mit einem anderen Mann verheiratet und von diesem schwanger war. Trotz der neuen Regelungen mussten die Frauen allerdings im Falle einer Scheidung mit größeren Nachteilen rechnen. Sie konnten nicht die Rückerstattung ihrer gesamten Mitgift erwarten, und überdies war Ehefrauen, denen man Untreue nachgewiesen hatte, eine erneute Heirat untersagt.

Oben: Eine Vogeltränke, umgeben von Laubwerk. Detail eines Wandgemäldes in einer Villa in Oplontis.

Verstoßene Kinder

Bald nach der Geburt eines Kindes musste der *pater familias* es offiziell in der Familie begrüßen, indem er es in die Arme schloss. Wies er das Kind zurück, wurde es von einem Sklaven irgendwo ausgesetzt, wo es dann starb. Wie verbreitet die Kindstötung durch Aussetzen war, ist unbekannt, doch geht man davon aus, dass sie bei behinderten Neugeborenen allgemein gebräuchlich war.

Angesichts hoher Kindersterblichkeit war die Kindstötung vermutlich auch weniger ein Problem in reichen Schichten als vielmehr bei armen Familien, die die Kinder nicht ernähren konnten und oft nur keine andere Möglichkeit sahen, als das Kind zu verstoßen.

War das Kind angenommen, feierte man seine Geburt acht Tage lang mit Festessen, Gebeten und Besuchen im Tempel. Während der Feierlichkeiten bekam das Kind einen Namen und einen Glücksbringer, der es vor bösen Geistern schützen sollte. Die Säuglingssterblichkeit war in der Antike extrem hoch, weshalb Ehepaare versuchten, möglichst viele Kinder zu bekommen, damit mindestens eines oder gar mehrere überlebten.

Im Alter von sieben Jahren wurden die Kinder in eine Art Grundschule geschickt. Davor verbrachten sie die meiste Zeit zu Hause. In diesen frühen Lebensjahren vertrieben sich römische Kinder die Zeit mit Bockspringen, dem Himmel-und-Hölle-Spiel, Schaukeln und Verstecken, ganz ähnlich wie die Kinder von heute. Auch das Spielzeug der kleinen Römer glich dem heutiger Kinder: Beliebt waren kleine Wagen, Reifen, Brettspiele, Bälle und Puppen aus Stoff oder Wolle.

Volljährigkeit

Ein römischer Junge wurde mit 14 Jahren volljährig und als Bürger eingetragen. Zu diesem Zeitpunkt lag schon eine lange Vorbereitung auf das Erwachsenenleben hinter ihm. Man erwartete von einem Vater, dass er sich der Erziehung seines Sohnes annahm und ihm Benehmen sowie die Führung der Familiengeschäfte beibrachte. Um den Schritt ins Erwachsenenleben zu markieren, opferte der Junge den Glücksbringer aus seiner Kinderzeit und bekam die Toga eines erwachsenen Manns. Dann ging er zum Forum, um seinen Namen auf die Liste der Bürger zu setzen, und besuchte anschließend den Tempel. Bei diesem Gang begleiteten ihn möglichst viele Männer aus der Familie und dem Bekanntenkreis, um nach außen den starken Rückhalt für den Neubürger zu demonstrieren. Die Feiern zogen sich mit einem großen Bankett bis weit in den Abend hin.

Das Klientelsystem

Ein wohlhabender Römer hatte gewöhnlich ein weites Netzwerk von Klienten, die ihn als Patron (Schutzherrn) anerkannten. Dieses fundamentale gesellschaftliche Beziehungsgeflecht, eine Art Familie, die sich eher auf Loyalität denn auf Blutsbande stützte, war vor allem in der Republik wichtig. Die Übereinkunft diente dem beiderseitigen Nutzen: Der Patron konnte Loyalität und politische Unterstützung einfordern, während der Klient von seinem Patron rechtliche Unterstützung erhielt.

Jeden Morgen vor Beginn seines Arbeitstags zog sich ein Klient seine besten Kleider an und begab sich zum Haus seines Patrons, um ihn dort im Atrium zu begrüßen. Für seine Mühe erhielt der Klient im Gegenzug Essen und Geld für den Tag. Daneben genoss ein Klient auch auf längere Sicht Vorteile, denn der Patron half ihm bei rechtlichen und finanziellen Problemen oder sorgte im Todesfall für ein anständiges Begräbnis seines Klienten und für dessen Familie. So war das Klientelsystem ein soziales Netzwerk, in dem wohlhabende Privatleute die Unterstützungsdienste leisteten, die heute vom Staat erbracht werden.

Gegenseitige Unterstützung

Der Patron konnte für den Schutz, den er seinem Klienten gewährte, die Unterstützung seiner Schützlinge erwarten. Bewarb er sich für ein Amt oder zog er in den Krieg, standen seine Klienten als treue Anhänger hinter ihm. Der Patron konnte seine Klienten rasch mobilisieren, für seine Interessen zu kämpfen und seine Vorhaben zu unterstützen. Oft war ein Patron selbst Klient eines noch wohlhabenderen Manns. Diese sehr starre Struktur führte in Bürgerkriegszeiten sehr schnell zu einer Polarisierung zwischen den vernetzten Lagern des Klientelsystems. Denn ein Aspirant auf die Macht konnte nicht nur auf seine Klienten zählen, sondern auch auf die Klienten seiner Klienten.

Der Bund zwischen Klient und Patron wurde mit dem Tod eines der Beteiligten nicht aufgelöst, denn man erwartete, dass dessen Nachkommen die Verbindung weiterführten. So hatte das Klientelsystem über Jahrhunderte Bestand, und die bedeutenden Familien Roms konnten ihren gesellschaftlichen Status über viele Generationen bewahren.

Oben: Reiter auf Rädern. Die römischen Kinder hatten ganz ähnliche Spielzeuge wie die Kinder von heute: Kleine Wagen, Reifen, Brettspiele, Bälle und Puppen aus Stoff und Wolle waren sehr beliebt.

Links: Darstellung von Livia, der Gattin des Augustus, mit ihrem Sohn Tiberius auf einer Kamee.

Bestattungen

Die Ruinen der römischen Nekropole in Carmona in Spanien.

Vorbereitung des Leichnams

Professionelle Bestatter bereiteten die Beisetzung vor. Zunächst wurde der Leichnam gewaschen und mit Öl gesalbt, manchmal gehörte auch die Einbalsamierung dazu. Dann zog man dem Verstorbenen seine besten Kleider an und legte ihm eine Geldmünze unter die Zunge, als Obolus für den Fährmann Charon, der die Seelen über den Fluss Styx in die Unterwelt brachte.

Nach der Vorbereitung des Leichnams wurde er aufgebahrt, damit ihm die Hinterbliebenen die letzte Ehre erweisen konnten. War der Verstorbene besonders beliebt oder von hohem Rang, dann konnte diese Aufbahrung mehrere Tage dauern. Danach zog ein Leichenzug mit Verwandten, Freunden, Klienten und oft auch bezahlten Klagefrauen zur Begräbnisstätte.

Das römische Gesetz untersagte die Beerdigung von Leichnamen oder ihrer Asche innerhalb der Stadt. Die Verstorbenen wurden entlang der wichtigsten Ausfallstraßen beerdigt, wobei die Grabplätze direkt an der Straße und in nächster Nähe zur Stadt die begehrtesten waren.

Der Tod war im antiken Rom eine alltägliche Erscheinung: Die Säuglingssterblichkeit war hoch, viele, heute einfach zu behandelnde Krankheiten und Infektionen führten damals häufig zum Tod, und Frauen starben oft im Kindbett. Vielleicht war deshalb die Furcht, unbeweint zu bleiben, größer als die Angst vor dem Tod selbst.

Pflicht der Familie

Die oberste Pflicht von Hinterbliebenen war es, dem Toten einen angemessenen Abschied zu bereiten. Die Familien mussten für ihre Toten zumindest eine anständige Beisetzung organisieren. Händler, Handwerker und auch Soldaten schlossen sich zu Kollegien zusammen, die nach ihrem Tod für ein angemessenes Begräbnis sorgten.

Römische Grabbeigaben. Die Verstorbenen wurden mit persönlichen und nützlichen Gegenständen für das Leben nach dem Tod beerdigt oder verbrannt.

Feuer- oder Körperbestattung

Die römischen Bestattungsbräuche änderten sich im Laufe der Zeit. In der Republik war die Einäscherung üblich. Nur in wenigen Fällen ist eine Körperbestattung überliefert. Man gab dem Verstorbenen verschiedene Dinge für das Leben nach dem Tod mit: Das konnten Rangabzeichen eines Amtsinhabers sein oder persönliche Gegenstände wie Spiegel, Schmuck und Gefäße mit Speisen, Getränken oder Parfüm. Dabei konnten die Beigaben vor der Einäscherung beigelegt und dann mit dem Leichnam verbrannt werden oder auch erst bei der Beisetzung der Asche hinzugefügt werden. Die Asche füllte man in eine speziell dafür gefertigte Urne oder ein anderes geeignetes Behältnis. Dann wurde das Gefäß in der Erde begraben oder in eine Grabanlage eingestellt.

In der mittleren Kaiserzeit, seit Beginn des 2. Jahrhunderts n. Chr., änderte sich die Bestattungsart: Man ging zur Körperbestattung über. Die Gründe für diesen Wandel werden immer noch diskutiert. Bei ärmeren Bestattungen wurde der Leichnam oft nur in ein einfaches Tuch gewickelt und begraben. Wohlhabende konnten sich einen Sarg aus Holz, Blei oder sogar Marmor leisten. An dem Brauch von Grabbeigaben hielt man fest.

Dieses römische Mumienporträt stammt aus dem Faijum, Ägypten. Die Frau ist in einer für ihre Zeit typischen Haartracht wiedergegeben.

Grabsteine

Viele Gräber hatten eine Schrifttafel oder einen Grabstein, die sich zum Teil bis heute erhalten haben. Manche tragen den Namen des Toten, andere beschreiben mit Bildern Aspekte seines Lebens.

Mumienporträts aus dem Faijum

Ein besonderer Grabschmuck sind die im Faijum, Ägypten, gefundenen Mumienporträts. Die auf Holz gemalten Porträts sind seltene Zeugnisse römischer Malerei, die sich hier aufgrund des besonders trockenen Wüstenklimas erhalten haben. Sie stellen die bestatteten Personen in einem Idealbildnis dar, das heißt, es handelt sich hierbei nicht um realistische Abbilder der Verstorbenen. Vielmehr präsentieren die zwischen dem 1. und 3. Jahrhundert n. Chr. in der damaligen römischen Provinz Ägypten entstandenen Porträts detailliert die Mode und die Frisuren jener Zeit.

Diese bei Isernia gefundene Grabsäule erinnert an einen Gastwirt.

Claudius

Caligulas Regentschaft machte die Gefahren des Kaisertums deutlich. Die Person und der Charakter des Kaisers entschieden in diesem System wesentlich über das Wohlergehen des Staates. Während Augustus' persönliche Stärken dem Staat insgesamt förderlich waren und dem Reich ein goldenes Zeitalter bescherten, gab es gegen tyrannische Herrscher wie Caligula keine Schutzmechanismen.

Die Prätorianergarde

Insbesondere der Senat, in dem noch immer zahlreiche Mitglieder die Institution des Kaisers ablehnten, hoffte, Caligulas Ermordung würde zur Wiederherstellung der Republik führen. Doch die Prätorianergarde war nicht bereit, zur republikanischen Staatsform zurückzukehren. Ihre eigene Macht war direkt mit dem Kaisertum verknüpft. Die Prätorianer beabsichtigten, Caligula durch einen anderen Kaiser zu ersetzen, den sie in ihrem Sinne für formbar hielten. Den nächsten Kaiser, Tiberius Claudius Drusus, fand man angeblich zitternd hinter einem Vorhang im Palast versteckt, als die Garde nach Caligulas Ermordung das Gebäude nach Angehörigen der Herrscherfamilie durchsuchte.

Verwandtschaftsverhältnisse

Claudius stand in enger Verwandtschaft zu den Kaisern: Er war der Stiefenkel von Augustus, Caligulas Onkel und der Bruder des beliebten Germanicus. Doch er war nie von einem Mitglied der julischen Familie adoptiert worden, ein Hinweis darauf, dass er nie für ein hohes politisches oder militärisches Amt vorgesehen war. Er war allerdings Mitglied des claudischen Familienzweigs, der eng mit den Juliern verwandt war.

Während seiner Herrschaft versuchte Claudius, seine Verbindungen mit der julischen Familie zu stärken, indem er die Behauptung verbreiten ließ, sein Vater sei der leibliche und nicht nur der Stiefsohn von Augustus gewesen. Auch politisch orientierte er sich an den Zielen

der Julier. So griff er Julius Caesars nicht vollendetes Vorhaben auf und stieß erfolgreich nach Britannien vor.

Claudius, der Historiker

Der körperlich behinderte Claudius war innerhalb der Kaiserfamilie immer als Randfigur betrachtet worden, von der nicht allzu viel zu erwarten war. Doch Claudius mangelte es offensichtlich nicht an Intelligenz. Während ihn seine Familie von öffentlichen Ämtern fernhielt, beschäftigte er sich mit Geschichte. Caligula ernannte Claudius 37 n. Chr. zum Konsul. Das hinderte ihn jedoch nicht daran, seinen Onkel öffentlich zu demütigen. Dieser Geringschätzung innerhalb der Herrscherfamilie verdankte Claudius aber letztendlich sein Überleben und seinen Aufstieg, denn so entging er nicht nur Caligulas Caesarenwahn, sondern auch der anschließenden Säuberungsaktion, der einige Mitglieder der Kaiserfamilie zum Opfer fielen.

Zurück zur Rechtsstaatlichkeit

Für viele Zeitgenossen war es eine Überraschung, dass es Claudius nicht nur gelang, effizient zu regieren, sondern nach Caligulas Exzessen und Tiberius' Hochverratsprozessen zu Rechtsstaatlichkeit und Frieden in Rom zurückzukehren.

Während seiner Herrschaft hatte Rom mit zwei Hungersnöten zu kämpfen, was Claudius zum Bau eines neuen Hafens in Portus bei Ostia und zur Einleitung von Agrarreformen veranlasste. Überdies reformierte Claudius auch die Bürokratie und errichtete eine kaiserliche Verwaltung zur Entlastung des Prinzipats. Er übertrug diese Aufgabe sogenannten Freigelassenen (ehemaligen Sklaven) wie Polybius, Narcissus, Calistus und Pallas, die in dieser Funktion viel Macht und persönlichen Reichtum anhäufen konnten.

Claudius suchte einen Ausgleich mit dem Senat, doch die Macht, die die Freigelassenen unter Claudius' Herrschaft ausübten, brachte den Senat gegen den Kaiser auf. So kam es zu verschiedenen Attentatsversuchen auf Claudius, die aber alle erfolglos waren.

***Oben:** Schale aus Farbbandglas, 1. Jahrhundert n. Chr.*

***Links:** Statue des Claudius mit Opferschale.*

***Gegenüber:** Nach zwei Hungersnöten während seiner Regierungszeit ließ Claudius einen neuen Hafen in Portus bei Ostia bauen.*

Invasion in Britannien

Für die Römer war Britannien ein mysteriöses, weit entfernt liegendes Land, das, getrennt von der europäischen Landmasse, in dem großen Meer lag, das nach damaliger Vorstellung die Welt umschloss. Roms erster Überfall auf die entlegene Insel fand 55 v. Chr. unter Julius Caesars Führung statt, doch erst knapp ein Jahrhundert später setzten sich die Römer dort dauerhaft fest.

Caesars Überfall

Während seines Feldzugs zur Unterwerfung Galliens führte Julius Caesar 55 und 54 v. Chr. zwei Expeditionen nach Britannien an. Vorgeblich sollte durch die erste römische Invasion eine potenzielle Nachschublinie der gallischen Gegner in Britannien ausgeschaltet werden. Wichtiger für Caesar war aber vermutlich der innenpolitische Aspekt seiner Expedition. Er verschaffte sich mit diesem Vorstoß in ein weit entferntes Land als Feldherr in Rom Respekt und Ansehen. Caesars Überfall erfolgte relativ spät im Jahr, und so zwangen ihn das schlechte Wetter und überdehnte Nachschublinien zum Rückzug nach Gallien.

Da er bei seinem ersten Vorstoß auf Widerstand der dortigen Stämme gestoßen war, beschloss er, die Briten im nächsten Jahr mit einer größeren Armee zu unterwerfen.

Bronzestatue eines römischen Soldaten, die an der ehemaligen römischen Stadtmauer von London steht.

Wirtschaftliches Potenzial

Bei seiner zweiten Invasion konnte er dann das wirtschaftliche Potenzial der Inseln erkunden und nach möglichen Verbündeten suchen. Er schloss mit einigen Stämmen ein Friedensabkommen und forderte von ihnen Tribut. Der Aufstand des Vercingetorix zwang ihn jedoch, nach Gallien zurückzukehren.

Angesichts der schwierigen Nachschubsituation und der verschärften Krise in Gallien entschied sich Caesar, alle seine Soldaten abzuziehen und wieder mit auf das Festland zu nehmen. So brach Rom zunächst eine Eroberung von Britannien ab.

Tributzahlungen

Fast 100 Jahre lang kam kein römisches Heer mehr nach Britannien, doch Rom unterhielt weiter Verbindungen zur Insel durch Handel und Abkommen mit seinen Verbündeten dort. Augustus hatte einen neuen militärischen Vorstoß geplant, wurde aber durch Probleme in anderen Teilen des Reichs davon abgehalten. So beschränkte Rom sich darauf, von seinen Verbündeten Tribut zu erheben, ohne eine spätere Invasion aber auszuschließen.

Angeblich soll auch Caligula eine Eroberung der Insel geplant haben, realisiert hat er sie jedoch nicht.

Detail der römischen Stadtmauer, die im 2. Jahrhundert n. Chr. um Londinium errichtet wurde. London war damals ein wichtiger Handelshafen für die Insel. Die Stadtmauer von London wurde aus Sandstein errichtet, der mit Schiffen aus Maidstone gebracht wurde. Zur Verstärkung der Mauer dienten die in regelmäßigen Abständen eingezogenen Ziegelsteinlagen.

Umfassende Eroberung

Erst Caligulas Nachfolger Claudius konnte das Vorhaben Caesars wieder aufgreifen. Er war nach Caligulas Tod von den Prätorianern als Kaiser eingesetzt worden. Da er nicht direkt zur julischen Familie gehörte wie seine Vorgänger, musste Claudius seine Legitimität als Kaiser zunächst beweisen. Nichts war dazu besser geeignet als ein militärischer Erfolg, mit dem er seine Autorität festigen konnte. Britannien war dafür das ideale Terrain: Das Land würde eine ansehnliche Bereicherung für das Imperium sein, und gleichzeitig könnte Claudius hier an ein Vorhaben des julischen Stammvaters, Julius Caesar, anknüpfen, der bisher als einziger römischer Feldherr dorthin vorgedrungen war.

Bastion am Barbican (Vorwerk) der Stadtmauer von London. Entlang der Stadtmauer gab es rund 20 solche Bastionen und sechs befestigte Tore, durch die Straßen in andere britische Städte führten.

Der erste Zusammenstoß

Claudius benötigte einen Vorwand, um auf der Insel eingreifen zu können. Der war gegeben, als der Klientelkönig Verica vom Volk der Atrebaten vor dem britischen Stamm der Catuvellauner nach Rom flüchtete. Anfang der 40er-Jahre war das Heer der Catuvellauner unter die Führung der Königssöhne Caractacus und Togodumnus gestellt worden. Ihnen gelang es, die Atrebaten zu besiegen, ihr Territorium zu erobern und damit die Kontrolle über Südengland zu festigen.

43 n. Chr. reagierte Claudius auf Vericas Notlage mit der Entsendung von vier Legionen unter dem Kommando von Aulus Plautius aus dem gallischen Gesoriacum (Boulogne) nach Kent. Die Catuvellauner boten den Römern bei Kent Widerstand, wurden dann aber bis zur Themse zurückgedrängt, wobei Togodumnus getötet wurde.

Claudius erntet die Lorbeeren

Nachdem die Römer die Themse erreicht hatten, hielten sie diese Position, während sich Claudius auf den Weg machte, um beim Schlussangriff auf Camulodunum (Colchester), die Hauptstadt der Catuvellauner, dabei zu sein. Der Kaiser sollte bei dem Triumph des römischen Heers anwesend sein. Als er mit seinen Elefanten endlich dort eintraf, war der Widerstand der Catuvellauner bereits weitgehend gebrochen. Claudius marschierte mit den Legionen ohne Gegenwehr in Camulodunum ein und machte es zum Sitz der römischen Legionen. Dort empfing er elf Stämme aus dem Süden und Osten Britanniens, die sich alle Rom unterwarfen. Nach den mehr als zwei Wochen andauernden Siegesfeiern setzte Claudius Plautius als Statthalter in Britannien ein und kehrte nach Rom zurück.

Im darauffolgenden Jahr 44 stießen die Römer nach Westen vor. Eine wichtige Attacke gegen Isca Dumnoniorum (Exeter) im Südwesten der Insel wurde von Titus Flavius Vespasianus (Vespasian) geführt, der später Kaiser werden sollte. In Rom wurde er wegen zahlreicher Siege und der Einnahme von Vectis (Isle of Wight) vor der englischen Südküste gerühmt.

Castle Nick, ein Kastell am Hadrianswall, diente der Verteidigung der Grenze. Kastelle waren im Abstand von einer römischen Meile angelegte, befestigte Übergänge des Walls. Dort waren jeweils zwischen 12 und 30 Soldaten in einfachen Unterkünften stationiert.

Die Eroberung von Wales

47 n. Chr. setzten die römischen Legionen ihren Vorstoß in den Westen der britischen Insel fort, drangen in Wales ein und ergriffen Caractacus, den Anführer der Catuvellauner. Man brachte ihn nach Rom, um ihn dort im Triumphzug mitzuführen. Er wurde allerdings nicht hingerichtet, sondern konnte später unbehelligt in Rom leben.

Um 60 n. Chr. – die Römer hatten inzwischen Mona (Anglesey) erreicht – ging die Invasion in Wales unter Kaiser Nero weiter. Der römische Vormarsch wurde nur durch einen Aufstand der Icener gestoppt, der den Südosten bedrohte und dazu führte, dass römische Truppen im Westen abgezogen wurden.

Missachtung der Königsfamilie

Prasutagus, der König der Icener im Osten Britanniens, starb 60 n. Chr. Nach der Unterwerfung der Icener 43 n. Chr. war der Stamm ein Verbündeter Roms geworden. Als die Römer nach dem Tod von König Prasutagus die Herrschaft in dessen Reich übernahmen, zollten sie seiner Familie allerdings keinen Respekt: Seine Witwe Boudicca wurde misshandelt, seine Töchter vergewaltigt.

Boudicca erhebt sich gegen Rom

Die Missachtung der königlichen Familie hatte eine Rebellion zur Folge. Während der Statthalter Gaius Suetonius Paulinus in Anglesey gebunden war, organisierte Boudicca mit benachbarten Stämmen den Aufstand gegen die römische Herrschaft.

Die römische Armee befand sich auf der anderen Seite der Insel, als Boudiccas Truppen nach Camulodunum, dann nach Londinium (London) und Verulamium (St. Albans) marschierten. Alle drei Städte wurden zerstört und die dort verbliebenen Bewohner misshandelt. Die Rebellen erwiesen sich als so ernste Bedrohung, dass Nero sogar den Abzug der römischen Truppen aus Britannien erwog. Ein solcher Rückzug hätte jedoch leicht als Schwäche der römischen Macht interpretiert werden können und kam daher nicht in Frage.

Die Römer gewinnen die Kontrolle zurück

Suetonius Paulinus marschierte mit seiner Armee über die Römerstraße Watling Street zurück. Er erkannte aber, dass seine Truppen zu schwach waren, um direkt in Londinium oder Verulamium einzugreifen. Also formierte er seine Truppen in einem Abschnitt der Watling Street in den Midlands neu und lockte die Aufständischen auf ein von ihm gewähltes Schlachtfeld. Die zahlenmäßig unterlegenen Römer wurden im Rücken durch einen Wald und eine Schlucht geschützt, sodass sie die Rebellen frontal angreifen konnten, ohne seitliche Attacken fürchten zu müssen. Die Römer gewannen diese entscheidende Schlacht und töteten alle Aufständischen – Männer, Frauen und Kinder. Boudicca beging vor ihrer Gefangennahme Selbstmord. Die Schlacht an der Watling Street stellte die letzte ernsthafte Herausforderung der Römer durch lokale Stämme auf der Insel dar.

Ein Abschnitt des Hadrianswalls.

Der Hadrianswall

In den Jahren nach der Niederschlagung des Icener-Aufstands eroberten und besetzten die Römer immer weitere Teile Britanniens.

Vorstoß nach Schottland

Unter dem Befehl des Statthalters in Britannien, Gnaeus Julius Agricola, rückten die römischen Legionen nach Schottland vor. Sie drangen weit nördlich in das schottische Hochland vor, wo sie 83 die Kaledonier in der Schlacht am Mons Graupius besiegten. Doch die Römer konnten ihre Geländegewinne nicht halten und zogen sich in befestigte Stellungen im Süden zurück. Agricola wurde 85 n. Chr. nach Rom zurückbeordert, und seine weniger erfolgreichen Nachfolger gaben Schottland allmählich auf.

Hadrianswall

Hadrian gab die Eroberungspolitik seiner Vorgänger auf und konzentrierte sich auf den Erhalt der eroberten Gebiete. So wurde in Britannien 122 n. Chr. der Bau des 120 Kilometer langen Schutzwalls an der Solway-Tyne-Linie von der Westküste bis zur Nordsee im Osten begonnen. Dies war ein Versuch, die Grenzen des Imperiums zu stabilisieren und die nördlichste römische Provinz vor Angriffen der schottischen Stämme zu schützen. Nach zehnjähriger Bauzeit wurde der Hadrianswall noch zu Lebzeiten Hadrians vollendet.

Antoninuswall

Der Nachfolger Hadrians ab 138, Antoninus Pius, bemühte sich wieder, jenseits des Hadrianswalls vorzudringen. Er marschierte ins südliche Schottland ein und errichtete 160 Kilometer nördlich des Hadrianswalls den Antoninuswall. Der 142 begonnene Wall reichte vom Firth of Forth bis zum Firth of Clyde und war nach zwei Jahren fertiggestellt.

Doch die Römer hatten sich zu weit vorgewagt, und die neue Grenze war nicht leicht zu verteidigen. Nach nur 20 Jahren gab man den Antoninuswall wieder auf und zog die Legionen hinter die besser zu verteidigende, von Hadrian festgelegte Grenzlinie zurück.

Der Hadrianswall ist noch über weite Strecken im hügeligen Bergland Nordenglands gut erkennbar.

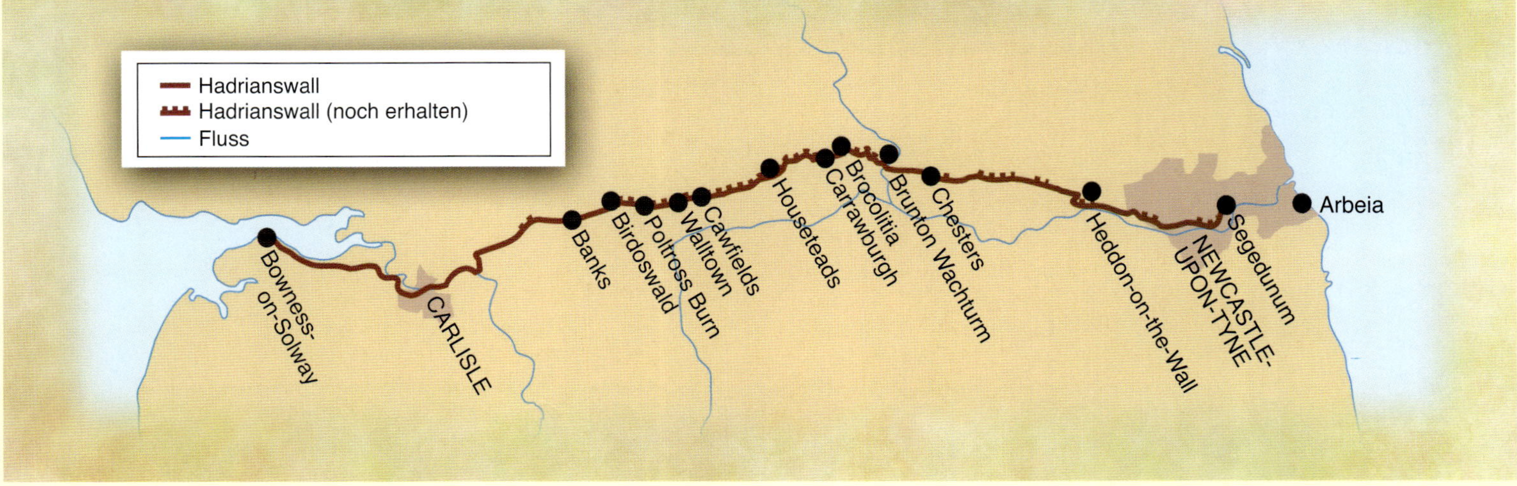

Das römische Britannien

Wie in vielen anderen Provinzen zeugen auch in Britannien vielfältige Hinterlassenschaften von der römischen Herrschaft. Von besonderer Bedeutung war die Entwicklung verschiedener urbaner Zentren, speziell von Londinium, das bald Camulodunum in den Schatten stellte und zur Hauptstadt Britanniens wurde.

Das römische Kastell in Vindolanda wurde anhand von Bildern auf dort gefundenen Artefakten rekonstruiert.

Londinium

Die Römer wählten den Standort vermutlich wegen seiner Nähe zum Ärmelkanal. Von hier aus war über See ein guter wirtschaftlicher wie militärischer Austausch mit dem übrigen Reich gesichert. Im 3. Jahrhundert n. Chr. wurde das römische Britannien in zwei Verwaltungsgebiete aufgeteilt: Britannia superior und Britannia inferior. Londinium blieb die Hauptstadt von Britannia superior, während Eburacum (York) zur Hauptstadt von Britannia inferior ernannt wurde.

Wirtschaftlicher Nutzen für Rom

Britanniens wichtigster Nutzen für das Imperium waren seine reichen Vorkommen an Zinn, Eisen und auch Gold. Außerdem lieferte die Insel Jagdhunde und Pelze. Händler aus allen Teilen des Imperiums kamen auf die Insel, um Geschäfte zu machen.

Die Römer errichteten ein Netzwerk von Straßen, um die wirtschaftliche Entwicklung Britanniens voranzutreiben und Truppenbewegungen zu erleichtern. Eine der bekanntesten Römerstraßen war die Watling Street, die von Durovernum (Canterbury) in Kent bis nach Viroconium (Wroxeter) an der walisischen Grenze verlief und die wichtigen Städte Londinium und Verulamium passierte. Ebenfalls bedeutend war die Ermine Street, die die Hauptstädte Londinium und Eburacum verband.

Ein Teil der Überreste von Vindolanda, einem Kastell im Hinterland des Hadrianswalls. Als Auxiliarkastell stellte Vindolanda Truppen und Dienstleistungen für die Lager direkt am Wall zur Verfügung. Um das Kastell herum entwickelte sich eine bedeutende zivile Siedlung (vicus). Außergewöhnliche Funde aus diesem Lager sind die zahlreichen organischen Materialien.

Das Christentum in Britannien

Mit der Eingliederung Britanniens in das Römische Reich kamen viele neue Religionen auf die Insel. Menschen aus allen Teilen des römischen Imperiums brachten ihre Glaubensvorstellungen mit, die sich zum Teil auch länger halten konnten. Auch das Christentum kam vermutlich so nach Britannien. Eindeutige Hinweise auf diesen neuen Glauben gibt es aber erst aus der Zeit, nachdem Konstantin 313 n. Chr das Christentum als gleichberechtigte Religion anerkannt hatte. Danach tauchten innerhalb kurzer Zeit verstärkt christliche Symbole auf, was darauf hindeutet, dass das Christentum im Britannien schon länger präsent war.

Latrine in Housesteads, einem Auxiliarkastell am Hadrianswall. Ursprünglich waren rund um die Mauern Sitze angeordnet, darunter verliefen die Wasserrinnen.

Der erste christliche Märtyrer

Der erste Bericht über einen christlichen Märtyrer in Britannien stammt aus dem frühen 4. Jahrhundert. Damals versteckte Alban aus Verulamium einen christlichen Priester vor römischen Beamten und wurde von seinem Gast zum neuen Glauben bekehrt. Als die Römer kamen, um den Priester zu verhaften, übernahm Alban dessen Identität und ermöglichte dem Priester die Flucht. Alban wurde von den Römern hingerichtet und später von der Kirche zum Heiligen erklärt. Seine Heimatstadt Verulamium heißt heute ihm zu Ehren St. Albans.

Ende der römischen Herrschaft

Gegen Ende des 4. Jahrhunderts fiel es den Römern zunehmend schwerer, die Kontrolle über Britannien zu halten. Die „Barbaren“ überforderten mit ihren Angriffen auf die Grenzen des Römischen Reichs die Kraft und die Kapazitäten Roms.

Gegen Ende des 4. Jahrhunderts nahmen die Überfälle der Pikten aus Schottland, der Skoten aus Irland sowie der Sachsen und Franken aus Germanien auf die Römer in Britannien zu. In den folgenden Jahrzehnten verlor Rom zusehends an Macht in Britannien, und immer mehr Truppen wurden abgezogen. Zugleich nahmen auch die wirtschaftlichen Beziehungen ab. 410 erklärte der weströmische Kaiser Honorius den Briten, dass sie nun selbst für ihre Verteidigung zuständig seien, und zog die letzten Soldaten ab. Die römische Herrschaft in Britannien war damit beendet.

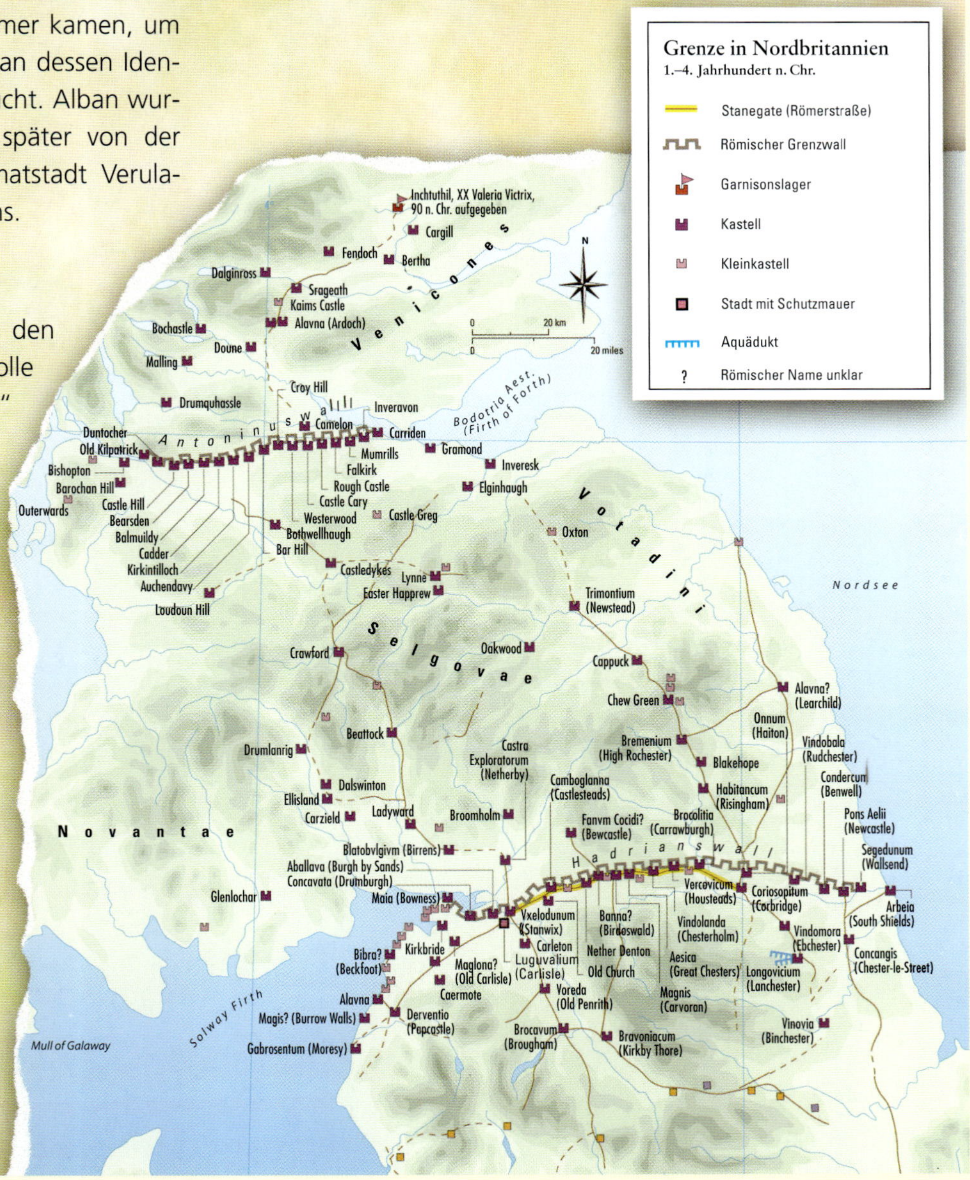

Nero

Claudius hatte eigentlich seinen Sohn Britannicus als seinen Nachfolger vorgesehen. Die Ereignisse verschworen sich aber gegen ihn, und Nero wurde Kaiser.

Unheilvolle Ehen

Claudius heiratete insgesamt viermal, wobei zwei Ehen in seine Zeit als Kaiser fielen. Messalina, seine dritte Frau, war die erste Kaiserin an seiner Seite. Sie wird in historischen Quellen als sittenlose Frau beschrieben, so soll sie Claudius mehrfach betrogen haben. 48 n. Chr. konnten Claudius' Freigelassene einen von ihr eingefädelten Putschversuch vereiteln, und sie wurde hingerichtet. Messalina hatte Claudius 41 n. Chr. den gemeinsamen Sohn Britannicus geboren, der seine Nachfolge antreten sollte.

Agrippina die Jüngere

Nach Messalinas Tod heiratete Claudius seine Nichte Agrippina die Jüngere, die Schwester Caligulas. Agrippina wollte, dass ihr Sohn Lucius Domitius Ahenobarbus aus erster Ehe anstelle von Britannicus zum Nachfolger Claudius' ernannt wurde. Ihre Intrigen hatten Erfolg, und Claudius adoptierte Lucius, der nun den Namen Nero Claudius Caesar Drusus bekam und zum Haupterben Claudius' wurde. Er sollte für den Fall, dass Claudius plötzlich sterben würde und Britannicus noch zu jung sei, die Nachfolge antreten.

Als Britannicus 54 kurz vor der Volljährigkeit stand, wollte Claudius die Nachfolge zugunsten Britannicus' regeln und ihn anstelle von Nero zum Erben bestimmen. Doch Claudius starb, bevor die Erbfolge neu geregelt werden konnte, und so wurde Nero Kaiser. Unmittelbar nach Claudius' Tod wurden Vorwürfe laut, dass Agrippina ihren Mann habe umbringen lassen, um die Änderung seines Testaments zu verhindern.

Als ihr Sohn Nero schließlich Kaiser wurde, griff Agrippina unmittelbar in die Amtsgeschäfte ein und wurde so zur Mitregentin. So erschien ihr Porträt an der Seite von Neros Bildnis auf damaligen Münzen.

Rechts: Porträtbüste von Nero.

Gegenüber oben: Erinnyen, Wandmalerei.

Gegenüber unten: Kamee mit den Porträts von Claudius und seiner Frau Agrippina sowie seinem Bruder Germanicus und dessen Frau Agrippina der Älteren.

Nero und seine herrische Mutter

In den ersten fünf Jahren übten mehrere Personen großen Einfluss auf Neros Herrschaft aus. Neben seiner Mutter gehörten dazu auch sein Lehrer Seneca und der Prätorianerpräfekt Burrus. Man vermutet, dass diese beiden Männer Nero dazu ermutigten, sich seiner herrischen Mutter zu entledigen. Nero versuchte mehrfach, seine Mutter Agrippina zu entmachten, was ihm allerdings misslang. Schließlich entschloss er sich, sie zu töten. Zunächst wählte er angeblich eine aufwendige Methode: Er inszenierte ein Schiffsunglück, um sie zu ertränken, doch Agrippina gelang es, sich aus dem sinkenden Boot schwimmend ans Ufer zu retten. Nero musste also direkt gegen seine Mutter vorgehen.

Nero als Alleinherrscher

59 n. Chr. befahl er ihre Ermordung, und Agrippina wurde in ihrer Villa getötet. Seneca und Burrus profitierten von der Beseitigung der dominanten Agrippina; der eigentliche Gewinner war aber Nero, der seine Macht nicht länger teilen wollte.

Die Gelegenheit zur Machtübernahme kam 62 mit dem Tod von Burrus. Vielleicht war Burrus' Tod ein reiner Glücksfall, doch damals spekulierten viele, dass Nero den Prätorianerpräfekten habe vergiften lassen. Als Prätorianerpräfekt hatte er die größte Bedrohung für Neros Macht dargestellt. Nach dem Tod Burrus' zog Seneca sich zurück und widmete sich wieder der Schriftstellerei. Von da an herrschte Nero allein.

Doch nach einer Verschwörung gegen den Kaiser unterstellte Nero Seneca ein Mordkomplott. Er zwang Seneca 65 n. Chr. zum Selbstmord, ohne dass gegen diesen wegen der Vorwürfe ein Gerichtsverfahren eröffnet wurde.

Nero als Künstler

Nero hatte eine besondere Vorliebe für verschiedene Künste. Er liebte es, große öffentliche Feste zu inszenieren, und brüskierte die römische Öffentlichkeit, weil er bei vielen Veranstaltungen selbst mitwirkte. Er war ein begeisterter Sportler und nahm an Wagenrennen teil, obwohl diese Wettkämpfe gewöhnlich von Sklaven durchgeführt wurden. Die Wettbewerbe gewann natürlich der Kaiser, weniger wegen seiner sportlichen Fähigkeiten als vielmehr durch Bestechung und Einschüchterung seiner Konkurrenten.

In seiner Sportbegeisterung führte Nero sogar neuartige Spiele ein. Er ließ einen künstlichen See anlegen, um darauf berühmte Seeschlachten nachzustellen. Daneben liebte er die Schauspielerei, und während seiner langen Bühnenauftritte durfte niemand das Theater verlassen. Der römische Historiker Sueton beschreibt, wie sich Zuschauer tot stellten, um vorzeitig hinausgetragen zu werden.

Gewalt und Einschüchterung

Neros kindliche Begeisterung für Vergnügungen hielt ihn nicht davon ab, an anderer Stelle mit äußerster Brutalität vorzugehen. Im Laufe seiner Herrschaft nahmen staatliche Gewalt und Einschüchterung unter fadenscheinigen Vorwänden zu. Wie bei Tiberius kam es zu Prozessen wegen Hochverrats, und wie Caligula konfiszierte er den Besitz reicher Bürger. Die Ermordung seiner Mutter und seiner Frau Octavia ließ seine Regierungszeit zu einer Willkürherrschaft ausarten. Um Poppaea heiraten zu können, trennte sich Nero von Octavia und verbannte sie zunächst nur aus Rom.

Octavia war die Tochter von Claudius und bei den Römern überaus beliebt. Nach ihrer Verbannung empörten sich viele Römer über Neros Vorgehen. Der Protest war so heftig, dass Nero seine Frau auf Poppaeas Wunsch ermorden ließ. Doch die größte Entrüstung rief Nero hervor, als er den Bau der Domus Aurea, des goldenen Hauses, beschloss. Der Bau erschien den meisten Bürgern nicht nur als zu luxuriös und zu teuer, Nero wurde auch verdächtigt, einen Brand gestiftet zu haben, um das notwendige Baugrundstück in dieser Lage zu schaffen.

Aufstände außerhalb Roms

Neros Ende wurde jedoch nicht in Rom, sondern außerhalb der Stadt eingeleitet, als sich Gaius Julius Vindix, der römische Statthalter Galliens, gegen ihn auflehnte. Der Kaiser war allerdings zunächst nicht beunruhigt, denn Vindix hatte nur wenige Truppen. Ernster wurde die Situation, als sich Servius Sulpicius Galba, der Statthalter in Spanien, mit dem Senat gegen Nero verbündete. Galbas Aufstand ermutigte auch andere zum offenen Widerstand: Zwei wichtige Legaten der Heere in Nordafrika und Lusitania schlossen sich Galba an.

Nero verliert den Rückhalt

Die Zahl seiner Feinde wuchs, und immer mehr Verbündete in Rom fielen von Nero ab. Auch der Senat schloss sich Galbas Lager an und erklärte Nero zum Staatsfeind. Die einfachen Römer sympathisierten mit den Aufständischen, da die Versorgung der Stadt mit Getreide immer schlechter wurde.

Neros treu ergebene Truppen konnten zwar Vindix' Aufstand in Gallien niederschlagen, doch das Ende war nicht abzuwenden. Selbst die Prätorianergarde fiel von Nero ab, der sich nun nicht mehr an der Macht halten konnte. Ohne Verbündete musste Nero aus dem Palast fliehen, schließlich blieb ihm nur der Selbstmord. Mit seinem Tod endete die julisch-claudische Dynastie.

Oben: Darstellung eines Satyrs, eines Wesens, das halb Mensch, halb Pferd ist, bei einer musikalischen Darbietung.

Der große Brand Roms

64 n. Chr. brach in Rom in der Nähe des Circus Maximus ein Feuer aus. Aufgrund der dichten Bebauung mit eng beieinander stehenden Mietshäusern *(insulae)* breitete sich der Brand schnell aus. Das Feuer wütete neun Tage und zerstörte weite Teile der Stadt. Das genaue Ausmaß ist nicht bekannt, die Schätzungen reichen von einem Zehntel bis zu einem Drittel Roms.

Unbekannt ist ebenso, wie viele Menschen ihr Leben, ihre Wohnung oder ihren Lebensunterhalt verloren. Wütende Überlebende erhoben sich, und viele beschuldigten Nero, er habe das Feuer zu seinem Vergnügen legen lassen. Andere waren der Auffassung, dass, wenn er den Brand nicht entzündet habe, er sich zumindest daran ergötzt habe. „Nero spielte die Lyra, als Rom brannte" wurde ein populärer Ausspruch. Doch Nero befand sich zu der fraglichen Zeit gar nicht in Rom: Als Brandstifter kam er folglich nicht infrage. Ein Vergnügen war es wohl auch für ihn nicht. Nero beschloss, den Opfern zu helfen. Er überwachte selbst den Wiederaufbau Roms und erließ neue Brandschutzbestimmungen.

Wesentlich zu der Beschuldigung Neros als Brandstifter trug der persönliche Profit bei, den Nero aus der Katastrophe ziehen konnte. Der Brand hatte mitten in Rom ein großes, freies Areal geschaffen, auf dem er sich einen riesigen, luxuriösen Palast bauen konnte, die Domus Aurea (das goldene Haus). Unabhängig davon, ob die Vorwürfe richtig waren, zeigt die schnelle Bereitschaft, Nero zu beschuldigen, welches Bild die Bevölkerung von dem Kaiser hatte.

Umso wichtiger wurde es für Nero, jemanden zu finden, den er der Brandstiftung beschuldigen konnte: Er warf den Christen vor, den Brand verursacht zu haben. Diese Sekte hatte sich in der Regierungszeit von Kaiser Tiberius in Judäa gebildet. Zu Neros Zeiten war die Zahl der Christen in Rom noch sehr klein, und sie waren eine Randerscheinung. Die meisten Römer mochten sie nicht, und Nero wählte sie als Sündenböcke aus. Er ließ die Christen verfolgen und töten. So konnte er zwar die Beschuldigung wegen des Brands von sich weisen, die Zuneigung der römischen Bürger hatte er damit aber nicht gewonnen.

***Oben:** Ruinen eines dicht bebauten Häuserblocks* (insula) *im Hafen von Ostia.*

***Links:** Kohlebecken mit drei Standbeinen. Während reiche Hausbesitzer mit einem Hypokaustum ihre Fußböden heizten, benutzten durchschnittliche Römer offene Kohlebecken, die häufig Brände verursachten.*

Bäder und Thermen

Nur sehr wenige römische Häuser waren mit Bädern ausgestattet, und so gab es in fast allen Städten, Siedlungen und sogar in den Legionslagern öffentliche Badehäuser. Sie erfüllten einen doppelten Zweck: Die Bäder, speziell die Thermen (große Badeanlagen), dienten nicht nur der Reinigung, sondern waren zugleich Orte, an denen man Geschäfte und Politik machte, plauderte, Kontakte pflegte und sich entspannte.

Badezeiten

Fast während der gesamten republikanischen Zeit musste man für die Bäder Eintritt bezahlen, der allerdings nicht sehr hoch war – später war der Zugang sogar kostenlos. Kinder hatten immer freien Eintritt, Frauen mussten aber mehr als Männer bezahlen. Die meisten Römer konnten sich das Baden leisten, wenn auch nicht täglich. Durch die Gewährung von freiem Eintritt versuchten vor allem in spätrepublikanischer Zeit gelegentlich reiche Politiker, die Bevölkerung für sich zu gewinnen.

Männer und Frauen badeten getrennt. Einige Bäder hatten separate Bereiche, bei anderen gab es getrennte Badezeiten. Frauen besuchten dann die Bäder zusammen mit ihren jüngeren Kindern am Morgen. Die meisten Römer arbeiteten nur bis zum frühen Nachmittag. Danach gingen sie in ein Bad und blieben dort manchmal bis zum Sonnenuntergang.

Teil der Bäderanlagen in der Hadriansvilla.

Schweißtreibende Übungen

Manche Besucher gingen direkt zum Badebecken, doch gewöhnlich absolvierte man vor dem Baden noch einige sportliche Übungen. Hierfür gab es spezielle Bereiche, die *palaestrae*. Männer übten sich im Ringkampf oder Fechten, machten Ballspiele oder stemmten Gewichte, während Frauen mit leichten Gewichten, Bällen oder dem *trochus*, einem mit einem Stock vorangetriebenen Spielreifen, trainierten.

Badeprozedur

Ging der Besucher schließlich ins Bad, suchte er zunächst das lauwarm temperierte *tepidarium* zur Entspannung auf. Dann wechselte er in das *caldarium* (Warmbad), wo Öl auf den Körper aufgetragen wurde. Das Öl diente als Reinigungsmittel, denn in römischer Zeit kannte man noch keine Seife. Mit einer *strigilis* (Schabeisen) aus Metall schabte man dann Öl und Schmutz von der Haut. Die Reinigungsprozedur wurde oft von Sklaven ausgeführt.

Nach dieser Behandlung badete der Besucher im *caldarium* in einem Becken mit heißem Wasser. Danach ging er in das *frigidarium*, wo er in ein Becken mit kaltem Wasser stieg. Nach diesem Badedurchgang konnte man sich noch eine Massage oder in luxuriöseren Thermen eine Schönheitskur gönnen.

Frau beim Sporttraining mit einem Ball (Mosaik). Auch Frauen hatten Zugang zu den Bäder, doch sie badeten getrennt von Männern. Gewöhnlich waren die Besuchszeiten für Frauen und Männer in den Bädern unterschiedlich, in einigen großen Thermen gab es aber auch getrennte Bereiche für Frauen und Männer.

Relief eines Gorgonenhaupts.

Prestigebauten

Während der Republik waren die Badehäuser relativ klein. In der Kaiserzeit entstanden dann sehr große Badeanlagen, die von einem Kaiser oder reichen Bürgern finanziert wurden. Der Feldherr Marcus Vipsanius Agrippa, ein Freund und Verbündeter von Kaiser Augustus, baute 25 v. Chr. die ersten großzügigen Thermen.

Die Caracallathermen

Später folgten viele Kaiser dem Beispiel Agrippas, etwa Caracalla, dessen zwischen 212 und 219 n. Chr. erbauten Thermen Platz für 1600 Badende boten. Die 306 eröffneten Thermen des Diokletian waren noch größer und fassten bis zu 3000 Besucher. Große Teile dieser beiden Kaiserthermen sind entweder gut erhalten oder wurden später in andere Gebäude integriert.

In der Kaiserzeit entstanden überall in der römischen Welt riesige Badeanlagen. Zu Beginn des 2. Jahrhunderts baute Kaiser Hadrian in der nordafrikanischen Stadt Leptis Magna einen aufwendigen Thermenkomplex, der zum gesellschaftlichen Mittelpunkt der Region wurde.

Oben: Vorhalle der sogenannten Suburbanen Thermen in Herculaneum.

Ein breites Angebot

Die großzügigen Thermenanlagen, die in der Kaiserzeit entstanden, waren mehr als nur Badeanstalten, sie boten vielfältige Freizeiteinrichtungen. Es gab Turnhallen, in denen der Besucher trainieren konnte, Bibliotheken und Garküchen, in denen man essen konnte. Meist gehörten auch großzügige Gärten oder ein Theater zu diesen Anlagen. Die Caracallathermen waren so groß, dass sie sogar ein eigenes Stadion besaßen. Da Frauen die Bäder meistens nur an wenigen Stunden am Vormittag offenstanden, waren vor allem Männer die Nutznießer der luxuriösen Einrichtungen. Sie blieben nach dem Baden oft bis zum Abend dort und vermochten so, das reichhaltige Angebot zu genießen. In großen Bädern konnte man sogar Konzerte besuchen, in kleineren mit Freunden Brettspiele machen, lesen, essen, trinken oder politische und geschäftliche Angelegenheiten erledigen.

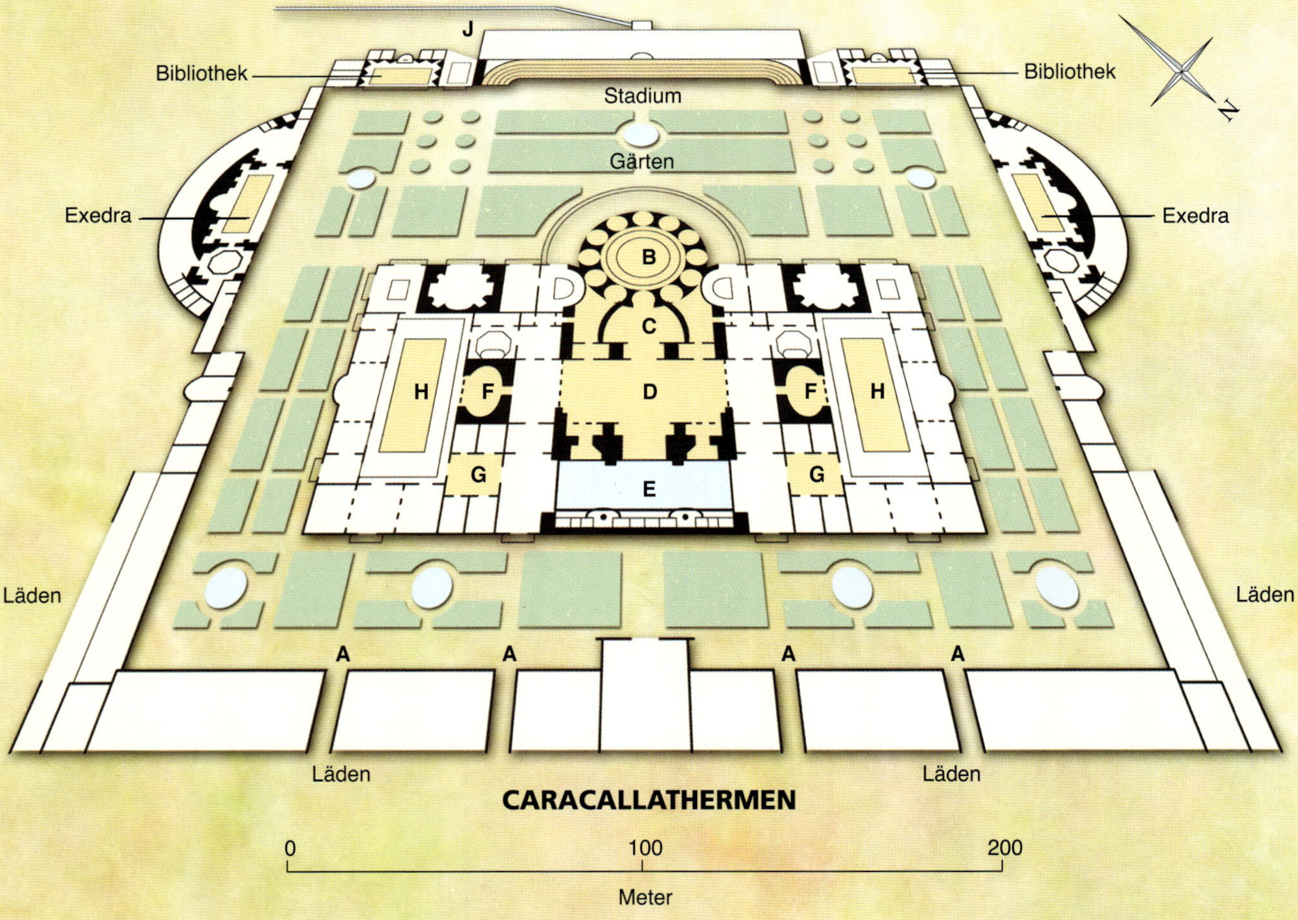

A Eingang
B Calidarium
C Tepidarium
D Frigidarium
E Natatio (Schwimmbad)
F Palaestrae
G Apodyteria (Umkleideräume)
H Massageräume
J Aqua Antoniniana (Wasserversorgung)

Detail des Deckengemäldes im **caldarium** *einer Villa in Oplontis.*

Freier Eintritt

Bevor Agrippa die ersten großzügig angelegten Thermen baute, standen den Bürgern Roms zahlreiche kleinere Badehäuser zur Verfügung, die eine geringe Eintrittsgebühr erhoben. Wohlhabende Bürger konnten es sich leisten, jeden Tag dorthin zu gehen, ärmere Menschen suchten die Bäder seltener auf. Die Agrippathermen waren die ersten Bäder, die Besuchern kostenlosen Zugang boten. Bald folgten alle großen Badeanlagen diesem Beispiel und strichen das Eintrittsgeld. Die kleinen Bäder dagegen erhoben weiterhin eine Gebühr und wurden deshalb bevorzugt von wohlhabenden Badegästen frequentiert.

Heiztechnik

Die grandiosen öffentlichen Bäder hatten einen gewaltigen Wasserbedarf, der oft nur durch eigens für die Thermen errichtete Aquädukte gedeckt werden konnte. Daneben musste jeder Raum auf die richtige, dem jeweiligen Zweck angepasste Temperatur gebracht werden. Mithilfe der römischen Hypokastenheizung war es möglich, diese großen Komplexe effizient zu beheizen.

Unter dem Gebäude lag ein unterirdischer Heizraum, das *praefurnium*, in dem Sklaven bei sehr großer Hitze die Feuerstellen schürten. Durch Hohlräume unter den Fußböden gelangte die erhitzte Luft aus den Feuerstellen in die Bäder und erwärmte die Bodenplatten – manchmal so stark, dass man Holzschuhe an die Badegäste verteilte. Im *praefurnium* wurde auch das Wasser für die Warmwasserbecken im *caldarium* erhitzt. Das gleiche Heizsystem, allerdings in kleinerem Ausmaß, diente zum Beheizen von Wohnräumen in den Villen reicher Römer.

Das **frigidarium** *der römischen Thermen in Bath (England). Diese Thermenanlage gehört zu den besterhaltenen Bauwerken dieser Art weltweit.*

Vierkaiserjahr 69 n. Chr.

Aufruhr und Unruhen

Nach Neros Tod lag die Macht bei der Prätorianergarde und den römischen Legionen: Wer ihre Unterstützung hatte, konnte Kaiser werden. Diese Situation führte zu großen Unruhen und Unsicherheiten, denn es gab eine ganze Reihe von Aspiranten, die Kaiser werden wollten. So herrschten im Jahr 69 n. Chr. vier verschiedene Kaiser.

Neros Tod

Bei allen Nachteilen hatten die julisch-claudischen Kaiser Rom doch immer eine gewisse Stabilität beschert, an der es im letzten Jahrhundert der Republik gefehlt hatte. Neros Tod mochte zunächst als Segen empfunden worden sein, doch er führte zu einer Rückkehr der Unruhen.

Nero hatte Selbstmord begannen, ohne einen Nachfolger zu ernennen. So suchten verschiedene Parteien, allen voran die Prätorianer und der Senat, nach einem geeigneten Nachfolger, um das Reich nicht erneut in einen Bürgerkrieg zu stürzen.

Galba

Servius Sulpicius Galba, der Statthalter in Spanien, hatte mit seinem Aufstand Neros Ende eingeleitet. Als er nach Rom marschierte, um den Kaiser herauszufordern, bot er sich damit als neuen Herrscher an. Im Juni 68 erfuhr er von seiner Unterstützung in Rom und legte sich den Titel

Rechts: Kopf des Merkur.

Hauptbild: Detail eines Wandgemäldes in einer Villa in Oplontis, die Neros Gattin Poppaea Sabina gehörte. Poppaea war in zweiter Ehe mit Marcus Salvius Otho verheiratet, doch sie verließ ihn, um Neros Geliebte und dann seine Frau zu werden. Poppaea starb 65, Nero beging drei Jahre später Selbstmord, und Otho wurde einer der vier Kaiser des Vierkaiserjahres.

Caesar zu. Obwohl Galba der naheliegendste Kandidat war, drängten auch andere in Rom nach dem Prinzipat, darunter der Kommandant der Prätorianer und Lucius Clodius Macer, ein Legat aus Nordafrika, der sich zusammen mit Galba gegen Nero erhoben hatte.

Unsichere Position

Angesichts mehrerer Rivalen, die seinen Platz einnehmen wollten, und der Tatsache, dass er in Spanien und nicht in Rom ernannt worden war, schätzte Galba selbst seine Position als äußerst unsicher ein. Er leitete eine Serie von Säuberungen ein, die ihm bei den römischen Bürgern keine Symphathien einbrachten.

Galbas schwerster Fehler war aber, die wichtigsten Institutionen der römischen Politik nicht beachtet zu haben – das Heer und die Prätorianergarde. Beim Marsch auf Rom hatte er den Truppen eine Belohnung versprochen, um sich ihre Unterstützung zu sichern. In Rom angekommen, verweigerte er ihnen die Gratifikation. Das brachte das Militär im gesamten Reich gegen ihn auf, vor allem die Legionen in Germanien, die eine Belohnung für die erfolgreiche Niederschlagung von Vindix' Aufstand in Gallien forderten.

Rivalisierende Kaiser

Anfang Januar 69 ernannten die von Caecina und Valens angeführten Legionen in Germanien den römischen Statthalter dieser Provinzen, Aulus Vitellius Germanicus, zum Kaiser. Gleichzeitig wandten sich die Prätorianer gegen Galba, als dessen Säuberungen auch ihre Reihen erreichten. Die Prätorianer wählten Marcus Salvius Otho zu ihrem Kandidaten.

Das römische Forum

Alle römischen Städte hatten ein Forum. Auf diesem zentralen Treff- und Versammlungsplatz wurde Recht gesprochen, vor allem aber wurden Geschäfte gemacht und Neuigkeiten ausgetauscht. In Rom, dem Zentrum des Reichs, gab es sogar mehrere, von verschiedenen Kaisern gestiftete Foren. Das älteste und bedeutendste war jedoch das Forum Romanum. Um diesen Platz entwickelte sich die Stadt. Das ehemalige Sumpfgelände beim Kapitol wurde um 600 v. Chr. mithilfe der Cloaca Maxima, des groß angelegten Kanalsystems der Stadt, trockengelegt.

Im Verlauf von 1000 Jahren wurden hier Tempel, Amtsgebäude und Denkmäler errichtet, zerstört, hinzugefügt oder überbaut. Im frühen Mittelalter waren große Teile des Forums entweder vom Sediment der umliegenden Hügel verschüttet oder überbaut worden. Anfang des 19. Jahrhunderts begannen die Ausgrabungsarbeiten, doch erst im 20. Jahrhundert war das Forum komplett freigelegt.

Ort der Triumphe und der Religion

Mitten durch das Forum verläuft die Via Sacra (heilige Straße) vom Kolosseum zum Kapitol und Jupitertempel. Entlang dieser Straße fanden die Triumph- und religiösen Festzüge statt.

Mitte Dezember feierte man die Saturnalien mit Opferzeremonien im Saturntempel. Die Grundmauern dieses Gebäudes sind die ältesten des Forums, und selbst heute bieten die acht verbliebenen Säulen eine der eindrucksvollsten Ansichten des ganzen Platzes. Der benachbarte Triumphbogen des Septimius Severus wurde 203 n. Chr. am Fuß des Kapitol-Hügels errichtet, um die Siege über die Parther zu feiern. Im Inneren des Bogens führt eine Treppe zur Plattform nach oben, wo einst die Statuen von Severus und seinen Söhnen Caracalla und Geta standen.

Castor und Pollux

Um 495 v. Chr. errichtete man zu Ehren von Castor und Pollux, den Schutzgöttern der Stadt Rom, einen Tempel auf dem Forum. Er wurde angeblich an der Stelle erbaut, wo die Götter erschienen, um den Sieg über die Latiner in der Schlacht am See Regillus zu verkünden. Heute stehen nur noch drei Säulen des Tempels, der während der Republik große Bedeutung hatte. Hier versammelte sich der Senat, und Redner nutzen das Podium des Tempels, um sich ans Volk zu wenden.

Blick vom Palatin auf das Forum Romanum.

Eine auf dem Forum Romanum entdeckte Inschrift.

Caesars Bauten

An der östlichen Seite des Hauptplatzes findet man noch einen runden Altar, der als einziger Rest vom Caesartempel erhalten ist. Augustus weihte den Tempel 29 v. Chr. nach der Vergöttlichung von Julius Caesar an der Stelle seiner Einäscherung ein. Die Curia Hostilia und die Rostra entstanden auf Caesars Initiative. Neben der Curia, dem Versammlungsort der Senatoren, befand sich die Rostra (Rednerbühne), von der die Redner zu den Bürgern Roms sprachen. Beide Bauwerke wurden von Augustus nach Caesars Tod vollendet. Einige Quellen berichten, Marcus Antonius habe von der Rostra aus seine Grabrede auf den ermordeten Caesar gehalten.

Fragment einer Marmorinschrift auf dem Forum Romanum.

Mittelpunkt des Imperiums

Unterhalb der Rostra liegt der Umbilicus Urbis, ein kleiner, marmorverkleideter Tempel, der als Mittelpunkt (Nabel) des Römischen Reichs galt. Eines der ältesten Gebäude des Forums ist die Regia, die zunächst als Residenz der römischen Könige, später in der Republik als Amtssitz des *pontifex maximus* (der oberste Priester) diente. Die Regia, durch den Tempel Caesars vom Hauptplatz des Forums abgeschirmt, wurde 64 v. Chr. durch ein Feuer zerstört und 36 v. Chr. wieder aufgebaut.

Auf dem Areal des Forums steht auch der Tempel der Vesta, der in den 1930er-Jahren teilweise rekonstruiert wurde. Er ist der Göttin des Herdfeuers geweiht. Der ursprünglich vermutlich aus Holz und Stroh gebaute Tempel wurde möglicherweise bei dem großen Brand 64 n. Chr. vernichtet und danach neu aufgebaut. Der Rundtempel mit seinem nach Osten gerichteten Portal hatte eine Öffnung im Dach, durch die der Rauch des von den Vestalinnen gehüteten heiligen Feuers entweichen konnte. Das Heiligtum wurde 394 n. Chr. auf Anordnung von Theodosius geschlossen, der das Christentum zur römischen Staatsreligion erhob. Ebenso wurden verschiedene andere römische Tempel zu diesem Zeitpunkt in christliche Kirchen umgewandelt.

Das östliche Ende des Forum Romanum mit Blick auf den Titusbogen und das Kolosseum.

Galba wird getötet

Otho war Legat von Lusitania und hatte Galba bei seinem Marsch auf Rom begleitet. Er hatte sich erhofft, zur Belohnung von Galba als dessen Sohn und Erbe adoptiert zu werden, doch Galba wählte den wenig profilierten, aber jüngeren Lucius Calpurnius Piso als Erben. Darauf verschwor Otho sich mit den Prätorianern gegen Galba, um Kaiser zu werden. Galba wurde am 15. Januar 69 von Soldaten auf dem Forum getötet, kurz danach wurde auch Piso ermordet. Galbas Kopf wurde auf einer Lanze aufgespießt und dem Volk präsentiert.

Ein Feigen fressender Vogel. Detail einer Wandmalerei aus einer Villa in Oplontis.

Otho und Vitellius

Otho versuchte, Rom zu regieren, doch im Frühjahr 69 wurde klar, dass das Imperium zwei Kaiser hatte, einen in Rom und einen in Germanien ernannten. Otho bemühte sich, mit Vitellius zu verhandeln, und bot ihm seine Tochter zur Frau an, doch Vitellius hatte bereits zum Marsch auf Rom angesetzt.

Otho blieb keine Wahl, er musste die Herausforderung annehmen, auch wenn ihm weit weniger Truppen zur Verfügung standen. Er setzte sein Heer nach Norden in Marsch, und am 14. April trafen die Gegner bei Bedriacum aufeinander. Vitellius war mit seinen aus Germanien angerückten Legionen seinem Rivalen militärisch überlegen und siegte. Otho beging daraufhin Selbstmord. Vitellius marschierte weiter nach Rom, wo dem Senat keine andere Wahl blieb, als Vitellius zum dritten Kaiser innerhalb von drei Monaten zu ernennen.

***Unten:** Dieses Gemälde aus dem 19. Jahrhundert zeigt die Ermordung von Kaiser Vitellius durch Soldaten, die Vespasian treu ergeben waren. Vitellius war der letzte der nur wenige Monate regierenden Nachfolger Kaiser Neros.*

Herrschaft des Vitellius

Nachdem Vitellius in Rom eingezogen war, übernahm er die Macht ohne exzessive Säuberungsaktionen. Zur Absicherung seiner Herrschaft ersetzte er die Prätorianergarde durch seine eigenen, ihm loyal ergebenen Soldaten. Als Kaiser scheint er zunächst mehr an seine persönlichen Bedürfnisse und weniger an die Rom bedrückenden Probleme gedacht zu haben. Er soll einen außergewöhnlichen Appetit gehabt haben und an einem Tag an verschiedenen üppigen Festmahlen bei mehreren Gastgebern teilgenommen haben. Die von Vitellius erhaltenen Porträts könnten eine Bestätigung dieser Berichte sein.

Vitellius' germanische Legionen waren stark genug gewesen, um Otho zu besiegen, doch zur Kontrolle des gesamten Imperiums waren sie zu schwach. Legionen im Osten distanzierten sich von Vitellius und unterstützten stattdessen den populären Feldherrn Titus Flavius Vespasianus (Vespasian).

Ein neuer Titelanwärter

Vespasian hatte sich einen Namen als Feldherr in Britannien gemacht, wo er erfolgreich bis in den Südwesten der Insel vorgedrungen war. Durch die Niederschlagung der Rebellion in Judäa 67 n. Chr. war er sowohl beim Militär als auch in der römischen Öffentlichkeit sehr beliebt.

Der Krieg gegen die jüdischen Aufständischen verhinderte zunächst, dass Vespasians Truppen an den politischen Tumulten in Rom teilhatten. Doch Anfang Juli 69 riefen ihn seine Soldaten zum Kaiser aus. Dabei wurde er von den Statthaltern in Syrien und Ägypten sowie den an der Donau stationierten römischen Legionen unterstützt. Vitellius wurde somit von zwei Seiten attackiert: Die Legionen an der Donau griffen von Norden her an, die aus dem Nahen Osten kamen von Süden. Der entscheidende Schlag gegen Vitellius gelang im Oktober 69 in der Schlacht bei Cremona. Vespasians Truppen konnten ungehindert nach Rom ziehen, wo sie Vitellius auf dem Forum umbrachten und seine Leiche in den Tiber warfen.

Büste Vespasians, der zum vierten Kaiser des turbulenten Jahres 69 n. Chr. ernannt wurde.

Wagenrennen

Wagenrennen erfreuten sich großer Beliebtheit in römischer Zeit. Tausende Bürger drängten sich bei freiem Eintritt in einem der großen Zirkusse – jenen lang gestreckten Arenen, wo die Rennen veranstaltet wurden. Pro Renntag fanden 24 Durchläufe statt, die äußerst spektakulär abliefen, denn ein brutaler, rücksichtsloser Fahrstil wurde vom Publikum begeistert bejubelt.

Reliefierter römischer Siegerpokal.

Teams mit treuen Fans

Vier Rennteams traten dabei gegeneinander an. Sie hießen *factiones* und waren nach den Kleiderfarben ihrer Fahrer benannt: die Weißen, Roten, Grünen und Blauen. Die Fans verband meist eine lebenslange Treue mit einem der Teams. Kaiser Domitian stellte später noch zwei neue Teams auf, die Purpurroten und Goldenen, doch sie fanden keine ausreichend große Fangemeinde und verschwanden nach Domitians Tod wieder.

Ähnlich wie im heutigen Profisport standen hinter den einzelnen Teams reiche Sponsoren, die viel Geld in ihren Rennstall steckten, um ihn zum erfolgreichsten zu machen. Die Wagenlenker entstammten den untersten Gesellschaftsschichten – meist waren es Sklaven, Freigelassene oder arme Bürger. Ein Fahrer musste nicht bei einem Team bleiben. Er konnte ähnlich wie bei heutigen Spielertransfers von der Konkurrenz gekauft werden.

Ausschreitungen

Oft kam es zu Schlägereien und Ausschreitungen zwischen den fanatischen Unterstützern der verschiedenen *factiones*. Zuweilen führte das zu schweren Unruhen, wie bei dem Nika-Aufstand 532 n. Chr. in Konstantinopel, bei dem mindestens 20 000 Menschen umkamen und große Teile der Stadt zerstört wurden.

Jedes Team konnte drei Fahrer nominieren, denn insgesamt waren zwölf Wagen im Rennen zugelassen. Oberstes Ziel war natürlich der Sieg. Daneben waren die Fahrer bemüht, ihre Konkurrenten aus dem Rennen zu werfen. Durch spektakuläre Fahrmanöver und Zusammenstöße mit anderen Wagen machten sich die Lenker beim Publikum beliebt.

Die Mitglieder eines Teams arbeiteten zusammen, um die Konkurrenten von der Rennbahn zu drängen. Vor allem an den Wendepfeilern *(metae)*, wo die Wagen eine scharfe Kehrtwendung vollziehen mussten und anfällig für Attacken waren, kam es häufig zu Karambolagen.

Unten: Das Amphitheater von El-Djem aus dem 3. Jahrhundert n. Chr. fasste 35 000 Zuschauer. In den Amphitheatern präsentierte man spektakuläre Schaukämpfe und Spiele.

Gegenüber: Wagenrennen im Circus Maximus in Rom. Wagenrennen waren eine sehr beliebte Sportart, und der Circus Maximus bot rund 250 000 Zuschauern Platz.

Fahrtechniken

Die römischen Wagenlenker banden sich die Zügel ihrer Pferde um die Taille, was sie bei einem Unfall in eine gefährliche Lage brachte. Jeder Wagenlenker führte daher ein Messer bei sich, um sich im Notfall loszuschneiden. Gelang es ihm nicht freizukommen, schleiften ihn die Pferde zu Tode. Die Lebenserwartung der Fahrer war relativ niedrig, doch den Überlebenden winkten Belohnungen, die das Risiko wert waren. Der Sieger bekam Geld, durfte einen Kranz tragen und wurde über Nacht berühmt. Für Sklaven lag der besondere Anreiz darin, dass sie sich mit dem Preisgeld aus den Rennen die Freiheit erkaufen konnten.

Im Zirkus

Der Austragungsort für Wagenrennen war der Zirkus (lateinisch: *circus*), eine lang gestreckte Arena mit Platz für Tausende von Zuschauern. Der größte und berühmteste Zirkus war der Circus Maximus in Rom in der Senke zwischen Palatin und Aventin beim Kaiserpalast. Er fasste mindestens 250 000 Menschen, und Trajan ließ ihn während seiner Regierungszeit noch vergrößern.

Für die Kaiser war dies der wichtigste Ort, um sich den römischen Bürgern zu zeigen, weshalb sie an möglichst vollen Rängen interessiert waren. Ein Kaiser musste den Zirkus möglichst oft besuchen, auch wenn er sich eigentlich wenig für die Rennen interessierte. Von Nero und Domitian ist allerdings überliefert, dass sie begeisterte Zirkusbesucher waren. Nero schockierte die Öffentlichkeit durch die aktive Teilnahme an Rennen, während Domitian einen bequemen und direkten Weg vom Kaiserpalast zum Circus Maximus errichten ließ.

Zirkusse in Rom

Rom besaß insgesamt vier Zirkusse. Der älteste war der in der mittleren Republik erbaute Circus Flaminius beim Campus Martius (Marsfeld). In der frühen Kaiserzeit gab man ihn zugunsten des größeren Circus Maximus auf.

Caligula und Nero ließen einen weiteren Zirkus am jenseitigen Ufer des Tiber errichten. Er erlangte traurige Berühmtheit als Hinrichtungsstätte der unter Nero verfolgten Christen. Auch Petrus soll hier ermordet worden sein. Der Petersdom im heutigen Vatikan steht auf der ehemaligen Rennbahn. In später Kaiserzeit entstand ein weiterer Rennplatz, der vermutlich in einen größeren Komplex, eine kaiserliche Villa, einbezogen war.

Zirkusse gab es nicht nur in Rom, sondern im ganzen Reich – von Arles in Gallien bis Leptis Magna in Nordafrika. Konstantin errichtete im 4. Jahrhundert in seiner neuen Hauptstadt Konstantinopel einen Zirkus, dessen Grundriss sich heute noch aus der Form der Platzanlage vor der Haghia Sophia erschließen lässt.

Judäa

Durch einen dynastischen Streit geriet Judäa im 1. Jahrhundert v. Chr. unter römische Vorherrschaft. Damals intervenierte Pompeius und machte Judäa zu einem Klientelstaat Roms, konnte aber keinen dauerhaften Frieden erreichen. Nach seinem Sieg über Pompeius mischte sich Caesar in die Politik des Königreichs ein. Er gewährte den Juden mehr religiöse Freiheiten und machte den Idumäer Antipatros zum Prokurator Roms in der Region. Nach der Ermordung Antipatros' ernannte der römische Senat 40 v. Chr. dessen Sohn Herodes zum König in Judäa.

Herodes der Große

Herodes überstand den Bürgerkrieg zwischen Octavian und Marcus Antonius unbeschadet und regierte bis 4 n. Chr. Obwohl Herodes der Große heute vor allem für seine brutale Politik bekannt ist, war er in Rom ein geschätzter Partner, denn er sorgte für Frieden und Stabilität in der Region. Nach seinem Tod brach die Ordnung allerdings unter seinen Söhnen rasch wieder zusammen. Augustus gliederte den Klientelstaat deshalb in das Imperium ein und ernannte Statthalter als Verwalter. Einer dieser Statthalter, Pontius Pilatus, spielte eine wichtige Rolle bei der Verurteilung von Jesus. Diese Statthalter waren in der jüdischen Bevölkerung sehr unbeliebt.

Caligula schürte den Konflikt, als er anordnete, in jeder Synagoge solle eine Statue des Kaisers aufgestellt werden – ein Affront für jüdische Gläubige. Nur das Geschick von Claudius verhinderte vermutlich eine offene Rebellion. Er besänftigte die Juden 41 n. Chr. durch die Ernennung des beliebten Herodes Agrippa zum König. Doch die Ruhe in Judäa hielt nicht lange, denn Herodes Agrippa starb 44 n. Chr., und die Römer übertrugen die Verwaltung der Provinz wieder römischen Statthaltern.

Mosaik aus der Synagoge in Hammam-Lif in Tunesien mit der Darstellung eines Rebhuhns.

Aufstand in Judäa

Die über zwei Jahrzehnte schwelende Unzufriedenheit schlug 66 n. Chr. in eine offene Rebellion um. Der jüdische Aufstand wurde letztlich von dem römischen Statthalter ausgelöst, der Gold aus dem Tempelschatz forderte. Auf die anschließenden jüdischen Proteste reagierten die Römer mit großer Brutalität. Der Tod einiger Aufständischer löste einen Aufruhr in der ganzen Provinz aus. Die Rebellen übernahmen die Kontrolle über Jerusalem und ermordeten römische Soldaten und Siedler. Die zunächst entsandten römischen Truppen wurden sehr rasch zurückgedrängt, weshalb Nero Vespasian mit der Niederschlagung der Revolte beauftragte. Da Jerusalem durch seine Stadtmauern aber zu gut geschützt und schwer einzunehmen war, konnte der Aufruhr nicht an seiner Quelle bekämpft werden. Vespasian versetzte daher das restliche Judäa in Angst und Schrecken. Bald konnten sich nur noch einige wenige jüdische Hochburgen wie Jerusalem halten.

Vespasian wird Kaiser

Vespasians Vorgehen in Judäa trug ihm in Rom große Anerkennung ein, und so wurde er zum Kaiser ernannt, bevor er Jerusalem eingenommen hatte. Unterdessen führte sein Sohn Titus den Kampf in Judäa fort und belagerte Jerusalem, um die Rebellen auszuhungern. Besonders die Zivilbevölkerung litt unter der Belagerung. Jeden, den die Römer beim Einschmuggeln von Lebensmitteln erwischten, schlugen sie zur Abschreckung möglicher Nachahmer vor der Stadtmauer ans Kreuz. Um den Zu- und Ausgang aus der Stadt zusätzlich zu erschweren, wurde eine gewaltige Mauer um Jerusalem errichtet. 70 n. Chr. erstürmten die Römer Jerusalem, beendeten den Aufstand, zerstörten die Stadt und plünderten ihre Reichtümer.

Masada, die letzte Bastion

Die letzte jüdische Bastion war Masada, eine gut geschützte Festung auf einem Felsplateau im Süden Judäas. 73 rückten die Römer gegen die letzte Widerstandsbastion vor. Als die Römer nach langer Belagerung die Zitadelle endlich einnehmen konnten, mussten sie feststellen, dass die Bewohner sich umgebracht hatten, um der Gefangenschaft zu entgehen. Mit der Einnahme von Masada nahm der erste jüdische Aufstand ein tragisches Ende.

Zweiter jüdischer Aufstand

Nachdem Kaiser Hadrian nach Ansicht von jüdischen Gläubigen mehrfach frevelhaft gegen ihre Religion vorgegangen war, brach 132 der zweite jüdische Aufstand aus. Hadrian wollte Jerusalem als Zentrum polytheistischer Götterverehrung neu aufbauen und versuchte, die jüdische Religionsausübung zu verhindern. Auf den Ruinen des jüdischen Tempels sollte ein Jupitertempel errichtet werden.

Als die Römer die Revolte 135 niedergeschlagen hatten, wurden die Juden endgültig aus Judäa vertrieben. Judäa wurde vollständig romanisiert, und die jüdische Religion unterlag fortan Repressionen. Hadrians Nachfolger Antoninus Pius vertrat zwar eine tolerantere Politik, doch die jüdische Gemeinde war inzwischen über das gesamte Imperium verstreut. Judäa blieb unter römischer Kontrolle, bis die Araber im 7. Jahrhundert in die Region vordrangen.

MASADA

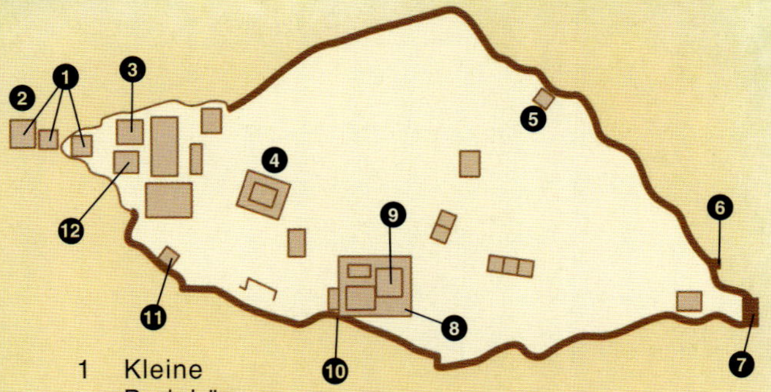

1 Kleine Badehäuser
2 Nordpalast (Palast des Herodes)
3 Lagerräume
4 Wohngebäude
5 Unterkünfte
6 Unterirdische Zisternen
7 Südliche Bastion
8 Westpalast
9 Thronsaal
10 Westtor
11 Synagoge
12 Großes Badehaus

Plan von Masada, des letzten jüdischen Bollwerks während des großen jüdischen Aufstands. Als die Römer in die Festung eindrangen, mussten sie feststellen, dass sich die Bewohner umgebracht hatten, um der Gefangennahme zu entgehen.

Mosaik mit der Darstellung eines siebenarmigen Leuchters aus der Synagoge in Hammam-Lif in Tunesien.

Die flavischen Kaiser

Vespasian

Nach den Exzessen der julisch-claudischen Kaiser und dem Bürgerkrieg 69 n.Chr. brach mit Kaiser Vespasian und seinen Nachfolgern erneut eine friedliche Ära an. Fast ein Jahrhundert lang herrschten die folgenden Kaiser über ein stabiles und sicheres Imperium Romanum.

Vespasians frühe Karriere

Vespasian wurde 9 n. Chr., in den letzten Jahren von Augustus' Herrschaft, geboren. Einen Namen machte sich Vespasian in Rom, als er die Eroberung Südbritanniens und der vor der Südküste Britanniens gelegenen Insel Vectis (Isle of Wight) leitete.

Doch diese ruhmvollen Taten nützte ihm wenig, als Nero den Thron bestieg. Er fiel bei der Kaiserfamilie in Ungnade, denn Neros Mutter und Mitregentin hegte keine Sympathien für ihn. Vespasian zog sich daher aus Rom zurück.

Wechselhafte Karriere unter Nero

Als die Mutter Neros, Agrippina, bald darauf ermordet wurde, konnte Vespasian wieder die politische Bühne in Rom betreten. 63 wurde er zum Statthalter von Nordafrika ernannt.

Seine Rehabilitation war jedoch von kurzer Dauer: Er schlief bei einer von Neros Musikdarbietungen ein, was den Kaiser zutiefst beleidigte und Vespasian das Amt kostete. Gemessen an sonstigen Strafaktionen Neros, war dies ein verhältnismäßig mildes Urteil.

Ausrufung zum Kaiser

Doch Vespasian blieb nicht lange vom politischen Geschehen ausgeschlossen, denn er erschien als geeigneter Mann, den Aufstand gegen Rom in Judäa zu beenden. Noch während der Offensive gegen die rebellierenden Juden wurde Vespasian von seinen Truppen zum Kaiser ausgerufen. Er zog nach Rom, um Vitellius abzusetzen und die Stadt einzunehmen.

In vielerlei Hinsicht glich Vespasians Regierungsstil der Herrschaft des Augustus: Er war sparsam, setzte auf Respekt und nicht so sehr auf Einschüchterung, und er bemühte sich, das Reich nach konfliktreichen Jahren zu stabilisieren. Sein Hauptanliegen zu Beginn seiner Regierungszeit war die Lösung alter Konflikte und Probleme. Lange anhängige Rechtsklagen wurden geklärt, die Soldaten bekamen ihren Sold und ihre Gratifikationen. Anders als seine Vorgänger verzichtete er darauf, die Reihen seiner politischen Gegner zu säubern.

Der Kaiser und der Kutscher

Berüchtigt war Vespasians Geiz, der in verschiedenen Anekdoten überliefert ist. Eine Episode erzählt, wie Vespasians Kutscher plötzlich den kaiserlichen Wagen langsamer fahren ließ. Der

Rechts: Münze mit dem Porträt des Kaisers Vespasian.

Gegenüber oben: Mosaik einer idyllischen Naturdarstellung aus einer Villa in Oplontis.

Kaiser erkannte schnell, dass es sich hierbei um ein abgekartetes Spiel handelte. Der Maultiertreiber hatte offensichtlich Geld dafür bekommen, dass er langsamer fuhr und sich so ein Bürger mit seinem Anliegen an den Kaiser wenden konnte. Ungeachtet seiner Position forderte Vespasian von dem Maultiertreiber die Hälfte des Bestechungsgeldes, bevor er bei dem Spiel mitmachte.

Seine Sparsamkeit verhinderte eine persönliche Prunksucht wie unter Caligula und Nero. Doch auch unter Vespasian wurden – wie unter allen Kaisern – repräsentative öffentliche Bauten errichtet, mit denen der Herrscher um die Gunst der Bevölkerung warb und zugleich seine Macht demonstrierte. Der flavische Kaiser setzte den von Nero nach dem großen Brand begonnenen Wiederaufbau Roms fort und leitete persönlich die Rekonstruktion des Kapitols ein. Überdies erweiterte er das Stadtgebiet von Rom, um dem Problem der Überbevölkerung zu begegnen. Einer der bekanntesten unter Vespasian errichteten Bauten ist das prächtige Amphitheater Flavium, das Kolosseum, das bis heute in großen Teilen erhalten ist.

Titus

Als Vespasian 79 n. Chr. erkrankte und starb, trat sein leiblicher Sohn Titus Flavius Vespasianus seine Nachfolge an. Allerdings stieß der neue Kaiser auf allgemeine Ablehnung, denn er galt als grausam, gierig, unmoralisch und zügellos.

Titus hatte, nachdem sein Vater 69 von Judäa nach Rom zurückgekehrt war, die Niederschlagung des jüdischen Aufstands fortgeführt. Die Befriedung von Jerusalem und Masada wurde zwar allgemein geschätzt, doch hatte das skrupellose Vorgehen Titus' auch das Bild seiner Person gepägt. Nun befürchteten viele Römer, Titus könnte die positiven Leistungen seines Vaters zunichte machen und das Reich wieder in Chaos und Unsicherheit stürzen.

Vespasian wurde nach seinem Tod vergöttlicht. Rechts im Bild sind die Ruinen des Vespasian geweihten Tempels auf dem Forum zu sehen, links stehen die Überreste des Saturn-Tempels.

Titus

Titus eilte der Ruf eines grausamen, skrupellosen Mannes voraus, doch zeigte er als Kaiser ein anderes Bild: Er erwies sich als gefälliger und großzügiger Herrscher. Der neue Kaiser richtete den Bürgern Roms spektakuläre Spiele aus, hörte sich bereitwillig ihre Petitionen an und sorgte für die Einhaltung der öffentlichen Ordnung und Moral. Allerdings überschattete bald eine Naturkatastrophe seine Regentschaft.

Ausbruch des Vesuvs

79 n. Chr., in seinem ersten Regierungsjahr, zerstörte ein Ausbruch des Vulkans Vesuv vollständig die Städte Pompeji und Herculaneum. Titus bemühte sich um sofortige Hilfe für die Opfer und beauftragte ein Gremium aus ehemaligen Konsuln mit den Hilfsmaßnahmen.

Während Titus im Katastrophengebiet war, um sich einen Überblick über die Verwüstungen zu verschaffen, brach in Rom ein Großbrand aus. Er zerstörte viele öffentliche Gebäude wie das von Agrippa errichtete Pantheon, aber auch zahlreiche Wohnhäuser.

Katastrophenhilfe

Titus' Hilfsaktionen für die leidgeprüfte Stadt gingen weit über Neros Maßnahmen nach dem großen Brand 64 n. Chr. hinaus. Er stellte Gegenstände aus seinem Privatbesitz zur Neuausstattung öffentlicher Gebäude zur Verfügung, spendete beachtliche Summen aus seinem eigenen Vermögen für die Opfer und wies Obdachlosen leerstehende Häuser zu, die den beim Vesuvausbruch Umgekommenen gehört hatten. Als kurz darauf noch eine verheerende Seuche ausbrach, handelte Titus ähnlich tatkräftig, um die Ausbreitung der Seuche zu verhindern und die Betroffenen zu versorgen.

Früher Tod

Nach nur zwei Jahren im Amt erkrankte Titus 81 n. Chr. schwer und starb bereits mit 41 Jahren eines natürlichen Todes. Dennoch beschuldigte man den designierten Erben, seinen Bruder Domitian, den Kaiser ermordet zu haben.

Die Vorstellung einer Verschwörung gegen Titus schien nicht völlig abwegig, denn Domitian hatte zu Lebzeiten seines Bruders ganz offen gegen ihn intrigiert und die Armee zur Revolte aufgerufen. Titus, dem die Machenschaften seines Bruders bekannt waren, reagierte jedoch gegenüber seinem Bruder mit Nachsicht.

Die Amtszeit Titus' war sehr kurz und durch die drei schweren Katastrophen geprägt. Der römischen Geschichtsschreibung galt er aufgrund seiner ausgeglichenen Politik – er regierte in gutem Einvernehmen mit dem Senat – und seiner volksnahen Herrschaft als einer der besten Kaiser.

***Oben:** Der Vesuv überragt die Ruinen Pompejis.*

***Links:** Dieser Abguss hält den Todesmoment eines Pompejaners fest, der 79 n. Chr. vom tödlichen Lavastrom des Vulkans erfasst wurde. Die Körper der unter der Asche und dem Schlamm begrabenen Menschen hinterließen nach der Verwesung Hohlräume, die die Archäologen ausgossen. So entstanden diese ergreifenden Belege der Katastrophe.*

Pompeji und Herculaneum

Am 24. August 79 n. Chr. brach der Vulkan Vesuv aus und begrub die Städte Pompeji und Herculaneum unter einer dicken Ascheschicht. Beide Städte wurden durch Schichten von Asche, Schlamm und Gestein über viele Jahre konserviert, bis man sie im 18. Jahrhundert wiederentdeckte.

Pompejis Anfänge

Pompeji wurde im 8. Jahrhundert v. Chr. direkt südlich des Vesuvs von den Oskern gegründet. Im 6. Jahrhundert stand die Siedlung unter griechischem Einfluss, bevor die Samniten im 5. Jahrhundert die Stadt übernahmen. Vermutlich stand das Gebiet zeitweilig auch unter etruskischer Kontrolle.

Nachdem Rom 290 v. Chr. die Samnitenkriege gewonnen hatte, wurde die Stadt zu einem Bundesgenossen Roms. Allerdings erhob sich Pompeji 91 v. Chr. im Bundesgenossenkrieg gegen die römische Herrschaft. Doch Lucius Cornelius Sulla konnte mit seinen Truppen rasch große Teile Kampaniens erobern, und Pompeji blieb nur die Kapitulation. Die Stadt wurde 89 v. Chr. eine römische Kolonie und zu Ehren von Sulla und der Kriegsgöttin Venus in Cornelius Veneria Pompeianorum umbenannt.

Die Villen der Reichen

Die mit Sulla verbundene Partei der Aristokraten, die *optimates*, bestimmte in der späten Republik die Stadtpolitik. In und um Pompeji entstanden viele prächtige Villen. Auch Militärveteranen erhielten in der näheren Umgebung der Stadt Land zugewiesen. Man orientierte sich am städtischen Leben in Rom und errichtete öffentliche Badehäuser, Tempel und ein Odeon.

Zur weiteren Romanisierung Pompejis wurde die römische Staatsreligion eingeführt und das wichtigste Heiligtum der Samniter in einen Tempel für die kapitolinische Göttertrias Jupiter, Juno und Minerva verwandelt.

Veränderungen in der Kaiserzeit

Mit Beginn der Kaiserzeit erlebte die Stadt verschiedene Veränderungen, denn die bis dahin herrschenden alten Eliten wurden durch Verbündete der Kaiserfamilie abgelöst. Neben den bereits verehrten römischen Gottheiten huldigte man nun auch dem Kaiserkult. Kurz vor der Zerstörung der Stadt wurde auf dem Forum von Pompeji ein Tempel für Kaiser Vespasian errichtet. Daneben gab es auf dem Forum bereits eine Statue von Augustus und einen Nero geweihten Bogen.

Rechts:* *Bronzebildnis aus Herculaneum.

Vulkanausbruch

Am Morgen des 24. August 79 n. Chr. brach der Vesuv aus. Die einzig erhaltene Beschreibung dieser Katastrophe findet sich in den Werken Plinius' des Jüngeren. Er berichtet von einer pinienförmigen Rauchwolke, die vor dem Ausbruch aus dem Vesuv aufstieg. Diese Rauchwolke kam für die am Vesuv lebenden Menschen wohl überraschend, denn niemand rechnete mit einem Ausbruch des Vulkans, der seit einer Eruption im 8. Jahrhundert v. Chr. als erloschen galt.

Nach der Rauchwolke folgte ein Hagel von Bimssteinen, und aus dem Vulkan quollen giftige Gase. Innerhalb weniger Stunden wurde die Stadt unter einer dicken Ascheschicht begraben, doch da hatten die giftigen Gase bereits viele ihrer Bewohner getötet. Eine Flucht war schwierig, denn der Vesuv verteilte seinen tödlichen Auswurf im Umkreis von 70 Kilometern. Wer die Flucht über das Meer wagte, wurde von Flutwellen und Seebeben bedroht.

Vorwarnungen

62 n. Chr. gab es eine Vorwarnung auf die spätere Katastrophe, die Pompeji vernichten sollte, als ein schweres Erdbeben großen Schaden in der Stadt anrichtete. Die wohlhabende Gemeinde Pompeji konnte sich jedoch rasch an den Wiederaufbau machen. Die ausgegrabenen Ruinen deuten darauf hin, dass viele Villen und Gebäude nach dem ersten Erdbeben neu aufgebaut, renoviert und erweitert worden waren. Und als der Vesuv ausbrach, waren die Aufbauarbeiten vielerorts noch nicht abgeschlossen.

Oben: Wasserkrug mit Früchten. Wandbild in Pompeji.

Rechts: Goldring mit zwei Schlangenköpfen. Fund aus Pompeji.

Nach der Katastrophe

Durch die Eruption wurde Pompeji vollständig unter einer mehr als vier Meter dicken Schicht aus Asche und Bimsstein begraben. Kaiser Titus entsandte sofort eine Gruppe aus Senatoren und ehemaligen Konsuln in die Region, um die Schäden zu begutachten. Sie schlugen vor, die Stadt auf Staatskosten freizulegen und wieder aufzubauen. Nachdem Titus das Gebiet 80 n. Chr. selbst besucht hatte, verwarf er dieses Vorhaben, denn der Wiederaufbau der Stadt schien unmöglich. Die Staatsgelder, die Titus mit Mitteln aus seinem Privatvermögen aufstockte, wurden zur Unterbringung der Überlebenden eingesetzt.

In den darauffolgenden Jahren gab es zwar vereinzelte Versuche, die Schätze der Stadt und den Marmor der Bauwerke zu bergen. Doch Pompeji blieb begraben und über 15 Jahrhunderte weitgehend vergessen.

Wiederentdeckung Pompejis

Gegen Ende des 16. Jahrhunderts entdeckte ein Baumeister die Stadt, als er für ein Bauprojekt Grabungen unternahm. Allerdings stieß seine Entdeckung kaum auf Interesse, und so blieb Pompeji für weitere 150 Jahre vergessen. 1748 begannen Archäologen mit Ausgrabungen an dieser Stätte. Dass es sich dabei um Pompeji handelte, erfuhren sie erst durch eine 1763 entdeckte Bauinschrift.

Zeugnisse der letzten Momente

Die Ausgrabungen wurden im folgenden Jahrhundert fortgesetzt, aber erst ab 1860 systematisch und professionell betrieben. Der Forschungsleiter Giuseppe Fiorelli stieß in den Ascheschichten immer wieder auf Hohlräume, die von zersetzten menschlichen Körpern herrührten. Um die Abdrücke der einst unter Asche und Steinen eingeschlossenen Menschen zu konservieren, entwickelte er eine neuartige Technik: Die Hohlformen wurden mit flüssigem Gips ausgegossen, der dann erhärtete. Die so erhaltenen Abdrücke ermöglichen einen eindrucksvollen Blick zurück in die Vergangenheit und zeigen die Bewohner der Stadt in ihren letzten Lebensmomenten.

Oben: Eingänge mit Säulen in Pompeji.

Ruinen als Fenster zur Vergangenheit

Die Ruinen Pompejis sind nicht die besterhaltenen der römischen Welt, doch die in ihrer Gesamtheit konservierte Stadtanlage, die nach 79 n. Chr. nicht mehr überbaut oder verändert wurde, stellt ein einzigartiges Zeugnis dar. Während viele römische Gebäude im Verlauf der Jahrhunderte umgebaut wurden, gibt Pompeji den Blick auf das Leben in der frühen Kaiserzeit frei. Da die Stadt nach dem Erdbeben im Jahr 62 teilweise neu aufgebaut wurde, lässt sich der Befund in vielen Bereichen sogar auf die Zeit zwischen 62 und 79 n. Chr. einschränken.

Pompeji besaß zwei Foren: Das von Statuen gesäumte Hauptforum wurde von zahlreichen Tempeln und öffentlichen Gebäuden geprägt. Darüber hinaus hatte die Stadt mehrere Thermen und in einem Außenbezirk ein Amphitheater, das 20 000 Zuschauern Platz bot. Die erhaltenen Garküchen, Bordelle, Stadthäuser und Läden, die unterschiedliche Waren verkauften, geben einen sehr guten Einblick in das römische Alltagsleben.

Das weitverzweigte Straßennetz war mit großen Lavasteinen gepflastert, und damit Fußgänger nicht über die schmutzigen Straßen laufen mussten, gab es erhöhte Bürgersteige und Trittsteine zum Überqueren der Straße.

Pompejanische Wandmalerei

In vielen Stadthäusern fanden sich Wandmalereien. Die Wandmalereien aus der Zeit der Republik sind relativ einfach und sollten nur den Eindruck von Marmorwänden vermitteln. Gegen Ende der Republik und zu Beginn der Kaiserzeit wandelte sich der Geschmack. Man bevorzugte nun prächtige Malereien mit Architekturelementen und Landschaftsbildern.

Gewagte Szenen

In manchen Häusern waren die Fresken weniger abstrakt, sondern zeigten mythologische Szenen, Tiere und Stillleben. Einige dieser Bilder fanden wegen ihrer erotischen Darstellungen besondere Beachtung. Bei früheren Ausgrabungen hielt man manche für so anstößig, dass sie sogar entfernt oder abgedeckt wurden. Erst seit kurzem sind diese wieder sichtbar.

Ganz ähnlich delikat waren die überall in der Stadt auf Wänden angebrachten Graffiti. Diese Graffiti dienten ganz unterschiedlichen Zwecken: Sie brachten Verleumdungen, Spott oder Tratsch zum Ausdruck, Bordelle listeten ihre Preise auf und Politiker warben für ihre Wahl. Diese Inschriften und Zeichnungen geben uns heute einen seltenen und wichtigen Einblick in die Einstellungen und die Lebenswelt des römischen Alltags.

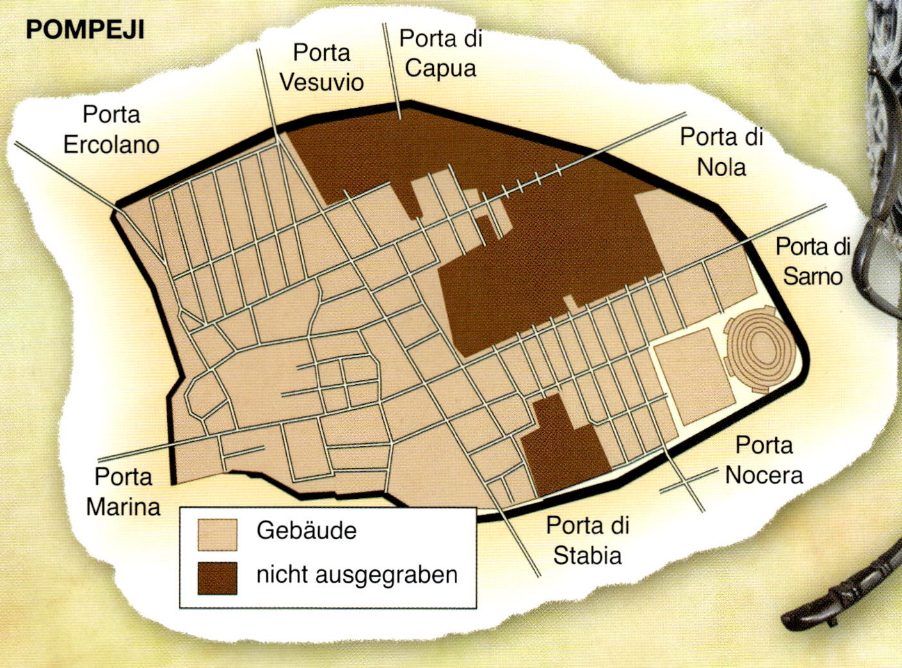

Herculaneum

Während sich Pompeji südlich des Vesuvs entwickelte, besiedelten Griechen den Küstenbereich westlich des Vulkans. Sie nannten den Ort Herakleia nach dem angeblichen Stadtgründer, dem Halbgott Herkules.

Später fiel Herculaneum an die Samniten, die die Griechen aus der Region am Golf von Neapel vertrieben. Nach Beendigung der Samnitenkriege wurde Herculaneum wie Pompeji ein Bündnispartner Roms. Im Bundesgenossenkrieg erhob sich die Stadt 91 v. Chr. gegen Rom. Doch Sullas Truppen nahmen die Stadt ein. Sie wurde zur römischen Kolonie, und römische Siedler ließen sich dort nieder.

Ausbruch des Vesuvs

Herculaneum erlitt beim Ausbruch des Vesuvs ein etwas anderes Schicksal als Pompeji. Zunächst trieb der Wind das aus dem Krater geschleuderte Gemisch aus Bimsstein, Asche und Gas in Richtung Pompeji. Während Pompeji innerhalb weniger Stunden begraben war, blieb Herculaneum verschont, und die Bewohner hatten eine Chance zu fliehen.

Doch am Abend drehte der Wind, und ein extrem heißes Gemisch aus Gas, Asche und Gestein vernichtete in Herculaneum alles Leben.

Anfangs glaubte man, die meisten Einwohner hätten sich retten können und wären dem Schicksal der Pompejaner entgangen. Bei Ausgrabungen fand man aber im Hafen viele Tote, die vermutlich vergeblich versucht hatten zu fliehen.

Erhaltungszustand

Die Gebäude in Herculaneum sind besser erhalten als die Bauten in Pompeji, das von der vollen Wucht der Eruption und einem Geschosshagel aus Bimssteinen getroffen wurde. Dabei gingen die meisten Dächer kaputt, und viele Häuser wurden beschädigt. Herculaneum versank dagegen in einem Schlammstrom, der weit weniger Schaden an den Gebäuden anrichtete. Die Deckschicht türmte sich hier höher als in Pompeji und erreichte an manchen Stellen 16 Meter Dicke.

Herculaneum wurde im frühen 18. Jahrhundert wiederentdeckt. Die Ausgrabungen begannen 1738, zehn Jahre früher als in Pompeji. Anders als in Pompeji hatten sich hier die Leichen der Opfer nicht völlig zersetzt, und die Skelette gaben den Wissenschaftlern Aufschluss über die Lebensumstände und Essgewohnheiten der Bewohner von Herculaneum sowie die Verbreitung von Krankheiten.

Rechts: Innenraum eines Hauses in Pompeji mit einer Nische für eine Statue und Resten einer Wandbemalung.

Gegenüber rechts: Römische Amphore aus blauem Glas aus Herculaneum.

Gegenüber links: Plan von Pompeji mit dem aktuellen Stand der Ausgrabungsarbeiten.

Die Mysterienvilla

Eine nur wenige hundert Meter vor den Stadtmauern von Pompeji gelegene Landvilla ist wegen ihrer Wandgemälde im *triclinium* (Esszimmer) als Mysterienvilla bekannt geworden.

Die Bedeutung und Interpretation dieser Bilderzyklen mit lebensgroßen Darstellungen von verschiedenen Personen sind umstritten. Die weitverbreitetste Theorie sieht darin die Initiation einer jungen Frau in den Dionysoskult.

Villa einer reichen Familie

Der Wohntrakt, Hauptteil der Villa, wurde im 2. oder 3. Jahrhundert v. Chr. erbaut. Vermutlich zu Beginn des 1. Jahrhunderts n. Chr. ließ sich dort eine wohlhabende oder aristokratische römische Familie nieder, die etwas Abstand zum politischen und wirtschaftlichen Trubel in Pompeji suchte. Zu dieser Zeit entstanden auch Wirtschaftsgebäude, in denen Olivenöl und Wein hergestellt und andere landwirtschaftliche Produkte wie Obst von den umliegenden Ländereien verarbeitet wurden.

Silbernes Gefäß aus Pompeji.

Begraben unter einem Berg von Asche

Beim Ausbruch des Vesuvs 79 n. Chr. wurde das Haus unter einer dicken Ascheschicht begraben und erst 1909 wieder freigelegt. Nach mehr als 1800 Jahren kamen seine bemerkenswerten Schätze wieder ans Licht. Die Villa war erstaunlich gut erhalten, und die meisten Räume und Fresken waren völlig intakt.

Der sogenannte Mysteriensaal war vermutlich ein Esszimmer *(triclinium)*, in dem die Familienmitglieder und ihre Gäste bequem auf Liegen gemeinsam speisten. Die Gemälde auf den vier Wänden des Raums stammen aus dem 1. Jahrhundert n. Chr. und wurden direkt auf den feuchten Putz gemalt. Der gesamte von dekorativen Borden eingerahmte Zyklus misst 17 Meter und bedeckt alle vier Wände des Raumes. Das Wandgemälde ist drei Meter hoch und zeigt 29 Figuren in Lebensgröße.

Der Mysteriensaal in der Mysterienvilla in Pompeji. Er diente vermutlich als Esszimmer. Die Villa wurde 79 n. Chr. beim Ausbruch des Vesuvs unter einer Ascheschicht verschüttet und erst 1909 bei Ausgrabungen wiederentdeckt.

Der Dionysoskult

Der aus Griechenland stammende Dionysoskult wurde im antiken Rom als Bacchuskult übernommen. Er war mit Wein, Musik und Tanz verbunden, die den Menschen von seinen Hemmungen und gesellschaftlichen Konventionen „befreiten“. Auch nachdem der Senat den Kult wegen seiner Exzesse 186 v. Chr. verboten hatte, zog er weiterhin Anhänger in seinen Bann. Es ist durchaus möglich, dass die Villa ein Treffpunkt der Bacchanten war und in dem Raum Initiationsrituale, wie auf den Fresken dargestellt, abgehalten wurden.

Narrative Bildsequenz

Die Fresken scheinen eine Bildgeschichte zu erzählen, die sich, am Eingang beginnend, durch den gesamten Raum zieht. Die erste Szene zeigt eine Frau, die unter den Augen einer Priesterin und eines Mannes zur Initiation schreitet.

Einige Bildpartien sind zwar stark beschädigt und schwer zu deuten, doch der Großteil des Wandgemäldes ist gut erhalten und vermittelt in zahlreichen Details lebendige Szenen. Dargestellt sind Gestalten aus der Mythologie: ein Satyr und ein gealterter Silen sowie Dionysos selbst, der hingestreckt in den Armen seiner Mutter Semele ruht. Den Abschluss der insgesamt zehn Szenen bildet eine Darstellung von Eros, dem Gott der Liebe.

Rechts: Eine Gestalt mit einer Theatermaske überwacht das Initiationsritual.

Unten: Frauen, vermutlich Priesterinnen, führen ein Ritual durch, während der gealterte Silen die Lyra spielt.

Domitian

Die Regierungszeit von Titus Flavius Domitianus (Domitian) begann vielversprechend. Er veranlasste Baumaßnahmen, leitete Sozial- und Rechtsreformen ein und bedachte die Bürger Roms großzügig.

Populär durch Siege

Wie Nero liebte auch Domitian öffentliche Spiele und begründete mit den kapitolinischen Spielen 86 n. Chr. eine eigene Form der Olympiade. Dieses aufwendige Ereignis fand in dem unter seinem Vater Vespasian gebauten neuen Kolosseum statt.

Anders als sein Vater und sein Bruder hatte Domitian vor Regierungsantritt keine großen militärischen Erfolge vorzuweisen. Dieses Versäumnis wollte er mit einem erfolgreichen Vorstoß in Germanien wettmachen. Sein Triumph im Norden des Reichs erfüllte ihn so sehr mit Stolz, dass er sich den Beinamen „Germanicus" zulegte.

Agricola aus Britannien abberufen

Der Ruhm des Kaisers währte nur kurz, denn Agricola, der Statthalter in Britannien, rückte immer mehr ins Rampenlicht. Durch seine Siege gegen die Kaledonier im Norden Britanniens erlangte Agricola große Popularität. Der eifersüchtige Domitian beorderte ihn daher nach Rom zurück. Nach Agricolas Abzug gab man die schottischen Highlands auf, und der ehemalige Statthalter musste sich ins Privatleben zurückziehen.

Domitian versuchte derweil, sich weiterhin einen Namen als Feldherr zu machen. Er führte Kriege gegen die an der Donau lebenden Daker im heutigen Rumänien und gegen den germanischen Volksstamm der Chatten. Der Kaiser konnte dabei zwar einigen Erfolg aufweisen, blieb aber insgesamt hinter den in Rom verkündeten Zielen zurück.

Das Kolosseum war Austragungsort der von Domitian gestifteten kapitolinischen Spiele. Die alle vier Jahre stattfindenden Spiel umfassten sowohl musische wie auch sportliche Wettkämpfe und Pferderennen.

Habgier und Grausamkeit

Domitians Herrschaftsstil wurde im Laufe der Zeit zunehmend grausamer und zeichnete sich durch Habgier aus. Die Spektakel und Prachtbauten in Rom sowie die militärischen Unternehmungen belasteten die Staatsfinanzen stark. Um den Staatshaushalt zu sanieren, griff Domitian zum Mittel der Konfiskation. Domitians Regierungsstil entwickelte sich zur Terrorherrschaft: Er ließ Senatoren und reiche Römer ächten, um sich ihres Vermögens zu bemächtigen. Außerdem erhöhte er die von Vespasian den Juden auferlegten Abgaben und machte jeden steuerpflichtig, der nur entfernt jüdischer Abstammung war.

Dabei war seine Grausamkeit offenbar nicht nur durch Geldgier bedingt, er schien auch einen sadistischen Charakter gehabt zu haben. Mehrfach ist überliefert, dass er sich einen Spaß daraus machte, jemanden zum Tode zu verurteilen, und dann einen „vergnüglichen" Tag mit ihm zu verbringen, bevor der Verurteilte am Abend exekutiert wurde. Auch Eifersucht und Neid scheinen Motive für seine Grausamkeit gewesen zu sein. Nachdem er bereits Agricola plötzlich aus Britannien abgezogen hatte, ließ er dessen Nachfolger als Statthalter in Britannien, Sallustius Lucullus, hinrichten, weil dieser eine neue Lanze nach seiner Person benannt hatte.

Mit seinen grausamen Methoden schuf sich Domitian in den Reihen der Senatoren und reichen Römern mächtige Feinde. Es gab verschiedene Verschwörungen gegen Domitian, doch letztlich ermordeten ihn 96 n. Chr. Angehörige seines Hofstaats. Mit Domitian erlosch auch die flavische Dynastie.

Oben: Die freigelegten Ruinen des römischen Kastells Vindolanda am Hadrianswall in den Hügeln von Northumberland, England. Bei dem Turm handelt es sich um eine Rekonstruktion.

Gebälkteil eines öffentlichen Baus auf dem Forum Romanum.

Das Kolosseum

Das Kolosseum ist zwar nicht das besterhaltene Bauwerk aus römischer Zeit, doch es gehört sicherlich zu den bekanntesten Bauten dieser Zeit und ziert heute auch die italienische Fünf-Cent-Münze. Erdbeben, Witterung und der Missbrauch als Steinbruch haben das Gebäude im Laufe der Zeit stark in Mitleidenschaft gezogen, doch das Kolosseum ist mehr als jede andere römische Ruine zum Sinnbild dieser Epoche geworden.

Das flavische Amphitheater

Der Bau wurde 72 n. Chr. unter Kaiser Vespasian begonnen und acht Jahre später fertiggestellt, als dessen Sohn Titus bereits Kaiser war. Heute ist das Bauwerk als Kolosseum bekannt, doch zu römischer Zeit nannte man es Amphitheatrum Flavium, zu Ehren von Vespasian und seiner Familie, die den Namen Flavius trugen.

Das Kolosseum steht an der Ostseite des Forums auf dem Areal des ehemaligen „Goldenen Hauses" (Domus Aurea), eines luxuriösen privaten Anwesens mit See, Gärten und Pavillons, das sich Nero hatte bauen lassen. Die Residenz Neros war in der römischen Bevölkerung nicht sehr beliebt, denn der Baugrund für die Kaiserresidenz war erst durch den großen Brand frei geworden, der Tausende von Wohnhäusern vernichtet hatte.

Vespasians Entscheidung, das Amphitheater genau an dieser Stelle zu errichten, war eine politische Geste.

Arkaden des Kolosseums.

Der für die Öffentlichkeit nicht zugängliche prunkvolle Bau Neros wurde durch ein für die römische Bevölkerung bestimmtes Amphitheater ersetzt. Wo einst nur eine einzelne Person sich vergnügen konnte, fanden nun Spiele für die Massen statt.

Finanzierung des Kolosseums

Das Kolosseum wurde zum Teil aus Erlösen finanziert, die das aus Jerusalem nach Rom transportierte Beutegut einbrachte. Nach der großen jüdischen Revolte waren die Stadt und ihre Reichtümer 70 n. Chr. an die Römer gefallen.

Das Kolosseum ist fast 50 Meter hoch und war ursprünglich mit Travertinblöcken verblendet. Die heute sichtbare Fassade zeigt die aus Beton gefertigte innere Mauer. Das Gebäude bestand aus drei übereinander ange-

Der Boden der Arena ist heute nicht erhalten, sodass der komplexe Unterbau des Kolosseums sichtbar ist. Hier befanden sich Gänge und Käfige für die Tiere sowie Requisitenkammern. Auch die Gladiatoren und sonstige Beteiligte der Wettkämpfe hielten sich hier auf. Bei Bedarf wurden Requisiten und Tiere mit Flaschenzügen in die Arena gehievt.

ordneten Arkadenreihen und einem Obergeschoss als Abschluss. Die gesamte Fassade war reich dekoriert: Die Arkaden wurden von Säulen gerahmt, und die Attika war mit Pilastern verziert. Vermutlich standen in vielen Arkadenbögen Statuen.

Sitzordnung

Mit einem Fassungsvermögen von bis zu 50 000 Zuschauern war das Kolosseum das größte Amphitheater der römischen Welt. Der Eintritt war frei, doch seit Augustus galt in allen Stadien eine streng nach Klassen getrennte Sitzordnung. Die Senatoren saßen auf den Plätzen in den vordersten Reihen direkt über der Arena, während die Ritter hinter ihnen im *maenianum primum* Platz nahm. Das mittlere und obere Drittel waren für die Plebs reserviert. Wohlhabende Plebejer hatten innerhalb des *maenianum secundum* einen eigenen Bereich. Er bot einen besseren Blick auf das Geschehen als die Ränge für die ärmeren Plebejer. Für andere Gruppen, wie Nichtbürger oder Jugendliche, gab es separate Bereiche. Kaiser Domitian ließ ganz oben einen zusätzlichen Rang anfügen, das *maenianum summum in ligneis*, das für die Ärmsten und Sklaven bestimmt war. Wenn der Kaiser die Spiele besuchte, nahm er in der Kaiserloge Platz.

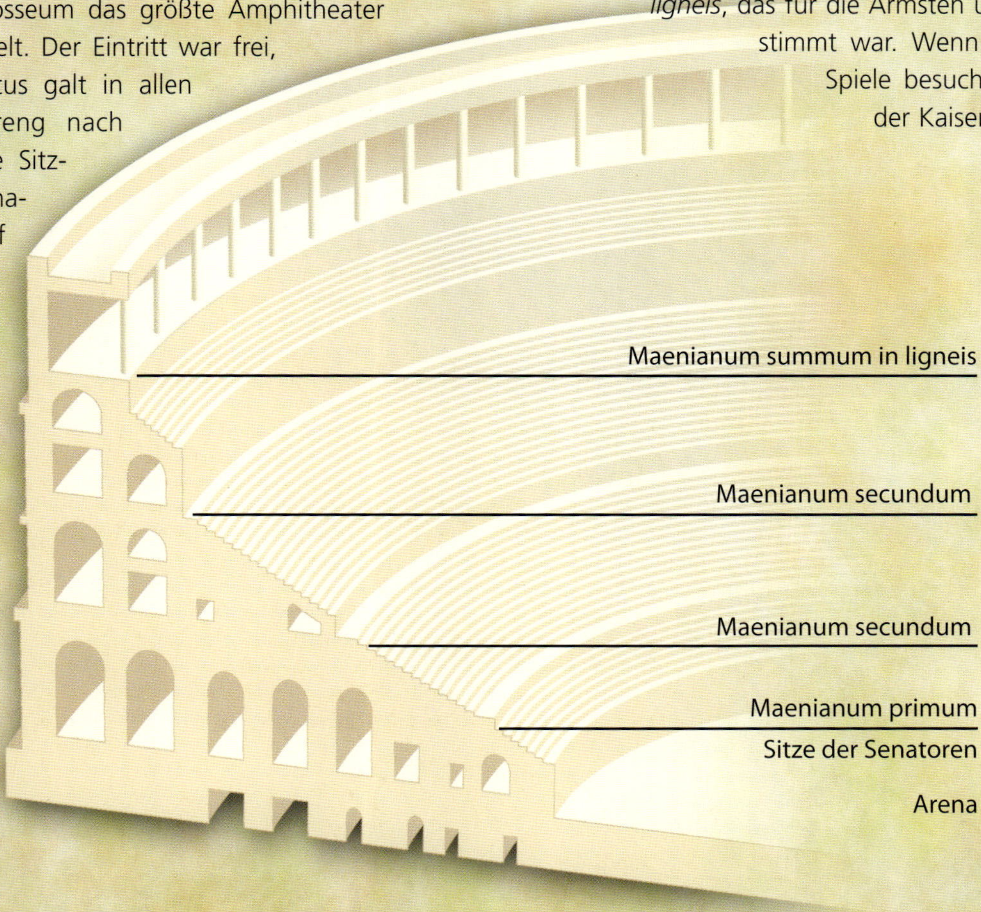

Blick auf die Ruinen des Kolosseums mit Resten der Außenmauer (links im Bild).

Hunderttägige Eröffnungsspiele

Anlässlich der Eröffnung des Kolosseums 80 n. Chr. spendierte Titus den Bürgern Roms eine 100 Tage dauernde Abfolge von Spektakeln. Neben den üblichen Gladiatorenkämpfen ließ er die Arena für eine inszenierte Seeschlacht fluten und nach dem Ablassen des Wassers eine große Hetzjagd auf wilde Tiere veranstalten. Ein Jahrhundert später berichtete der Geschichtsschreiber Dio Cassius, bei diesen Feierlichkeiten seien mehr als 11 000 Tiere getötet worden. Nach der Eröffnung der Arena fanden im Kolosseum vor allem Gladiatorenkämpfe und Tierhetzen statt.

Ein Kapitell, das im Inneren des Kolosseums ausgestellt ist.

Gladiatoren

Das Leben der Gladiatoren hing oftmals von der Gunst der Zuschauer ab. Wurde ihre Darbietung als unzureichend empfunden, dann drohte ihnen der Tod. Ein besiegter Gladiator konnte den Kaiser oder den jeweiligen Leiter der Spiele um Gnade bitten. Dessen Entscheidung orientierte sich meistens an der Stimmung unter den Zuschauern.

Siegreiche Gladiatoren wurden mit Ruhm und Geld belohnt. Für Gladiatoren, die Sklaven oder Gefangene waren, stellte die Möglichkeit der Freilassung einen zusätzlichen Anreiz dar.

Substruktionen

Die Substruktionen des Kolosseums wurden erst unter Vespasians jüngerem Sohn Domitian fertiggestellt. Unter der Arena wurden in Käfigen wilde Tiere, Sklaven und Gefangene untergebracht, hier lagerten Waffen, Bühnenbilder und Requisiten. Bei Bedarf konnten Menschen, Tiere und Requisiten in Aufzügen in die Arena gehievt werden.

Die heutige Außenansicht des Kolosseums entspricht nicht der Außenfassade, die die Römer sahen, als sie zu den 100-tägigen Eröffnungsspielen von Kaiser Titus strömten. Es handelt sich hierbei um die weniger dekorative innere Mauer. Die ursprüngliche Außenmauer ist nur noch an wenigen Stellen des Prachtbaus erhalten geblieben.

Die letzten Spiele

Das Kolosseum wurde nahezu 500 Jahre als Kampfarena genutzt. Die letzten Gladiatorenkämpfe fanden 405 n. Chr. statt, die Tierhetzen wurden noch bis 526 n. Chr. durchgeführt. Während dieses langen Zeitraumes wurde das Kolosseum, das wie jedes andere Gebäude in Rom von Bränden, Erdbeben und Verfall betroffen war, mehrfach repariert und restauriert.

Oben: Innenansicht des Kolosseums.

Oben links: Mosaik mit der Darstellung eines Gladiatorenkampfes.

Tierhetzen

In der Arena des Kolosseums fanden verschiedene Vorstellungen und Spektakel statt. Wettkämpfe von Gladiatoren waren ebenso populär wie Hetzjagden *(venationes)*. Dabei wurden wilde Tiere erlegt, die meist aus Afrika importiert waren und bis zu ihrem Einsatz in den Substruktionen untergebracht wurden. Elefanten und Wildkatzen wurden dabei ebenso eingesetzt wie Giraffen, Krokodile, Flusspferde und viele andere Tiere.

Eine besondere Bedeutung bei diesen Tierhetzen spielten die raffinierten Kulissen mit beweglichen Bäumen und Gebäuden, in denen die Jäger ihrer ausgesetzten Beute nachstellen konnten. Für die Stadtbevölkerung Roms stellte die *venatio* eine willkommene Abwechslung dar.

Die sogenannten Jagdthermen in Leptis Magna. Sie verdanken ihren Namen Fresken mit zahlreichen Jagdszenen in ihren Räumen. Man vermutete früher, dass diese Bäder einer Zunft von Jägern gehörten, die das Kolosseum und andere Amphitheater im Römischen Reich mit wilden Tieren belieferte. Heute geht man davon aus, dass es sich um die Privatbäder des Statthalters handelt.

Adoptivkaiser

Nerva

Die auf Domitian folgenden fünf Kaiser zählen zu den bedeutendsten Herrschern des Römischen Reichs. In einer relativ friedlichen und stabilen Ära verhalfen sie der Stadt und dem Reich zu neuer Blüte. Anders als ihre Vorgänger strebten diese Kaiser keine dynastische Herrschaft an, sondern adoptierten den geeignetsten Mann als Nachfolger und Erben.

Schnelle Ernennung

Domitian hatte keinen Thronerben bestimmt, und so ernannte man Marcus Cocceius Nerva umgehend zum Kaiser, um ein politisches Vakuum und die damit verbundene Gefahr von Aufruhr und Gewalt zu vermeiden.

Nerva wurde zwar unter großem Zeitdruck gewählt, dennoch galt er als idealer Kandidat, da er ein populärer Senator und ein respektiertes Mitglied des flavischen Hofes war. Domitian hatte Nerva zwar in den letzten Jahren seiner Regierungszeit auf weniger einflussreiche Posten abgeschoben. Doch für die Anhänger der Flavier stellte seine Ernennung eine große Erleichterung dar, denn sie sicherte ihr Überleben und ihre Interessen.

Nerva war über 60, als er Kaiser wurde, nicht bei bester Gesundheit und hatte keinen männlichen Erben. Er war somit zweifelsohne ein „Notbehelf": Man sah in ihm eine Übergangslösung, um das Imperium so lange zusammenzuhalten, bis ein passender Kandidat gefunden war.

Nerva sorgt für Stabilität

Vorbild für Nerva war Augustus. Er verhängte über Domitian und sein Erbe die *damnatio memoriae*: Statuen des Domitian wurden beseitigt, sein Name auf Inschriften getilgt, seine Gesetze widerrufen, politische Gefangene begnadigt und die Steuern für Juden gesenkt. Überdies war oberstes Ziel Nervas, den öffentlichen Haushalt mit legalen Mitteln zu konsolidieren. Er schränkte die öffentlichen Ausgaben ein, reduzierte die Anzahl von öffentlich geförderten Spielen und Baumaßnahmen. Nervas Herrschaft sorgte für innere Stabilität, was ihn in Rom, aber nicht unbedingt beim Heer beliebt machte. Auf Druck des Militärs wählte Nerva schließlich einen Nachfolger mit militärischem Hintergrund: Trajan. Er sollte der erste römische Kaiser sein, der nicht aus Italien stammte.

***Oben:** Theater in Emerita Augusta, Spanien, das heutige Mérida. Der aus Spanien stammende Trajan war der erste nicht in Italien geborene Kaiser.*

***Oben links:** Bernsteinring mit Frauenkopf aus trajanischer Zeit.*

Trajan

Marcus Ulpius Traianus wurde in Italica (Sevilla) in der römischen Provinz Hispania geboren. Sein Vater war bereits unter Nero in den römischen Senat gelangt, und seine Familie konnte auf einige erfolgreiche Feldherren verweisen, was ihm große Sympathien bei Prätorianern und dem Militär eintrug. So wurde Trajan der erste römische Kaiser, der nicht aus Italien stammte.

Trajans Vater war Statthalter in der römischen Provinz Syria gewesen, und Trajan selbst hatte einige Erfolge während Domitians Krieg gegen die Daker vorzuweisen. 91 n. Chr. wurde er zum ersten Mal Konsul, 96 wurde er Statthalter von Germania superior und entging so der Terrorherrschaft Domitians in Rom.

Mitregent von Nerva

Nerva ernannte Trajan noch zu Lebzeiten als Mitregenten und sorgte so für einen reibungslosen Übergang der Macht. Als Nerva Anfang 98 starb, bereitete Trajan gerade einen neuen Feldzug gegen die Daker vor. Er kehrte daher nicht sofort nach Rom zurück, sondern beendete zunächst seine Kriegsvorbereitungen. Seine Rückkehr nach Rom inszenierte er äußerst wirkungsvoll: Er zog zu Fuß in die Stadt ein und sicherte sich so die Sympathien der einfachen Römer.

Trajans militärische Erfolge

Trajan war militärisch ein überaus erfolgreicher Kaiser; unter seiner Regierung hatte das römische Imperium die größte Ausdehnung. Zwischen 101 und 106 setzte er den bereits unter Domitian begonnenen Krieg gegen die Daker fort. Domitian war nie ein entscheidender Sieg gegen die Daker gelungen, doch Trajan schaffte es nun, das thrakische Volk zu besiegen und Dakien als römische Provinz in das Imperium einzugliedern. Im darauffolgenden Jahr starb der König des nabatäischen Vasallenstaats. Trajan konnte das Gebiet als Provinz Arabia dem Reich einverleiben, sodass sich das Reich weiter vergrößerte.

Im Anschluss an diese neuen Eroberungen kehrte Trajan 107 nach Rom zurück und widmete sich dort die nächsten sieben Jahre verstärkt zivilen Aufgaben: Er leitete eine Reihe von Baumaßnahmen ein und realisierte ein großes Straßen- und Brückenbauprogramm.

Ruinen auf dem Forum. Trajan erbaute ein neues Forum in Rom. Zu diesem Trajansforum gehörte neben einem Ladenzentrum auch die Trajanssäule, ein Monument, das seine Siege in Dakien feierte.

Römisches Spanien

Die unmittelbare Präsenz der Römer auf der Iberischen Halbinsel begann 218 v. Chr., als im 2. Punischen Krieg römische Truppen dorthin entsandt wurden, um die in Spanien siedelnden Karthager zu vertreiben. Bis 206 konnten die Römer in Spanien große Gebiete erobern und die von den Karthagern geräumten Regionen übernehmen. Doch die Eroberung der gesamten Halbinsel dauerte noch fast zwei Jahrhunderte, bis unter Augustus alle Stämme und Regionen befriedet waren.

Bronzemünze mit dem Stadttor von Emerita Augusta, dem heutigen Mérida in Spanien.

Opposition

Nach dem Sieg über Antonius und Kleopatra schickte Augustus Marcus Vispanius Agrippa 29 v. Chr. nach Spanien, um alle aufständischen Stämme zu unterwerfen. Eine führende Rolle bei diesen Aufständen spielten die im Norden Spaniens ansässigen Kantabrer. Die erfahrenen kantabrischen Krieger widersetzten sich zehn Jahre lang den Römern, die dort große Truppenkontingente zusammenziehen mussten. Um einen raschen Sieg zu erzwingen, schaltete sich Augustus sogar selbst in den Krieg ein, allerdings vergebens. Die Kantabrer wurden erst 19 v. Chr. geschlagen; anschließend geriet die gesamte Halbinsel unter römische Vorherrschaft. Einige Zeit gab es zwar noch Widerstand, doch war er gering, denn die Römer hatten viele kantabrische Männer getötet und die übrigen in den Freitod getrieben.

Besatzungspolitik

Schon vor der Befriedung der gesamten Halbinsel wurde Hispania in zwei Provinzen aufgeteilt: Hispania ulterior im Süden und Westen sowie Hispania citerior im Norden und Osten. Augustus unterteilte Hispania ulterior zusätzlich in die Provinzen Baetica im Süden und Lusitania an der Atlantikküste, die zu großen Teilen das Gebiet des heutigen Portugal umfassen. Hispania citerior blieb bestehen, wurde aber von Augustus in Tarraconensis umbenannt.

Wirtschaftsbeziehungen

Die wichtigsten Wirtschaftszweige der Provinz Hispania waren die Landwirtschaft und der Bergbau. Zunächst bezog Rom von dort vor allem Olivenöl, das zum Kochen, Reinigen und als Brennmaterial für Lampen verwendet wurde. In der Kaiserzeit löste dann Nordafrika die spanischen Provinzen als Öllieferant ab. Außerdem lieferte Spanien Fischsoße und Wein, zwei begehrte Genussmittel, die aber auch in Italien in großem Stil produziert wurden. Am stärksten waren die Römer jedoch an den Metallvorkommen Spaniens interessiert: Man förderte dort Zinn, Silber, Eisen, Blei, Kupfer und sogar Gold.

Römisches Aquädukt bei Nerja in Andalusien, Spanien.

Politische Beiträge

Von der Iberischen Halbinsel gingen einige entscheidende Impulse für die Entwicklung des Imperiums aus. Aus der Provinz Hispania kamen bedeutende Persönlichkeiten der Politik wie die römischen Kaiser Trajan und Hadrian, die beide dort geboren worden waren. Galba, der 69 n. Chr. für kurze Zeit Kaiser war, begann seinen Aufstand gegen Nero von Hispania aus. Doch schon zu einem früheren Zeitpunkt waren von der Provinz Unruhen ausgegangen. 83 v. Chr. hatte sich der dortige Statthalter Quintus Sertorius von Rom losgesagt und über ein Jahrzehnt lang in Hispania geherrscht. Sertorius, ein Anhänger des Marius und der Popularen, stand in Opposition zu Sulla und den Optimaten, die in Rom an der Macht waren. Er verbündete sich mit der lokalen Aristokratie und errichtete ein von Rom unabhängiges Regime, mit dem er Hispania ulterior und große Teile von Hispania citerior kontrollierte.

Schlachtfeld für Pompeius und Caesar

Die Optimaten beauftragten Pompeius mit der Niederschlagung der Rebellion, doch er konnte Hispania nur mühsam wieder unter römische Herrschaft bringen. Der Aufstand brach erst 72 v. Chr. zusammen; Sertorius' Truppen waren durch den jahrelangen Krieg erschöpft, und seine lokalen Verbündeten erwiesen sich als unzuverlässig.

Die Halbinsel gelangte wieder unter die Kontrolle Roms, allerdings musste Pompeius dort große Truppenkontingente stationieren. Ein Grund, weshalb hier später die Armeen von Julius Caesar und Pompeius aufeinandertrafen. Caesars letzte Schlacht gegen die Anhänger Pompeius' fand 45 v. Chr. in Munda (Montilla) in Hispania statt.

Spanische Städte

Bereits in vorrömischer Zeit gab es in Spanien eine Reihe von bedeutenden Ortschaften, die unter den Römern ausgebaut wurden. Gades (Cádiz) zum Beispiel war der wichtigste Stützpunkt Hannibals, ebenso zeugt der Name der Stadt Carthago Nova (Cartagena) von punischen Wurzeln.

Kolonnaden des römischen Theaters in Mérida, Spanien.

Rom förderte auch die Entwicklung anderer Städte, wie etwa von Tarraco (Tarragona), der an der Mündung des Ebro gelegenen Provinzhauptstadt von Tarraconensis. Doch obwohl die Ansiedlung schon vor der Ankunft der Römer existierte, erlebte sie erst in der Folgezeit einen bedeutenden Aufschwung. Die Römer bauten in der Stadt ein Amphitheater, ein Aquädukt und sogar einen Zirkus für Wagenrennen.

Neue Ansiedlungen

Aquädukt der spanischen Stadt Cáceres.

Während Tarraco von den Römern ausgebaut wurde, war Italica bei Hispalis (Sevilla) eine römische Neugründung. Scipio Africanus legte 206 v. Chr. den Grundstein für die Kolonie, um dort Soldaten anzusiedeln, die mit ihm auf der Halbinsel gegen die Punier gekämpft hatten.

Italica stand lange im Schatten von Hispalis, bis ihre beiden berühmtesten Söhne, die Kaiser Trajan und Hadrian, die Stadt durch umfangreiche Investitionen förderten. Vor allem Hadrian stiftete viele neue Bauten in seiner Heimatstadt. So erhielt Italica ein Amphitheater mit 25 000 Plätzen; damit fanden hier halb so viele Zuschauer Platz wie im Kolosseum, obwohl die Stadt nur einen Bruchteil der Bevölkerung Roms hatte.

Trajansforum

Trajan ließ in Rom ein neues großes Forum errichten, das mit den Trajansmärkten auch ein attraktives Ladenzentrum besaß. Den Mittelpunkt bildete die berühmte, fast 40 Meter hohe Trajanssäule, die an seine Siege in Dakien erinnerte. Darüber hinaus veranlasste er in Rom den Bau eines neuen Aquädukts und öffentlicher Bäder. Zur besseren Versorgung Roms mit Getreide wurde in Ostia ein neuer Hafen angelegt. Seine Amtszeit war sehr erfolgreich. Er regierte im Einvernehmen mit dem Senat, hatte erstklassige Verwaltungsbeamte und gestand Frauen im öffentlichen Leben eine wichtige Rolle zu.

Gebäuderuinen in der Hafenstadt Ostia. Trajan veranlasste den Bau eines neuen Hafens, um die Getreideversorgung Roms zu verbessern.

Zurück zum Soldatenleben

Nach sieben Jahren in Rom zog Trajan wieder in den Krieg. 113 n. Chr. entbrannte ein dynastischer Streit in Armenien, der ihm den Vorwand lieferte, im Partherreich, Roms langjährigem Rivalen im Orient, einzumarschieren. Trajans Feldzug war erfolgreich: Seine Truppen überrannten die Parther, besetzten die Hauptstadt Ktesiphon und erklärten Mesopotamien zur römischen Provinz.

Durch die Eingliederung Mesopotamiens erreichte das Imperium Romanum seine größte Ausdehnung: Es erstreckte sich nun vom Atlantik bis zum Persischen Golf.

Trajan genoss als Feldherr großes Ansehen, und man sagte, wäre er nicht schon so alt gewesen, er wäre auf den Spuren Alexanders des Großen bis nach Persien vorgedrungen.

Beliebt beim Volk

Trajan war einer der bedeutendsten römischen Kaiser und bereits zu Lebzeiten außergewöhnlich beliebt, denn es gelang ihm, ruhmreiche Siege zu erringen, ohne dabei das Leben der einfachen Römer zu stark zu belasten.

Detail der Reliefs an der Trajanssäule.

Hadrian

Als Trajan 117 n. Chr. starb, wurde Publius Aelius Hadrianus (Hadrian) zu seinem Nachfolger ernannt. Offiziell hieß es, dass Trajan Hadrian auf dem Sterbebett adoptiert habe, doch es gab auch Stimmen, die von Betrug sprachen.

Debatten im Senat

Manche behaupteten, Trajans Gattin Plotina habe die Adoption nach Trajans Tod fingiert, um mit Hadrian ihren Wunschkandidaten an die Macht zu bringen. Es kam zu heftigen Debatten im Senat, doch Hadrians Befürworter gewannen. Hadrian wurde Kaiser, während einige seiner Gegner, namentlich vier ehemalige Konsuln, hingerichtet wurden.

Allerdings gibt es auch einige Hinweise, dass Hadrian Trajans Wunschkandidat war. Er hatte ihn als potenziellen Nachfolger aufgebaut, indem er dessen politische Karriere förderte und eine enge Beziehung zu ihm pflegte.

Münze mit dem Porträt des Kaisers Hadrian.

Konsolidierung der Grenzen

Hadrians Reichspolitik unterschied sich grundlegend von der seines Vorgängers. Trajan hatte auf Expansion gesetzt, während Hadrian sich nun um die Verteidigung und Konsolidierung der Grenzen bemühte. Die von Trajan gezogenen neuen Grenzlinien ließen sich nicht halten, und so wurden bald einige der territorialen Zugewinne Trajans aufgegeben. Hadrian zog Truppen aus dem Orient ab, Mesopotamien übergab man Klientelkönigen, und der Vormarsch in Britannien, Germanien und Nordafrika wurde eingestellt. Das Reich sollte auf eine gut kontrollierbare Größe und leichter zu verteidigende Grenzen beschränkt werden.

Verbündete

Diese defensive Politik trug Hadrian nicht unbedingt die Sympathien des Militärs ein. Auch der Senat stand ihm ablehnend gegenüber: Die Hinrichtung von vier ehemaligen, beliebten Konsuln bei seinem Machtantritt hatte ihm die Gegnerschaft vieler Senatoren eingebracht. Hadrian sah sich so gezwungen, die Unterstützung der einfachen Römer zu gewinnen. Ein allgemeiner Schuldenerlass war eine Geste, mit der er die Sympathie vieler Römer gewann. Große Beliebtheit erlangte er überdies durch die Förderung von Kunst und Kultur und durch die Stiftung zahlreicher öffentlicher Bauten im ganzen Reich.

Ruinen der Hadriansvilla, die sich der Kaiser als Rückzugsort bei Tivoli, einen Tagesmarsch von Rom entfernt, bauen ließ.

Hadrians Reisen

Während seiner Regierungszeit reiste Hadrian in fast jeden Winkel seines Imperiums und kümmerte sich dort um die Angelegenheiten der einzelnen Provinzen.

Seine erste Reise begann 121 n. Chr. und dauerte vier Jahre. Er besuchte dabei die Provinzen Britannia, Hispania und Mauretania im Westen und Galatia, Asia und Syria im Osten. In Britannien ordnete der Kaiser 122 persönlich den Bau des 120 Kilometer langen Grenzwalls an, der seinen Namen trägt.

Die zweite Reise führte Hadrian 128 nach Nordafrika. Seine letzte Reise von 128 bis 132 galt ausschließlich dem Osten des Imperiums. Als ausgesprochener Bewunderer der griechischen Kultur hielt er sich lange in Griechenland auf. Sein Philhellenismus regte im gesamten Römischen Reich eine neue klassizistische Welle an. Hadrian bedachte Athen mit Geschenken und finanzierte dort zahlreiche öffentliche Bauten.

Tod des Geliebten

Hadrians Geliebter Antinous begleitete den Kaiser auf vielen seiner Reisen. 130 kam es in Ägypten zu einer Katastrophe, als Antinous beim Schwimmen im Nil ertrank. Hadrian war schwer getroffen. Er ließ Antinous vergöttlichen und überall im Reich Statuen von ihm aufstellen. Im zu Ehren wurde sogar eine Stadt in Ägypten, Antinopolis, gegründet.

Zweiter jüdischer Aufstand

Bevor Hadrian 130 nach Ägypten reiste, besuchte er die Provinz Judäa und traf dort Entscheidungen, die weitreichende Auswirkungen haben sollten.

Zunächst zeigte sich Hadrian verhältnismäßig tolerant gegenüber den Juden. Er hatte große Pläne zum Wiederaufbau Jerusalems, das 70 n. Chr. von römischen Truppen nach einer Rebellion zerstört worden war. Als bekannt wurde, dass die Stadt in Aelia Capitolina umbenannt und am alten Standort des jüdischen Tempels ein Jupitertempel entstehen sollte, lösten diese Entscheidungen bei der jüdischen Bevölkerung Empörung aus.

Unter der Führung von Simon Bar Kochba brach 132 eine Revolte aus. Die anfangs erfolgreichen Rebellen konnten dem massiven römischen Gegenschlag auf Dauer nicht standhalten und mussten 135 kapitulieren. Hadrian sah nun im Judentum eine permanente Gefahr, die er ausschalten wollte. Die Überlebenden wurden in die Sklaverei oder das Exil gezwungen. Judäa wurde romanisiert, und die Juden blieben über 1800 Jahre ohne Heimatland.

Oben: Eingang zum Areal der Hadriansvilla bei Tivoli, 30 Kilometer nordöstlich von Rom.

Rechts: Porträt des Antinous, des Geliebten Hadrians, der im Nil ertrank. Nach seinem Tod wurde Antinous vergöttlicht.

Hadriansvilla

118 n. Chr. begannen die Arbeiten zu der Hadriansvilla, die dem Kaiser als persönlicher Wohnsitz dienen sollte. Hadrian hielt sich nicht gern im Kaiserpalast auf dem Palatin auf und wollte sich einen Rückzugsort außerhalb der Stadt schaffen. Die Villa Adriana lag bei Tibur (Tivoli), rund 30 Kilometer von Rom entfernt.

Bald verbrachte er mehr Zeit in seiner Villa bei Tivoli als in Rom, bis er schließlich das Imperium ganz von dort regierte. Ein Hofstaat, der durch einen Kurierdienst direkt mit Rom verbunden war, folgte ihm. Der weitläufige Villenkomplex war fast wie eine kleine Stadt; es gab Theater, Bibliotheken, Badehäuser, Schwimmbäder und ein Krankenhaus.

Karyatiden säumen das Wasserbassin des Canopus, der nach einem Kanal in Ägypten benannt worden war.

Lage

Der Standort war sorgfältig ausgewählt: Er lag auf einem Hügel und wurde von zwei Armen des Aniene umschlossen. Dieser Fluss mündete in den Tiber, sodass ein guter Transportweg zwischen der Villa und Rom bestand. Die nach Rom führenden Aquädukte versorgten die vielen Bäder der Villa ausreichend mit Wasser. Steinbrüche in der Nähe lieferten das benötigte Baumaterial, unter anderem Travertin, Kalkstein, Puzzolane und Tuff.

Der Bau des Villenkomplexes erfolgte von 118 bis 138 n. Chr., vermutlich in zwei unterschiedlichen Phasen. Die Anlage ist nach fünf Fluchtlinien ausgerichet, die sich, ganz ungewöhnlich für die sonst streng geometrischen Planungsmuster der Römer, nach den natürlichen Gegebenheiten des Terrains richteten.

Blick auf den Euripus, einen Halbkreis aus Säulen und Statuen, der den Canopus an einem Ende abschließt.

Inspiriert durch Reisen

Auf einem Areal von mindestens 100 Hektar standen über 30 Einzelgebäude mit ganz unterschiedlichen Architekturformen, die alle von Hadrians Reisen inspiriert waren. Der Kaiser war an den Entwürfen der Bauten beteiligt. Oft ließ er sich bei der Gestaltung von Bauwerken und Gärten durch bestimmte Orte und Gebäude, die er auf Reisen gesehen hatte, anregen.

Die von verschiedensten Architekturstilen und Bauten beeinflussten Entwürfe wurden in der typisch römischen Bauweise des *opus mixtum* umgesetzt, das Zement, Tuffblöcke und Ziegelsteine kombinierte. Die Ziegelsteine trugen häufig Stempel mit den Namen der im Produktionsjahr in Rom amtierenden Konsuln, was den Archäologen eine genaue Datierung einzelner Bauten ermöglicht.

Der Kaiserpalast wurde auf den Fundamenten einer älteren, aus dem 1. Jahrhundert v. Chr. stammenden Villa erbaut. Sie bildeten den Kern der gesamten Residenz; die Kryptoportikus mit den aufwendigen Mosaikdekorationen hat sich bis heute erhalten.

Theatermaske, Mosaik aus der Hadriansvilla.

Wichtige Gestaltungselemente

In unmittelbarer Nachbarschaft befindet sich das Teatro Marittimo, das nach seinen maritimen Dekorationsmotiven benannt ist. Hier liegt, umschlossen von einem ringförmigen Kanal, eine Insel mit einem kleinen römischen Haus, das unter anderem über ein Bad und ein Atrium verfügt. Vermutlich nutzte der Kaiser dieses sehr früh errichtete Haus als persönliches Refugium.

Das Pecile ist ein großer, von vier Wandelhallen umrahmter Hof (232 x 97 Meter) mit einem Wasserbassin (106 x 26 Meter) in der Mitte. Die nördliche Portikus könnte als *porticus miliaria* gedient haben, die auf die von Ärzten empfohlene Strecke eines Gesundheitsspaziergangs *(ambulatio)* abgestimmt war. Einer der besterhaltenen Bauten ist der Canopus, ein von Säulen gerahmter lang gestreckter Kanal, der an den Kanal zwischen Alexandria und Canopus erinnern sollte.

Die Residenz hatte drei Thermenanlagen, wobei die kleinen Thermen die luxuriösesten Räume der Villa darstellen. Ihre aufwendige Architektur und die reichen Marmordekorationen legen die Vermutung nahe, dass sie vom Kaiser genutzt wurden.

Das Teatro Marittimo war eine kleine von einem Wassergraben umgebene Villa. Zu Hadrians Zeiten war die Villa nur über eine einziehbare Holzbrücke zu betreten, was den Bau schwer zugänglich machte und eine ungestörte Rückzugsmöglichkeit bot.

Unter der Villa befindet sich ein Labyrinth von Tunneln, die von Bediensteten und zum Warentransport benutzt wurden, während die anderen Bewohner die oberirdischen Straßen benutzten.

Nach Hadrians Tod 138 nutzten seine Nachfolger Antoninus Pius und Mark Aurel die Residenz weiter. Wandgemälde aus dem 3. Jahrhundert belegen, dass die Villa auch in severischer bewohnt war. Konstantin I. ließ später viele wertvolle Objekte aus der Villa nach Konstantinopel transportieren. Die Anlage zerfiel und wurde als günstige Quelle für Marmor und andere Baumaterialien, die man für neue Bauvorhaben verwendete, genutzt.

Rekonstruktion einer Säulenstellung.

Entdeckung und Dezimierung

Pietro Ligorio und andere Humanisten begannen im 16. Jahrhundert, die Villa auszugraben, die bereits damals als Hadrians Residenz identifiziert wurde. Der bekannte Architekt entdeckte dabei die Springbrunnen und das Nymphaeum mit seinen Statuen und den Schmuckelementen.

Doch die frühe Entdeckung führte auch unmittelbar zu schweren Schäden an der Villa. Im 17. und 18. Jahrhundert wurde das Areal aufgeteilt, und die neuen Eigentümer entfernten viele der Wertobjekte, wie Statuen und Mosaiken. Sie wurden über ganz Europa verstreut, viele landeten in den päpstlichen Museen, wo sie heute zu besichtigen sind.

Systematische Grabungen wurden erst nach der politischen Einigung Italiens Ende des 19. Jahrhunderts durchgeführt. Die Stätte wurde unter Denkmalschutz gestellt, und Pietro Rosa machte sich an die wissenschaftliche Erforschung der Residenz. Wissenschaftler aus Italien und dem Ausland führten nach seinem Tod die Arbeiten weiter. Heute gehört die Hadriansvilla zum Weltkulturerbe der UNESCO und gilt als eine der eindrucksvollsten römischen Grabungsstätten, die einen guten Einblick in die Interessen und den Lebensstil Hadrians eröffnet.

Blick über den Canopus auf das Serapeum mit seiner hemisphärischen Kuppel, deren Inneres mit Glasmosaiken dekoriert war.

Kunst

Die frühe römische Kunst wurde zunächst von der etruskischen und später der griechischen Kultur beeinflusst. Als Syrakus auf Sizilien 210 v. Chr. an die Römer fiel, wurden viele Kunstwerke, insbesondere Skulpturen, als Beute nach Rom gebracht. Das Sammeln von griechischen Kunstwerken kam in Mode. Später arbeiteten auch griechische Künstler in Rom und fertigten Kunstwerke im klassischen Stil an.

Büste des Kaisers Caracalla. Der energische Gesichtsausdruck symbolisiert Willenskraft und Stärke.

Römischer Realismus

Die Porträtplastik der späten Republik war stark von der hellenistischen Kunst beeinflusst. Man bevorzugte vermeintlich realistische Abbilder. Während man in diesen Porträts früher lebensnahe Bilder der dargestellten Personen sah, weiß man heute, dass diese Bildnisse bestimmten allgemeinen Werten und Idealen folgten und keine realistischen Abbilder der porträtierten Personen sind.

Porträts fanden sowohl im öffentlichen wie auch im privaten Raum Verwendung. Überlebensgroße Figuren, bei denen es sich in der Regel um Gottheiten oder Herrscher handelt, wurden an prominenten Stellen in allen Städten des Reichs aufgestellt. Ehrenmonumente und Tempel waren mit Reliefs geschmückt. Ein Beispiel dafür ist die Trajanssäule auf dem Trajansforum in Rom.

Die meisten römischen Skulpturen wurden aus Marmor oder Bronze gefertigt, doch auch weniger kostbare Materialien wie Terracotta wurden verarbeitet und dann bemalt.

Wandmalerei

Heute weiß man wenig über die Malerei in römischer Zeit, obwohl sie einst eine wichtige Kunstgattung war. Doch Gemälde haben sich nur unter besonderen Umständen erhalten, wie beispielsweise in Pompeji und Herculaneum, wo die Häuser beim Vesuvausbruch 79 n. Chr. unter meterdicken Ascheschichten begraben wurden. Hier sind an den Wänden von Gebäuden noch zahlreiche Wandgemälde zu sehen.

Ein außergewöhnliches Beispiel für die pompejanische Wandmalerei befindet sich in der Mysterienvilla in Pompeji. Das 17 Meter lange Fresko zieht sich über vier Wände eines Raums und zeigt ein dionysisches Initiationsritual mit lebensgroßen Figuren.

Das römische Interesse für Natur und Alltagsleben drückt sich in der Landschafts- und Porträtmalerei aus. Die Künstler beherrschten die perspektivische Darstellung und schufen auf Wänden die Illusion von Fenstern, die den Blick auf Gärten freigaben. Da die Farbe direkt auf den feuchten Putz aufgetragen wurde, haben sich die Details und Farben vieler freigelegter Wandgemälde gut erhalten.

Sarkophagdeckel mit einer ruhenden Figur aus Ostia.

Mosaiken

Im Gegensatz zu Gemälden sind Mosaiken aus beständigerem Material geschaffen worden, sodass sich Beispiele im gesamten Gebiet des ehemaligen Römischen Reichs finden. Die Mosaiktechnik übernahmen die Römer von den Griechen. Zunächst wurden die Mosaikböden nur in Schwarz-Weiß ausgeführt, erst später kam Farbe ins Spiel. Traditionell waren Mosaiken eine Bodenverzierung, bei der kleine farbige Stein- oder Glaswürfel *(tesserae)* in ein Mörtelbett gedrückt wurden. Doch konnten sie auch als Wandverzierung eingesetzt werden, wie Beispiele in Pompeji und Herculaneum zeigen.

Musik

Auch wenn keine Aufzeichnungen von römischer Musik existierten, vermitteln schriftliche Quellen und Bilddokumente einen Eindruck von ihr. Neben etruskischer hatte auch griechische Musik großen Einfluss auf die römische Tonkunst. Musik wurde bei vielen Gelegenheiten gespielt: bei privaten oder öffentlichen Anlässen, Beerdigungen, religiösen Zeremonien und Gladiatorenspielen.

Die Römer benutzten Saiteninstrumente wie Lyra, Laute und Kithara und Blasinstrumente mit Rohrblättern. Der *aulos*, ein Doppelblattinstrument, klang ähnlich wie eine Klarinette. Verbreitet war auch eine Art Dudelsack, der *ascaules*. Daneben gab es Trommeln, Zimbeln und Kastagnetten.

Literatur

Seit frühester Zeit wurden zahlreiche literarische Werke in Form von Gedichten, Romanen, Theaterstücken sowie historische und andere wissenschaftliche Abhandlungen verfasst. Eine Reihe von Werken hat sich bis heute erhalten, da die lateinische Sprache über viele Jahrhunderte die Schriftsprache Westeuropas war.

Theatermaske, Wandmalerei.

Die Komödien des Plautus und Terenz stehen beispielhaft für die frühe lateinische Literatur bis zum 1. Jahrhundert v. Chr. Aus der spätrepublikanischen und frühen Kaiserzeit haben sich die Werke von Dichtern wie Vergil, Ovid, Juvenal und Petronius oder die Bücher des Historikers Livius erhalten, ebenso die Berichte Julius Caesars oder die Abhandlungen von Plinius dem Älteren und Plinius dem Jüngeren.

Das Theater in Ostia: Die meisten Theaterstücke wurden in halbkreisförmigen Theatern aufgeführt. In den runden oder ovalen Amphitheatern veranstaltete man Gladiatorenwettkämpfe, Tierhetzen und andere große Spektakel.

Antoninus

Auch die auf Trajan und Hadrian folgenden Adoptivkaiser übten wie ihre Vorgänger eine ausgeglichene Herrschaft aus. Diese Abfolge der „guten Kaiser“ sollte aber mit dem Machtantritt des Commodus enden. Er verfiel einem launenhaften Größenwahn und bedrohte damit die innere Stabilität des Reichs.

Hadrians Tod

Um einen problematischen Machtwechsel nach seinem Tod zu vermeiden, adoptierte Hadrian 137 n. Chr. den nur zehn Jahre jüngeren Titus Aurelius Fulvus Boionius Antoninus. Somit stand sein Nachfolger fest.

Antoninus entstammte einer Familie von Konsuln und war daher ein für alle Parteien akzeptabler Kandidat. Dies sicherte den Frieden und die Stabilität im Reich. Als Hadrian 138 in seiner Villa in Tivoli starb, wurde Antoninus sein Nachfolger als Kaiser.

Eigentlich wollte der Senat Hadrian nicht vergöttlichen, doch Antoninus bestand darauf und leitete selbst die Bestattung seines Adoptivvaters. Für diese respektvolle Ehrung Hadrians erhielt Antoninus den Beinamen „Pius“, dem er auch als Kaiser gerecht wurde. Hadrian wurde in einem großen Mausoleum beigesetzt, das bis heute erhalten und als Engelsburg (Castel Sant’ Angelo) bekannt ist.

Stabilität als politisches Ziel

Als Antoninus Kaiser wurde, war er bereits über 50 Jahre alt. Niemand erwartete eine lange Amtszeit, doch schließlich regierte er 23 Jahre lang.

Anders als seine Vorgänger war Antoninus keine extrovertierte Persönlichkeit, sondern bescheiden und zurückhaltend. Entsprechend war sein Regierungsstil. Er war kaum umstritten und machte sich nur wenige Feinde.

Sein wichtigstes Anliegen war die Wahrung der Stabilität, das wichtigste Mittel dazu war eine Politik ausgeglichener Finanzen. Antoninus führte eine Reihe von Sparmaßnahmen durch und reduzierte die Ausgaben für öffentlichen Luxus und Bauprojekte.

Weniger zurückhaltend zeigte sich Antoninus dagegen in der Außenpolitik. Er stieß im Norden Britanniens über den Hadrianswall hinaus und errichtet 160 Kilometer von der alten Grenze entfernt einen zweiten Grenzwall. Der sogenannte Antoninuswall reichte vom Firth of Forth bis zum Firth of Clyde.

Oben: Eine Inschrift, vermutlich aus antoninischer Zeit, in den Ruinen von Sabratha gefunden, einer der drei Städte der antiken Landschaft Tripolis. Im Text werden Nerva, Trajan und Hadrian, die drei Vorgänger von Antoninus, erwähnt.

Büste des Antoninus Pius.

Mark Aurel

Hadrian legte bereits bei der Adoption von Antoninus Pius fest, dass dieser den vielversprechenden jungen Mark Aurel adoptieren musste. Antoninus war Mark Aurel bereits als angeheirateter Onkel verwandtschaftlich verbunden.

Mitregent

Nachdem Antoninus Kaiser geworden war, setzte er 146 Mark Aurel als Mitregenten ein. Mark Aurel war an der Regierung beteiligt und konnte so nach dem Tod des Kaisers 161 n. Chr. ohne Verzögerung die Amtsgeschäfte übernehmen. Hadrian hatte aber ebenso festgelegt, dass Antoninus neben Mark Aurel auch Lucius Ceionius Commodus Verus (Lucius Verus) adoptieren musste.

Der Senat hatte sich nach Antoninus' Tod der Ernennung Lucius Verus' als Kaiser widersetzt. Doch Mark Aurel hielt an den Vorgaben von Antoninus und Hadrian fest und überzeugte den Senat, Lucius Verus als Mitregenten zu bestätigen. Um die Beziehung zwischen den beiden Regenten zu festigen, verheiratete Mark Aurel seine Tochter mit Lucius Verus.

Krieg gegen die Parther

Schon bald wurden die beiden Regenten in einen neuen Krieg gegen die Parther verwickelt. Nach Trajans Erfolgen hatte sich Hadrian wieder aus der Region zurückgezogen, und die Parther fielen erneut in Armenien ein. Keiner der beiden Herrscher hatte militärische Erfahrungen, doch schließlich wurde Lucius Verus zum obersten Befehlshaber des Feldzugs ernannt.

Römische Geschichtsschreiber berichten, dass Lucius Verus den Krieg durch Legaten führen ließ, die dann auch die Parther besiegten, sodass die beiden Kaiser ihren ersten militärischen Erfolg verbuchen konnten.

Die zurückkehrende Armee schleppte jedoch die Pest ein, die bis 189 zahlreichen Menschen das Leben kostete. Auch Verus fiel ihr 169, erst 39 Jahre alt, zum Opfer. Mark Aurel wurde zum alleinigen Kaiser und widmete sich im folgenden Jahrzehnt der Befriedung der germanischen Stämme. 177 beschloss er die Rückkehr zur dynastischen Herrschaft und berief seinen Sohn Lucius Aelius Aurelius Commodus zum Mitregenten.

Der Kaiser als Philosoph

Mark Aurel ist heute vor allem durch sein Buch *Selbstbetrachtungen* bekannt. Dieses Werk stellt einen wichtigen Beitrag zur Philosophie der Stoa dar, der sich Aurel sein Leben lang verbunden fühlte. Gleichzeitig legte er damit eine aufschlussreiche autobiografische Bilanz vor. Mark Aurel genoss zu seiner Zeit einen guten Ruf und ging in die Geschichte als vorbildlicher Kaiser ein.

Die nach dem Vorbild der Trajanssäule gestaltete Säule des Mark Aurel feiert dessen Triumph über germanische Stämme.

Commodus

Als Mark Aurel 180 n. Chr. in Vindobona (Wien) starb, hatte sein leiblicher Sohn und Nachfolger bereits drei Jahre an der Seite seines Vaters als Mitregent geherrscht.

Größenwahn und Willkür

Mit dem Machtantritt Commudus' endete eine lange Phase der Stabilität. Sehr bald zeigte sich, dass Commodus zum Kaiser nicht geeignet war.

Die Rückkehr zur dynastischen Nachfolgeregelung, wie Mark Aurel sie wieder eingeführt hatte, erwies sich als Fehler. Während mit den fünf Adoptivkaisern seit Trajan stets ein geeigneter und fähiger Mann die Macht im Staat übernahm, hatte Mark Aurel seinem leiblichen Sohn den Vorzug gegeben.

Mark Aurel hatte sich in seinen letzten Lebensjahren der Befriedung der Grenzen an Rhein und Donau gewidmet, doch Commodus zeigte wenig Interesse an diesen Grenzkriegen. Er schloss mit den Markomannen, Quaden und Sarmaten Frieden, um rasch nach Rom zurückzukehren. Die Amtsgeschäfte überließ er seinen Prätorianerpräfekten und Günstlingen, und seine Macht stützte er auf das Heer. Er brach mit der senatfreundlichen Politik seines Vaters und ließ sich, da er so von seinen körperlichen Fähigkeiten überzeugt war, als Hercules verehren. Viele Standbilder zeigen ihn mit einem Löwenfell und einer Keule in der Pose des Hercules.

Die römische Öffentlichkeit brüskierte er mit seiner Teilnahme an Gladiatorenkämpfen, die sonst von Sklaven bestritten wurden. Commodus und Mark Aurel wurden oft mit Caligula und dessen Vater Tiberius verglichen, denn mit Commodus war erneut ein größenwahnsinniger Sohn auf den beliebten Vater gefolgt. Das unberechenbare Verhalten Commodus' führte 192 schließlich zu seiner Ermordung. Seine Herrschaft hatte das Ende der Pax Romana eingeläutet, einer 200-jährigen Phase relativen Friedens und Wohlstands.

Oben: Korinthisches Kapitell in den Thermen des Antoninus Pius, Karthago. Antoninus hatte nach einem Großbrand den Wiederaufbau der Stadt veranlasst.

Porträtbüste des Commodus.

Bildung und Kultur

Zu Beginn der Republik wurden die meisten Kinder zu Hause von ihren Eltern erzogen und ausgebildet. Bis zum Alter von sieben Jahren war die Erziehung Aufgabe der Mutter, dann übernahm bei Söhnen der Vater die Ausbildung, um Töchter kümmerte sich weiterhin die Mutter. Ein Vater brachte seinem Sohn alles bei, was für das tägliche Leben in der römischen Gesellschaft wichtig war. So konnte der Sohn eines Patrons schon früh zusammen mit dem Vater Klienten empfangen, um auf seine künftige Rolle vorbereitet zu werden. Während Jungen in vielfältigen Bereichen unterrichtet wurden, lernten Mädchen in der Regel nur Haushaltstätigkeiten, die sie als verheiratete Frau beherrschen mussten.

Griechische Schulen

Nach der Eroberung Griechenlands erhielten viele römische Kinder eine Bildung nach griechischem Vorbild; man schickte sie dazu in Schulen.

Im Alter von sieben bis zwölf Jahren besuchten sie eine Elementarschule *(ludus)*, wo sie von einem griechischen Lehrer, häufig einem Sklaven, unterrichtet wurden. Der Alphabetisierungsgrad lag im antiken Rom verhältnismäßig hoch, was darauf hindeutet, dass ein großer Teil der Bevölkerung eine elementare Schulbildung hatte, auch wenn diese kostenpflichtig war.

Die Klassen waren vermutlich sehr groß, um die Kosten möglichst niedrig zu halten und auch einfachen Römern den Schulbesuch zu ermöglichen.

Reich und arm

Die Kinder der ärmsten Römer gingen nicht zur Schule, denn diese Familien konnten es sich nicht leisten, die Kinder in eine kostenpflichtige Schule zu schicken. Diese Kinder trugen meist schon sehr früh zum Lebensunterhalt der Familien bei.

Reichere Familien zogen es dagegen oft vor, ihre Kinder nicht in der Schule, sondern zu Hause von einem Erzieher *(paedagogus)* unterrichten zu lassen. Diese Hauslehrer waren meist griechische Sklaven. Allerdings waren sie ausschließlich einer Familie verbunden und gehörten wie die anderen Sklaven zu deren Haushalt.

Die Akademie des Platon in Athen, römisches Mosaik. Griechische Philosophen wie Platon übten einen großen Einfluss auf die römische Kultur aus.

Weitere Ausbildung

Im Alter von zwölf Jahren begann für junge Römer nach der Schulzeit üblicherweise das Berufsleben. Söhne aus reichen Familien konnten in eine weiterführende Schule *(grammaticus)* wechseln, wo sie in Latein und Griechisch unterrichtet wurden. Die Schüler studierten die Werke der klassischen Literatur von Homer bis Vergil und lernten sie auswendig. Junge Männer aus wohlhabendem Haus besuchten danach noch eine Rhetorikschule, in der sie für ihre spätere juristische oder politische Karriere ausgebildet wurden.

Töchtern, auch solchen aus reichem Haus, war eine weiterführende Ausbildung untersagt; von ihnen wurde erwartet, dass sie bald heirateten.

Literatur

Wie die Kunst stand auch die römische Literatur unter dem Einfluss des antiken Griechenlands. Gegen Ende des 3. Jahrhunderts v. Chr. begann Plautus, griechische Komödien ins Lateinische zu übertragen. Auch Ennius, der als Vater der lateinischen Poesie gilt, gestaltete seine Werke nach griechischen Vorbildern.

Die späte Republik und die frühe Kaiserzeit gelten als Zeit der römischen Klassik, in der die römische Literatur eine eigene Identität entwickelte, aber immer noch stark von griechischer Literatur geprägt war. Das zentrale Werk dieser Epoche war Vergils Nationalepos *Aeneis*, in der die Legende über die Abstammung der Römer von den Trojanern entwickelt wurde.

Vergil und Horaz

Vergil schrieb zehn Jahre an seinem Monumentalwerk, das er kurz vor seinem Tod 19 v. Chr. fertigstellen, aber nicht mehr überarbeiten konnte. Augustus fand großen Gefallen an der *Aeneis*, denn sie vermittelte die traditionellen Werte, die er schätzte.

Gaius Cilnius Maecenas, ein reicher römischer Privatmann, der mit Augustus befreundet war, förderte weitere aufstrebende Dichter. Vergil stellte ihm Horaz vor, der sich ebenfalls zu einem gefeierten Poeten der augusteischen Zeit entwickelte. Von ihm stammt der berühmte Ausspruch: „Dulce et decorum est pro patria mori" – „Süß und ehrenvoll ist es, für das Vaterland zu sterben."

Junge Frau mit Schreibtafel und Stift, Wandgemälde aus Pompeji. Vermutlich zeigt das Bild Sappho, die berühmte griechische Dichterin, die Ende des 7. Jahrhunderts v. Chr. auf der Insel Lesbos geboren wurde.

Verbannung Ovids

Die Förderung der Kultur durch Maecenas und Augustus trug entscheidend zur Blüte der römischen Literatur in augusteischer Zeit bei, doch nicht alle großen Dichter dieser Zeit fanden die Zustimmung des Kaisers. Ovid wurde von Augustus ins Exil ans Schwarze Meer verbannt. Die genauen Gründe sind unbekannt, doch wird vermutet, dass die freizügigen Liebesgedichte Ovids nicht mit der Betonung familiärer Tugenden in augusteischer Zeit im Einklang standen.

Livius' Geschichte

Die römische Geschichtsschreibung ist bis heute eine wichtige Quelle für die Ereignisse und Entwicklungen in römischer Zeit. Titus Livius, der bekannteste Historiker der augusteischen Zeit, verfasste einen historischen Überblick von der Gründung Roms bis zur Herrschaft Augustus'. Von den ursprünglich 142 Büchern seiner *Ab urbe condita libri* (Geschichte seit Gründung der Stadt Rom) sind nur 35 Bücher erhalten. Tacitus und Sueton setzten im 1. Jahrhundert n. Chr. bis etwa 130 n. Chr. das Werk Livius' fort. In den *Annales* (Annalen) bzw. *De vita Caesarum* (Kaiserbiografien) beschrieben sie Leben und Taten der ersten Kaiser.

Berichte über die Kaiser

Cassius Dio verfasste auf Griechisch seine *Römische Geschichte*, die bei Äneas begann und bis 229 n. Chr. in die Zeit von Kaiser Alexander Severus reichte. Auch wenn sein Werk zur römischen Geschichte weniger detailliert ist als die Schriften von Livius, ist es doch eine wichtige Quelle für die spätrepublikanische Zeit und die Kaiserzeit bis zum Beginn des 3. Jahrhunderts. Weitere bedeutende Geschichtswerke sind die von Caesar verfassten Bücher *De bello Gallico* und *De bello civili*. Hierin beschreibt Caesar seine Sicht des Kriegs in Gallien und den Kampf gegen Pompeius. Ebenso betätigte Kaiser Claudius sich in jungen Jahren als Historiker, doch haben sich seine Werke nicht erhalten.

Darstellung eines philosophierenden Manns, Wandbild.

Schüler mit ihrem Lehrer auf einem Relief aus Neumagen, Mosel. Das Relief befindet sich heute im Landesmuseum in Trier.

Wirtschaft

Die römische Wirtschaft war im Wesentlichen eine Binnenwirtschaft, denn in diesem großen Imperium fanden sich fast alle benötigten Produkte und Industriezweige. Rom verdankte seine Unabhängigkeit den reichen Bodenschätzen und dem weitverzweigten Straßennetz im Reich, besonders aber dem intensiven Einsatz von Sklaven.

Goldring mit Gemme.

Warentransporte

Die Straßen ermöglichten den Warentransport in alle Teile des Reichs. Durch sie waren Händler in Britannien mit Händlern in Ägypten verbunden, doch ein Großteil der Handelsgüter war exklusiv für Rom bestimmt.

Der Transport der Güter über Land war langsam, aber sicher. Pferde, Kamele, Esel oder Menschen beförderten die Waren über große Distanzen. Die an den Handelsrouten liegenden Städte profitierten von den durchziehenden Händlern und Kurieren und gewannen an Bedeutung.

Schwere Güter wurden über die Binnengewässer und das Meer transportiert. Die Handelsrouten über das Meer waren gefährlicher, denn die römische Marine konnte zwar vor Piraten Schutz bieten, nicht aber vor Stürmen, die Handelsschiffe oft in Seenot brachten. Der Tiber war zu schmal für große Lastschiffe, und so mussten die für Rom bestimmten Waren in Ostia, der florierenden Hafenstadt an der Tibermündung, gelöscht werden. Mit kleineren Schiffen transportierte man die Waren den Tiber aufwärts bis nach Rom.

Die Römer griffen nur selten auf Importe zurück. Die meisten Rohmaterialien, Nahrungsmittel und verarbeiteten Produkte kamen aus verschiedenen Teilen des Reichs. Eine Ausnahme stellte Seide dar, die aus China importiert wurde. Die Römer konnten selbst keine Seide produzieren, was dieses Textil zu einem exotischen Luxusprodukt machte. Nur die wohlhabendsten Bürger konnten sich den Stoff leisten.

Seide gelangte zunächst über das Partherreich nach Rom; doch als Trajan das Imperium bis zum Persischen Golf ausdehnte, knüpften die Römer direkte Handelsbeziehungen zu chinesischen Seidehändlern.

Straße in Ostia, dem Hafen Roms. Die großen Frachtschiffe konnten nicht über den schmalen Tiber bis Rom fahren und mussten ihre Ladung in Ostia löschen. Für den Weitertransport nach Rom wurden die Güter auf kleinere Schiffe umgeladen.

Sklavenarbeit

Sklaven waren lebenswichtig für die römische Wirtschaft: Menschenkraft war in einer Zeit, in der es nur wenige Maschinen als Hilfsmittel gab, ein wichtiger Produktionsmotor. Durch Sklavenarbeit konnten die Produktionskosten in allen Wirtschaftsbereichen stark gesenkt werden. In der Regel arbeiteten Sklaven unentgeltlich, doch zahlten ihnen viele Besitzer einen geringen Lohn, der als Anreiz für höhere Leistungen dienen sollte. Dabei waren auch niedrige Beträge verlockend, denn mit ausreichend Geld konnte sich ein Sklave freikaufen.

In der späten Republik und der frühen Kaiserzeit boomte die römische Wirtschaft. Die erfolgreichen Eroberungszüge der Römer sorgten für ständigen Nachschub an neuen Sklaven. Besonders 146 v. Chr., als die Städte Karthago und Korinth zerstört und deren überlebende Einwohner versklavt wurden, gelangten zahlreiche neue Arbeitskräfte nach Rom.

Als im 3. Jahrhundert n. Chr. die römische Expansionspolitik aufgegeben wurde, begann die römische Wirtschaft zu stagnieren, da unter anderem nicht mehr genug Sklaven zur Verfügung standen. Hier wurde die große Bedeutung der Sklavenarbeit offenkundig.

Landwirtschaft

Die Landwirtschaft war die eigentliche Stütze der römischen Wirtschaft. Trauben und Oliven gehörten zu den Hauptprodukten, noch wichtiger war Getreide. In den meisten Gebieten des Reichs baute man Getreide vorwiegend für den eigenen oder lokalen Bedarf an. Die Stadt Rom benötigte allerdings Mengen, die weit über die Kapazitäten ihres Umlands hinausgingen und einen Getreideimport aus Nordafrika erforderlich machten. Diese Getreidelieferungen waren lebensnotwendig für die Stadt. Ein beträchtlicher Teil der Stadtbevölkerung erhielt eine kostenlose Getreidezuteilung, die ihr Überleben sicherte.

Bergbau

Der Bergbau war ein bedeutender Industriezweig. Metall wurde für eine Vielzahl von Produkten, wie Geräte, Waffen, Münzen, Schmuck, Rohre und Ähnliches, benötigt. Die Arbeit im Bergbau, die überwiegend von Sklaven verrichtet wurde, zählte zu den härtesten Tätigkeiten im antiken Rom. Da der Nachschub an Sklaven zunächst nie abriss, machte man sich keine Gedanken über die fürchterlichen Arbeitsbedingungen.

Die Sklaven arbeiteten viele Stunden pro Tag in den kalten, engen und dunklen Minen, die stets von Wassereinbrüchen und Einstürzen bedroht waren. Als im späten Kaiserreich weniger Sklaven zur Verfügung standen, wurden die Arbeitsbedingungen etwas verbessert, um die Lebenserwartung der Arbeiter zu erhöhen und so den Sklavenmangel zu kompensieren.

Die Römer schürften überall im Reich nach verschiedenen Metallen; große Bedeutung hatten die Minen in Spanien, die Blei, Eisen, Zinn, Silber, Kupfer und Gold lieferten. Roms Fertigungsindustrie war nicht sehr stark entwickelt. Wichtige Produkte waren Glas- und Tonwaren, Waffen, Schmuck und Textilien. Eine bedeutende Glasproduktionsstätte war die Colonia Agrippina (Köln).

Die Reste von Las Médulas in Spanien, der wichtigsten Goldmine des römischen Imperiums. Da die damalige Bergbautechnik gewaltige Mengen Wasser zum Wegspülen des Gesteins erforderte, bauten die Römer ein 100 Kilometer langes Kanalsystem. Der Ort zählt heute zum Weltkulturerbe.

Steuersystem

In frührepublikanischer Zeit mussten römische Bürger verhältnismäßig wenig Steuern für ihren Land- und sonstigen Besitz zahlen, selbst in Kriegszeiten. Nach der erfolgreichen Expansionspolitik der republikanischen Zeit wurden alle in Italien lebenden römischen Bürger 167 v. Chr. von direkten Steuern befreit, da diese Last nun Nichtrömer und die Bewohner der besetzten Gebiete tragen mussten.

Bis ins 1. Jahrhundert n. Chr. wurden die römischen Bürger durch einen Zensus (Schätzung) in wirtschaftliche und politische Klassen eingeteilt, der auch der Steuerermittlung diente. In den Provinzen wurden dagegen keine Schätzungen vorgenommen; das Eintreiben der Steuern war dort privatisiert. Steuerpächter, *publicani* genannt, übernahmen diese Aufgabe. Sie entrichteten an den Staat eine festgesetzte Summe an Steuern und trieben diese dann in den Provinzen ein.

Zu Beginn des 1. Jahrhunderts v. Chr. riefen Roms italische Bundesgenossen eine eigene Republik aus: Sie waren im Gegensatz zu ihren römischen Nachbarn steuerpflichtig und besaßen kein Bürgerrecht, obwohl sie für das römische Heer Truppen stellten. Im sogenannten Bundesgenossenkrieg annektierte Rom große Teile Italiens und erließ den meisten Italikern die Steuern. Der Rest des Reichs profitierte nicht von diesen Erleichterungen, obwohl Kaiser Augustus bereits den Einfluss der Steuerpächter einschränkte. Nach einer Verbesserung des Zensus führte Augustus die direkte Besteuerung ein. Die Ausbeutung durch die *publicani* war damit beendet, doch mussten nun alle eine Kopfsteuer in gleicher Höhe zahlen, unabhängig von ihrem Einkommen und Vermögen.

Römische Münzen aus der Zeit Neros.

Säulenfragmente in den Ruinen des Forum Romanum. In den meisten Städten gab es mindestens ein Forum als politischen und ökonomischen Versammlungsort für die Bürger.

Frühe Geldvarianten

In frührepublikanischer Zeit beruhte die römische Wirtschaft auf dem direkten Tausch von Waren und Dienstleistungen, wobei Vieh ein beliebtes Tauschmittel war. Mit der Expansion Roms erwies sich dieses System als unpraktisch, und man entwickelte ein auf Bezahlung basierendes System.

Man tauschte nun Kupferbarren *(aes rude)* für die benötigten Güter und Dienste ein. Das war zwar praktischer als das alte Tauschsystem, hatte aber auch Nachteile. Der Wert des Kupferbarrens bemaß sich nach seinem Gewicht, sodass man für jede Transaktion eine Waage brauchte. Überdies war das System sehr anfällig für Fälschungen.

Münzgeld

Zu Beginn des 3. Jahrhunderts v. Chr. kam Rom mit den Griechen im Süden Italiens in Kontakt. So lernte man das auf Münzen beruhende Währungssystem kennen. Rom übernahm das System und führte in seinem Territorium ebenfalls Münzen ein. Zunächst blieb man bei Kupfer als Material für die römischen Münzen, doch bald ersetzte man diese durch Silbermünzen, die *denarii*. Der Denar bildete über Jahrhunderte die Grundlage der römischen Wirtschaft, wurde jedoch im Laufe der Zeit erheblich abgewertet. Goldmünzen *(aureii)* waren, vor allem in der Republik, weniger verbreitet. Später ließen die Kaiser verstärkt Goldmünzen prägen, um so ihre Kriege zu finanzieren. Augustus hatte aber festgelegt, dass sie nur in Rom hergestellt werden durften.

Inflation

Der Denar verlor mit der Zeit immer mehr an Wert. Daher veranlasste Caracalla 215 n. Chr. eine Währungsreform und führte eine neue Silbermünze ein, die heute als Antoninian bezeichnet wird. Die Währungsreform konnte jedoch die Inflation nicht aufhalten.

In dieser Wirtschaftskrise im 3. Jahrhundert gelang es in rascher Abfolge einer Reihe von Feldherrn mit Unterstützung ihrer Truppen, zum Kaiser ausgerufen zu werden. Um sich die Loyalität ihrer Soldaten zu erkaufen, ließen die Usurpatoren eigene Münzen prägen. Dieses Vorgehen trieb die Inflation weiter an und schaltete vor allem die zentrale Kontrolle des Münzwesens aus. Erst Diokletian gelang es Ende des 3. Jahrhunderts, wieder eine politische Stabilität herzustellen und eine ökonomische Gesundung herbeizuführen. Durch seine Münzreform, die einen höheren Reinheitsgehalt des Metalls vorschrieb, steigerte er den Wert der römischen Münzen. Darüber hinaus legte er in einem Preisedikt Höchstpreise für Lebensmittel und Luxuswaren sowie Maximallöhne für Handwerker und Tagelöhner fest, um so die Währung zu stabilisieren.

Gebälk mit Inschriften in der severischen Basilika in Leptis Magna. Der aus Leptis Magna (Nordafrika) stammende Septimus Severus errichtete während seiner Regierungszeit in seiner Heimatstadt einige imposante Bauwerke.

Septimius Severus und sein Vermächtnis

Septimius Severus

Nach der Willkürherrschaft des Commodus war Rom bald wieder in einen Bürgerkrieg verstrickt. Eine Ruhepause trat mit der stabilen, wenn auch skrupellosen Regierung des Septimius Severus ein. Danach versank Rom auf fünf Jahrzehnte im Chaos.

Nach dem Tod des Commodus wurde Publius Helvius Pertinax zum Kaiser proklamiert. Wie Nerva war er fortgeschrittenen Alters. Um den Staatsetat zu sanieren, reduzierte Pertinax die Zuwendungen an die Truppen. Die Soldaten hielten die Einschnitte für politisch motiviert und ermordeten ihn knapp drei Monate nach seinem Regierungsantritt.

Verkauf des Kaisertitels

Da Pertinax keinen Erben hinterlassen hatte, ergriff die Prätorianergarde die Gelegenheit, den Kaisertitel an den Meistbietenden zu verkaufen. Mit 25 000 Sesterzen war Didius Julianus der Gewinner der Versteigerung; der Senat sah sich gezwungen, den Kaiser anzuerkennen.

Doch es gab auch Widerstand. Drei weitere Kandidaten traten als Bewerber um das Kaiseramt auf den Plan: Pescennius Niger, Statthalter von Syrien, Clodius Albinus, Statthalter von Britannien, und Septimius Severus, Befehlshaber der Truppen in Pannonien.

Von diesen drei Provinzen lag Pannonien Rom am nächsten, und so stellte Severus die größte Bedrohung für Julianus dar. Severus marschierte nach Rom und gewann die Unterstützung der Prätorianergarde und des Senats. Er beendete die zweimonatige Regierung des Julianus, indem er den Befehl zu dessen Ermordung gab, und behauptete sich gegenüber seinen Rivalen Niger und Albinus.

Bürgerkrieg

Zunächst schloss Severus jedoch ein Abkommen mit Albinus, um den Westen des Reichs zu sichern, während er mit Niger im Osten kämpfte. Er verlieh Albinus den Titel ‚Caesar', womit er ihm die Nachfolge zusicherte. Albinus ließ sich daher von seinen Soldaten nicht zum Kaiser proklamieren. Severus hatte so freie Hand, sich mit Niger im Osten auseinanderzusetzen.

Niger wurde schnell besiegt und 194 n. Chr. in der Schlacht von Issus getötet – auf demselben Schlachtfeld, auf dem Alexander der Große im Jahr 333 v. Chr. die Perser geschlagen hatte.

Zahlreiche Soldaten des Niger flohen vor Severus in das benachbarte Partherreich, das jedoch nicht ausreichend Schutz bot. 195 n. Chr. verfolgte Severus die Truppen Nigers und tötete die Überlebenden. Nachdem er die letzten Anhänger Nigers vernichtet hatte, wurde die Provinz Syria, in der zuletzt Niger Statthalter war, zerschlagen und der Osten befriedet.

Im Vertrauen auf seine gesicherte Macht im Osten wandte sich Severus 196 n. Chr. nach Westen. Er brach das ungeschriebene Abkommen, mit dem er Albinius zu seinem

Büste des Kaisers Septimius Severus.

Detail eines Kameenglases (Amphore) mit Eroten.

Nachfolger ernannt hatte, und bestimmte seinen eigenen Sohn zum Thronfolger. Diese Kampfansage blieb nicht unerwidert: Albinus ließ sich während seines Aufenthalts in Britannien zum Imperator proklamieren und übertrat mit seinen Truppen die Grenze nach Gallien, um seinen Marsch auf Rom zu beginnen.

Albinus gelangte allerdings nur bis Lugdunum (Lyon), wo Severus bereits auf ihn wartete. Die Schlacht blieb zunächst lange unentschieden, doch dann wendete sich das Blatt zu Ungunsten Albinus', der schließlich den Freitod wählte. Severus blieb somit als unbestrittener Herrscher zurück.

Skrupelloser Herrscher

Während des Bürgerkriegs galt Severus als grausam und skrupellos – ein Ruf, dem er zeitlebens gerecht wurde. Kurz nach seinem Sieg über Albinus besetzte er das Partherreich und eroberte die Hauptstadt Ktesiphon. Die männliche Bevölkerung wurde niedergemetzelt, Frauen und Kinder in die Sklaverei getrieben und das nördliche Mesopotamien dem römischen Kaiserreich einverleibt. Doch trotz seiner grausamen Militäraktionen genoss Severus in Rom große Popularität, da er wieder für eine stabile staatliche Ordnung sorgte. Er stärkte die Macht des Kaisers, indem er die Prätorianergarde auflöste und sie durch eine persönliche Garde aus seinen eigenen Legionen ersetzte.

Prachtvolle Bauten

Severus war der erste römische Kaiser aus Afrika. Er stammte aus einer romanisierten punischen Familie aus Leptis Magna. Dem berühmten Sohn hatte es die Stadt dann auch zu verdanken, dass sie zu einer führenden Metropole im Kaiserreich wurde. Septimius Severus stiftete in Leptis Magna zahlreiche prachtvolle Bauten.

Doch auch seine neue Heimat Rom vernachlässigte er nicht. Die Errichtung zahlreicher Bauwerke wurde hier durch Septimius Severus veranlasst, so auch sein Triumphbogen am Eingang des Forum Romanum in Erinnerung an seine Siege über die Parther.

Frigidarium der Hadriansthermen in Leptis Magna, Libyen. Leptis Magna war der Geburtsort des Septimius Severus, der die Stadt mit prächtigen Bauten schmückte.

Caracalla

Bevor Caracalla und Geta ihrem Vater Severus auf den Thron folgten, verbrachte Severus die letzten Jahre auf Kriegszügen gegen ‚barbarische' Stämme im Norden Britanniens, wo er 211 n. Chr. starb.

Der antoninische Wall war aufgegeben worden, aber noch hatten sich die Römer nicht hinter den Hadrianswall zurückgezogen. Severus hatte etliche Siege errungen, sah aber, dass ein Vordringen keine Lösung der schottischen (kaledonischen) Bedrohung bot. Er beschloss, zu Hadrians Verteidigungslinie zurückzukehren, und ließ den Wall instand setzen. Nach Rom kehrte Severus nicht mehr zurück; er starb in Eboracum (York).

Büste Caracallas. Nach dem Tod seines Vaters Septimius wurde er mit seinem Bruder Geta zum Kaiser ernannt. Doch Caracalla ließ seinen Bruder unmittelbar nach Machtantritt töten.

Feindliche Brüder

Unter der Regierung des Severus erlebte das Kaiserreich eine Zeit der Stabilität, aber die Einsetzung seiner beiden Söhne – Septimius Bassianus Caracalla und Lucius Septimius Geta – als seine Nachfolger erwies sich als kurzsichtig. Das Verhältnis zwischen den Brüdern war schon zu Lebzeiten des Vaters nicht spannungsfrei. Ursprünglich sollte daher das Reich zwischen beiden geteilt werden. Doch Caracalla ließ seinen Bruder nach Machtantritt ermorden und regierte fortan als Alleinherrscher.

Caracallas Gewaltbereitschaft beschränkte sich nicht nur auf den Brudermord; unter seiner Schreckensherrschaft wurden Abertausende getötet. Er hielt sich meist fern von Rom auf, unternahm immer neue Feldzüge und verschwendete Unsummen an seine Soldaten.

Die wichtigste Regierungsmaßnahme Caracallas war die Verleihung des römischen Bürgerrechts an sämtliche frei geborenen Einwohner des Römischen Reichs. Er veranlasste auch den Bau der Caracallathermen in Rom, die Raum für 1600 Badegäste boten. Sie gehören zu den größten noch heute sichtbaren Bauruinen des antiken Rom.

Caracallas Tod

217 n. Chr. wurde Caracalla von dem Prätorianerpräfekt Marcus Opellius Macrinus während des Partherkrieges

Ruinen der severischen Basilika in Leptis Magna.

ermordet. Die Truppen riefen darauf Macrinus zum Nachfolger Caracallas aus. Seine Amtzeit währte allerdings nur kurze Zeit. Er pflegte einen sparsamen Regierungsstil und war daher nicht besonders beliebt. Bereits 218 n. Chr. fiel er einer Verschwörung zum Opfer.

Die severischen Frauen

Die Frauen der zunächst ausgeschalteten severischen Dynastie nutzten die Unbeliebtheit des Macrinus zu ihrem Vorteil – sie schmiedeten ein Komplott, um wieder einen Severer auf den Thron zu heben. 218 n. Chr. behaupteten sie, dass Elagabal, ein Großcousin Caracallas, in Wirklichkeit sein unehelicher Sohn sei und riefen ihn zum Kaiser aus. Nachdem der unbeliebte Macrinus von seinen Truppen umgebracht worden war, bestieg der 17-jährige Elagabal den Kaiserthron. Doch die Macht lag zum Großteil in den Händen seiner Mutter, Julia Soaemias, und seiner Großmutter, Julia Maesa. Elagabals Herrschaft war von Verschwendungssucht und Günstlingswirtschaft geprägt, die bald eine allgemeine Opposition hervorrief.

Julia Maesa

Die Fäden der Macht zog die tatkräftige Julia Maesa. 222 n. Chr., als die Familie durch einen Streit gespalten war, ließ Julia Maesa Elagabal, ihren Enkel, und Julia Soaemias, ihre Tochter, ermorden und erhob den Cousin Elagabals, Alexander Severus, zum Kaiser.

Als Alexander Severus Kaiser wurde, war er sogar noch jünger als Elagabal, und so führte Julia Maesa weiterhin die Regierungsgeschäfte für ihren minderjährigen Enkel. Zur Seite stand ihr dabei eine zweite Tochter, Alexanders Mutter, Julia Mamaea.

Das Ende der severischen Dynastie

Anders als ihre unglückliche Schwester überlebte Julia Mamaea ihre Mutter, die 226 n. Chr. starb, und führte bis zum Ende von Alexanders Herrschaft weiterhin die Regierungsgeschäfte. Alexander wurde nach etlichen glanzlosen Feldzügen von seinen Soldaten in einem Aufstand 235 n. Chr. in Germanien ermordet. Seine Mutter, die ihn stets begleitete, erlitt das gleiche Schicksal. Mit Alexanders Tod nahm die Dynastie der Severer ein unrühmliches und blutiges Ende.

Das Leben der Frau

Nach heutigen Maßstäben waren die römischen Frauen fast rechtlos, dennoch genossen sie größere persönliche Freiheiten als ihre Zeitgenossinnen in anderen Ländern. Rom war eine patriarchalische Gesellschaft, in der die Hauptaufgabe der Frau darin bestand, Kinder zu gebären und den Haushalt zu führen. Dem Mann wurde per Gesetz die führende Rolle zugeteilt – wenn eine Frau keine Kinder haben konnte oder wollte, durfte er sie verstoßen.

Dessen ungeachtet war die Rolle der Frauen im alten Rom nicht darauf reduziert, Kinder zu gebären, sie spielten vielmehr eine wichtige Rolle bei der Kindererziehung und als Unterstützerinnen ihres Ehemanns. Im Laufe der Zeit fielen einige der patriarchalischen Barrieren, und viele römische Frauen nahmen sogar hervorragende Positionen in der Gesellschaft ein.

Frau und Mutter

Die römische Frau stand bis zu ihrer Heirat vollkommen unter der Gewalt ihres Vaters; wenn sie heiratete, ging dessen Macht auf ihren Ehemann über. Die Mädchen wurden im Alter von zwölf bis 15 Jahren mit Männern verheiratet, die gewöhnliche etliche Jahre älter waren als sie; nach der Hochzeit erwartete man Kindersegen. Angesichts der hohen Kindersterblichkeit versuchte jede Frau, möglichst viele Kinder zu gebären. Die Häufigkeit der Schwangerschaften und die hohe Anzahl an Geburten brachte es mit sich, dass zahlreiche Frauen verhältnismäßig früh starben.

Die Frau im Haus

Anders als in Griechenland, wo der Mann die Kinder unterwies, übernahm in der römischen Familie zunächst die Frau die Erziehung der Kinder, bevor diese im Alter von sieben Jahren zur Schule gingen oder zu Hause von einem Lehrer unterrichtet wurden.

Die meisten Frauen gingen keinem Beruf außer Haus nach und waren stattdessen mit der Haushaltsführung beschäftigt. In reicheren Häusern bedeutete dies, die Sklaven anzuweisen, in ärmeren, die Arbeit selbst zu erledigen. Einigen ärmeren Frauen blieb nichts anderes übrig, als sich als Hebammen, Friseurinnen oder Schneiderinnen zu verdingen, um Geld zu verdienen. Wahrscheinlich standen Frauen gelegentlich auch ihren Männern im familiengeführten Laden oder in der Werkstatt zur Seite. Obwohl wohlhabende Frauen öffentlich nicht tätig waren, unterstützten manche Frauen von Politikern ihre Ehemänner mit Rat und Tat.

Darstellung eines jungen Mädchens, das Parfüm in ein Gefäß gießt.

Junge Frau beim Sport, Detail eines Mosaiks in der Villa Romana del Casale in Piazza Armerina, Sizilien.

Stark eingeengtes Leben

Das Leben der römischen Frauen war von vielen Einschränkungen bestimmt. Sie hatten weder ein Wahlrecht noch durften sie für ein politisches Amt kandidieren oder über Grundbesitz verfügen. Häufig konnten sie ohne die Erlaubnis ihres Ehegatten oder Vaters keine Geschäfte machen, und auf das Trinken von Wein stand die Todesstrafe. Der rechtliche Status verbesserte sich im Laufe der Zeit. In der Kaiserzeit war die Frau dem Mann privatrechtlich fast gleichstellt, darüber hinaus konnte sie über ihr eigenes Vermögen frei verfügen.

Eine besondere Rolle in der römischen Gesellschaft spielten die Vestalinnen, die Priesterinnen der Göttin Vesta, die sehr hohes Ansehen genossen. Sie unterlagen nicht der Kontrolle ihres *pater familias* (Vater der Familie). Einigen Frauen gelang es auch, ihre politischen Ambitionen über ihre Ehemänner oder Söhne zu verwirklichen.

Persönliche Freiheiten

Obwohl sie im öffentlichen Leben nicht die gleichen Funktionen einnehmen konnten wie Männer, genossen die römischen Frauen einen relativ hohen Grad an persönlicher Freiheit. Sie durften ohne ihren Ehemann aus dem Haus gehen und konnten zu bestimmten Zeiten die Bäder sowie das Theater und die Spiele besuchen.

Während der späten Republik, als Rom einen sozialen Wandel erlebte und die rigiden Regeln der frühen Republik wegfielen, wurden diese Freiheiten allgemein üblich. Die Frauen genossen durch das Gesetz größere Unabhängigkeit und einen besseren Status. Darüber hinaus waren durch den Tod von zahlreichen römischen Grundbesitzern im 2. Punischen Krieg viele Römerinnen gezwungen, die traditionellen Aufgaben ihrer Männer zu übernehmen.

Rückkehr zu strengeren Sitten

Diese neuen Freiheiten der Frauen ließen die Geburtenrate abrupt sinken, was Kaiser Augustus veranlasste, viele Rechte der Frauen erneut zu beschneiden. Die Römerinnen sollten wieder mehr im Hause bleiben. Daher wurden die Besuche von Frauen bei Spielen und im Theater wieder beschränkt und strengere Gesetze gegen Ehebruch erlassen. Mit diesen Maßnahmen sollte die Geburtenrate erhöht werden. Sobald eine Frau mehr als drei Kinder hatte, die die ersten Jahre überlebt hatten, durfte sie ihren relativ unabhängigen Lebensstil wieder aufnehmen.

Reich verziertes goldenes Halsband.

Mächtige Frauen

Obwohl Männer die Geschichte Roms beherrschten, gelang es einigen Frauen, sich einen Namen zu machen, insbesondere während des Kaiserreichs, als Mütter, Ehefrauen und sogar Großmütter der Kaiser sich in die Regierungsgeschäfte einmischten.

Die wohl prominenteste Frau im alten Rom war Livia Drusilla, die Gattin des Augustus. Sie soll beträchtlichen Einfluss auf ihren Ehemann gehabt haben und erfreute sich großer Unabhängigkeit – einschließlich persönlicher Klienten. In der Öffentlichkeit unterstützte Livia die Bestrebungen ihres Gatten, die traditionellen Werte der Familie wieder einzuführen, und führte vorbildlich in aller Bescheidenheit das traditionelle Leben einer Frau. Doch sie war offenbar sehr ehrgeizig: Sie soll sich in die Frage der Nachfolge Augustus' eingemischt und jeden Rivalen ihres Sohnes Tiberius ausgeschaltet haben. Livia war die erste Frau, die in den Kaiserkult aufgenommen wurde, als Claudius sie 42 n. Chr. zur Göttin erklärte.

Agrippina und Poppaea

Neros Mutter, Agrippina die Jüngere, zeigte ihre Machtgelüste weniger diskret – sie ermordete angeblich ihren Gatten Claudius, um ihren Sohn Nero zum Kaiser zu machen. Alsbald begann Agrippina neben ihrem Sohn zu herrschen, wobei sie sogar Münzen mit ihrem eigenen Porträt prägen ließ. Schließlich wurde sie für Nero zu einer großen Belastung, sodass er seine eigene Mutter töten ließ.

Doch wurde Nero weiterhin von Frauen beeinflusst: Seine Frau Poppaea nahm den Platz seiner Mutter ein. Sie soll beträchtliche Macht gehabt und sogar Nero gedrängt haben, seine erste Frau ermorden zu lassen. Allerdings erlitt die hochschwangere Poppaea das gleiche Schicksal wie seine Mutter: Sie starb, nachdem Nero ihr einen Fußtritt in den Bauch versetzt hatte.

Die Frauen der severischen Dynastie

Im 3. Jahrhundert gelang es den Frauen der severischen Dynastie, sich für lange Zeit der Herrschaft zu bemächtigen. So übte Julia Domna, die Gattin des Septimius Severus, beträchtlichen Einfluss auf ihren Ehemann aus. Nach dessen Tod hatte sie auch an der Seite ihres Sohnes Caracalla weiterhin teil an der Herrschaft. Sie begleitete beide Kaiser auf ihren Feldzügen, von Britannien im Westen bis zum Partherreich im Osten.

Als Caracalla getötet wurde, wählte Julia Domna den Freitod. Doch nun griff ihre Schwester, Julia Maesa, aktiv in die Regierungsgeschäfte ein. Sie stürzte den amtierenden Kaiser Macrinus und setzte zusammen mit ihrer Tochter Julia Soaemias ihren Enkel Elagabal auf den Thron. Nachdem sich Elagabal als schwacher Herrscher und Risikofaktor erwiesen hatte, konspirierte Julia Maesa mit ihrer zweiten Tochter, Julia Mamaea, um Elagabal und

Spätrömisches Wandgemälde mit der Darstellung einer tugendhaften Frau.

Julia Soaemias töten zu lassen und ihren zweiten Enkel auf den Thron zu heben.

Tugendhafte Frauen

Die meisten berühmten Frauen im alten Rom fanden aufgrund ihrer politischen Rolle Eingang in die Geschichtsbüche. Es gibt aber auch einige, die wegen ihrer Tugendhaftigkeit oder Ausschweifungen berühmt wurden. Cornelia, die Frau des Cornelius Scipio und die Mutter der Gracchen, galt als so vorbildlich, dass ihr im 1. Jahrhundert v. Chr. in Rom eine Statue errichtet wurde.

In einer Zeit, in der die alten strengen Sitten aufgegeben wurden und viele Frauen nach größerer Freiheit strebten, lebte Cornelia das traditionelle Leben einer römischen Frau; sie war fromm und bescheiden sowie eine aufopfernde Ehefrau und Mutter – und sie gebar ihrem Mann zwölf Kinder, von denen nur drei überlebten.

Der römischen Sage nach soll der Sohn des Königs Tarquinius Superbus die schöne und tugendhafte Lucretia vergewaltigt haben. Sie berichtete ihrer Familie von dem Verbrechen und ließ sie schwören, den Prinzen zu bestrafen. Dann beging sie aus Rücksicht auf die Ehre ihres Gatten Selbstmord.

Sowohl Lucretia als auch Cornelia galten den römischen Frauen als Vorbild, aber es gab auch berüchtigte Römerinnen, die als warnendes Beispiel dienten.

Untreue und Verrat

Tarpeia verkörperte die unmoralische Frau: In der Frühzeit Roms soll sie den feindlichen Sabinern den Zugang zum Kapitol gewährt haben, um dafür reichen Goldschmuck zu erhalten. Ihr Verrat galt als so niederträchtig, dass selbst die Sabiner davon abgestoßen waren; sie begruben sie unter ihren Schilden und töten sie so.

Das einzige Kind des Augustus, Julia die Ältere, war vor allem für ihren ausschweifenden Lebenswandel bekannt. Zu einer Zeit, als Augustus die Familie und ihre Werte zu festigen suchte, lieferte sie der Öffentlichkeit mit Weingelagen und außerehelichen Affären (sie war mit dem künftigen Kaiser Tiberius vermählt) handfeste Skandale. Augustus, ihr *pater familias*, ließ sie zwar nicht hinrichten, verbannte sie aber auf eine unwirtliche Insel. Gleichzeitig offenbart ihre Geschichte die Doppelmoral der Zeit, war doch Augustus selbst wegen seiner Eskapaden berüchtigt.

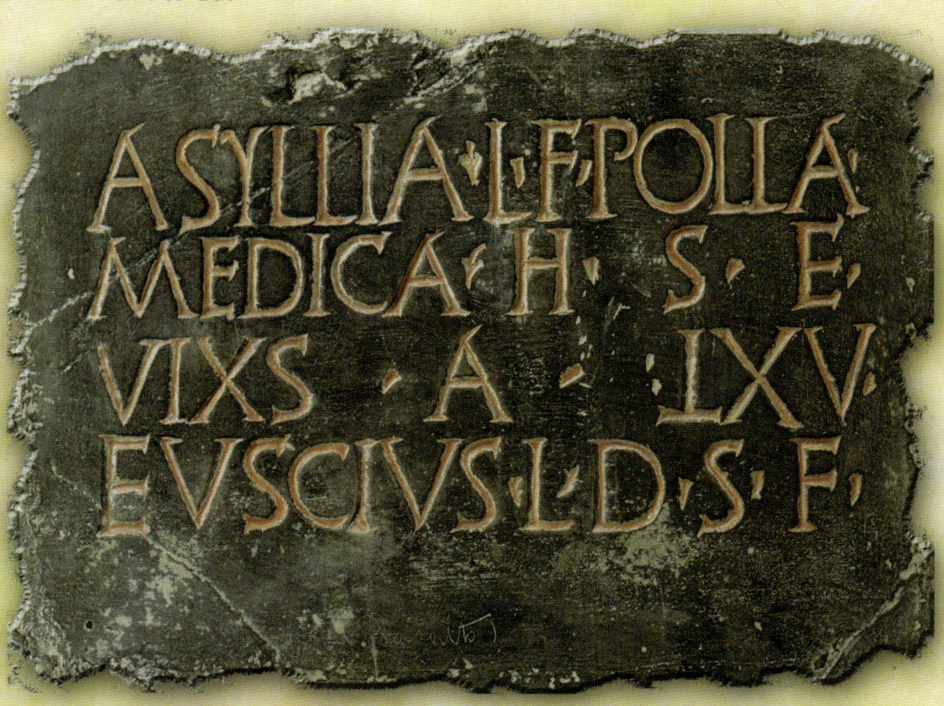

***Oben:** Weibliche Figuren, meistens Göttinnen, repräsentieren häufig verschiedene Tugenden. Die Weltkugel verweist hier auf Macht, das Füllhorn ist ein Symbol für Fruchtbarkeit und Fülle.*

***Rechts:** Römische Grabinschrift für eine Ärztin namens Asyllia Polla.*

Soldatenkaiser

Nach dem Tod des letzten severischen Kaisers im Jahr 235 n. Chr. beherrschten fünf Jahrzehnte lang Unruhen und Chaos das Römische Reich, während zahlreiche Usurpatoren die Macht an sich rissen.

Anarchie

Schon seit einiger Zeit waren die Zeichen einer bevorstehenden Krise unverkennbar: Fünf Kaiser waren hintereinander ermordet worden, die Pest entvölkerte ganze Landstriche, und die römische Wirtschaft litt unter dem Zusammenbruch des Handels.

Da die Truppen, der Senat und die Prätorianergarde ihre Kandidaten für das Kaiseramt nach verschiedenen Kriterien auswählten, ergaben sich rasche Machtwechsel. Die Epoche war von sogenannten Soldatenkaisern bestimmt. Doch keiner von ihnen konnte Rom aus seiner schwierigen Lage herausführen.

Maximinus Thrax

Die Soldaten der Rheinlegionen erhoben einen ihrer Offiziere, Gaius Julius Verus Maximinus Thrax, zum Kaiser. Er war von Geburt Thraker und der erste Soldatenkaiser. Der Senat lehnte jedoch den Emporkömmling aus der Provinz, der noch nie einen Fuß nach Rom gesetzt hatte, ab. Während seiner Regierungzeit wurde bei einer Revolte in Nordafrika der alte Prokonsul der Provinz Africa, Marcus Antonius Gordianus, von den dortigen Truppen zum Kaiser ausgerufen.

Gordian, Vater und Sohn

Wegen seines hohen Alters berief Gordian seinen Sohn, Gordian II., zum Mitregenten. Der Senat, der sich gegen Maximinus Thrax gestellt hatte, befürwortete die Revolte der Armee. Doch die politische Unterstützung des Senats half wenig gegen den Statthalter der benachbarten Provinz Numidia, der Maximinus Thrax treu geblieben war. Er fiel in die Provinz Africa ein, schlug die Truppen von Vater und Sohn, tötete Gordian II. und zwang dessen Vater zum Selbstmord.

Zwei neue Kaiser

Die Senatoren, die Repressionen wegen ihrer Unterstützung der Gegenkaiser fürchteten, ernannten rasch zwei neue Kaiser, Pupienus und Balbinus, um Gordian und Gordian II. zu ersetzen. Diese Regenten verfochten die Interessen des Senats und besiegten Maximinus Thrax, der in einer Meuterei von seinen eigenen Soldaten getötet wurde. Trotz des Sieges war die Position von Pupienus und Balbinus nicht gefestigt; das Volk forderte den Sturz der beiden patrizischen Kaiser. Die Prätorianergarde unterstützte dieses Begehren. So wurden die beiden Herrscher schließlich erschlagen, und der junge Gordian III. wurde zum Kaiser ausgerufen.

Felsrelief mit der Darstellung Sapors I., der die Unterwerfung der Kaiser Philippus und Valerian entgegennimmt. Philippus war einer der sieben Kaiser, die nach dem Tod Gordians III. regierten. Die Darstellung gibt also kein zeitgleiches Ereignis wieder, sondern stellt symbolisch die Macht der persischen Herrscher dar. Die stehende Figur zeigt Valerian, der dem siegreichen Sapor Gaben reicht.

Valerian

In den knapp vier Jahren zwischen dem Mord an Alexander Severus 235 n. Chr. und der Ausrufung von Gordian III. zum Kaiser hatte Rom sechs verschiedene Herrscher.

Der schnelle Wechsel sollte sich fortsetzen. So sah Rom in dem Jahrzehnt nach dem Tod von Gordian III. sieben unterschiedliche Kaiser. Diese kurzen Regentschaften endeten erst 253 n. Chr., als Valerian Kaiser wurde und seinen Sohn Gallienus zum Mitregenten ernannte.

Ein Weltreich im Niedergang

Die innere Schwäche provozierte zunehmend Angriffe von außen. Als Valerian Kaiser wurde, entstand unter den Sassaniden ein neues mächtiges persisches Reich, das das Römische Reich im Osten bedrängte, während die Alemannen und Franken, zwei germanische Stämme, im Westen die Grenzen durchbrachen. Um diesen Gefahren entgegenzutreten, wandte sich Valerian nach Osten, Gallienus nach Westen. 256 n. Chr. eroberten die Sassaniden die römische Stadt Antiochia und überrannten Armenien, einen Klientelstaat Roms. Valerian gelang es jedoch zunächst, die Einfälle der Perser zurückzuschlagen und Antiochia zurückzuerobern.

Gefangennahme

Als 258 n. Chr. die Goten in Kleinasien eindrangen, musste Valerian seine Streitmacht teilen und zog einen Teil seiner Truppen an der Grenze zum Persischen Reich ab. Unter der Führung von Sapor I. schlugen die Sassaniden die geschwächte römische Armee 259 n. Chr. in der Schlacht von Edessa und nahmen Valerian gefangen.

Statt den Gefangenen zu töten, demütigten die Perser den Kaiser, der kniend als Fußschemel für den persischen König dienen musste. Schließlich wurde Valerian ermordet, seinem Leichnam die Haut abgezogen, der Körper ausgestopft und als Trophäe der Sassaniden präsentiert. Nach Valerians Tod herrschte Gallienus weitere acht Jahre als Kaiser. Eine solche Beständigkeit war im 3. Jahrhundert n. Chr. selten, doch war Gallienus' Herrschaft von zahlreichen Umsturzversuchen, Gegenkaisern in den Provinzen und Bestrebungen von lokalen Herrschern, sich vom Römischen Reich zu lösen, geprägt. Zenobia, die Königin von Palmyra, fiel von Rom ab und erklärte ihr palmyrisches Königreich im Osten für unabhängig, während Postumus, einer von Gallienus' Befehlshabern in Germanien, sich zum Herrscher eines unabhängigen „Gallischen Reichs" im Westen ausrief.

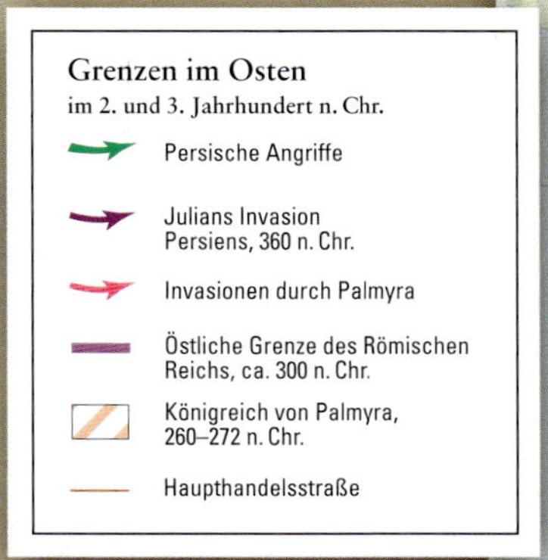

Aurelian

270 n. Chr. gelangte Lucius Domitius Aurelianus (Aurelian) an die Macht. In seiner relativ langen Regierungszeit von fünf Jahren stellte er die Reichseinheit wieder her, unterwarf das gallische und palmyrische Sonderreich und gliederte beide wieder dem Römischen Reich ein.

Wiederhersteller des Erdkreises

Neben der Herstellung der Reichseinheit gelang Aurelian auch die Abwehr der Alemannen. Dieser germanische Stamm stellte mitterweile eine so große Bedrohung für Rom dar, dass Aurelian den Bau einer neuen Verteidigungsmauer um Rom befahl.

Nachdem er wieder für mehr Sicherheit und Stabilität im Reich gesorgt hatte, verlieh ihm der Senat den Ehrentitel *restituor orbis* (Wiederhersteller des Erdkreises).

Komplott gegen Aurelian

275 n. Chr. zog Aurelian gegen das Reich der Sassaniden, wurde aber auf dem Weg dorthin Opfer einer Verschwörung. Ein enger Vertrauter stachelte die Prätorianergarde gegen Aurelian auf, indem er behauptete, der Kaiser wolle sie hinrichten lassen. Dem wollten die Prätorianer zuvorkommen und ermordeten Aurelian in Caenophrurium (Thrakien).

Der Tod Aurelians beendete die verhältnismäßig ruhige Lage im Römischen Reich. Binnen eines Jahrzehnts vertiefte sich die Krise des Imperiums während der Herrschaft der folgenden sechs Kaiser.

Der am östlichen Rand des Forum Romanum erbaute Titusbogen.

Technische Meisterleistungen

Die militärischen Anforderungen und die beispiellose Ausdehnung des Imperiums forderten immer wieder neue Konstruktionen. Die Römer entwickelten dabei geniale technische Lösungen für ihre Bauprojekte und die Probleme des Alltags. Viele römische Bauten haben sich bis heute erhalten.

Frühe Straßen

Die Römer waren zwar nicht die Ersten, die Straßen bauten, doch keine andere Zivilisation hatte ein so weitverzweigtes und ausgedehntes Straßennetz errichtet und dabei die Bautechnik derart perfektioniert. Bis zur Entwicklung der Makadamstraßendecke im 19. Jahrhundert waren römische Straßen unübertroffen. Sie bilden oft noch die Grundlage für den heutigen Straßenverlauf in ehemaligen römischen Städten wie Köln.

Die Römer übernahmen den Straßenbau von den Etruskern und Griechen. Zunächst waren die Straßen von eher bescheidenem Umfang und beschränkten sich auf städtische Zentren. 312 v. Chr. wurde dann die erste wichtige Straße zwischen Rom und der Stadt Capua im Süden gebaut. Sie wurde nach dem Zensor Appius Claudius, der ihren Bau angeordnet hatte, Via Appia genannt. Die Straße sollte zunächst Roms Beziehungen zu Capua, einem wichtigen Verbündeten im zweiten Krieg gegen die Samniten, festigen. Darüber hinaus ebnete diese Straße den Weg für Roms Vorherrschaft und die Expansion nach Kampanien.

Charakteristisch für römische Großbauten sind Rundbögen und Kuppeln, hier im Nymphaeum der Hadriansvilla in Tivoli.

Via Appia

Nach dem Sieg über die Samniter gründeten die Römer Kolonien in der Region und schmiedeten Allianzen mit den unabhängigen Stadtstaaten in Kampanien. Als die Römer dann weiter nach Süden vordrangen, verlängerte man die Via Appia über Capua hinaus nach Beneventum, wo an einem alten Siedlungsplatz eine römische Kolonie errichtet wurde.

Zu Beginn des 3. Jahrhunderts v. Chr. rückten die Römer noch weiter nach Süden vor und bedrohten die griechischen Stadtstaaten an der Küste. In dem darauffolgenden Krieg gegen Tarent und Pyrrhus bewährte sich die Via Appia als lebenswichtige Nachschubroute des römischen Heeres. Nach dem Sieg über Pyrrhus 275 v. Chr. wurde die Straße bis Brundisium an der Südostküste verlängert. Von dort war eine Überfahrt mit dem Schiff nach Griechenland möglich.

Gebälk aus Ostia.

Militärstraßen

Im Anschluss an die Via Appia bauten die Römer überall in ihrem wachsenden Imperium weitere Straßen. Sie dienten in erster Linie militärischen Zwecken, um Truppen und Nachschub schnell an die Front oder an Krisenherde in den von Römern besetzten Gebieten bringen zu können. Daher verlaufen die meisten römischen Überlandstraßen möglichst gerade und direkt, überdies sind sie verhältnismäßig breit.

Allmählich durchzog ein Netzwerk von Hauptstraßen das Römische Reich und verband weit auseinanderliegende Städte miteinander, wie etwa Lugdunum (Lyon) in Gallien mit Karthago in Nordafrika. Selbst in Britannien, das vom restlichen Reich durch den Ärmelkanal getrennt war, wurde ein dichtes Straßensystem errichtet. Im Zentrum dieses gewaltigen Netzwerks lag Rom, und so entstand die Redensart „Alle Wege führen nach Rom".

Ziviler Nutzen

Obwohl die Straßen vorrangig für die militärische Nutzung bestimmt waren, wurden sie auch von zivilem Verkehr genutzt. Händler und Reisende im gesamten Reich fuhren auf den Straßen, um von Ort zu Ort zu kommen. Die Straßen über Land waren sicherer als der Seeweg, wo die Reisenden von Stürmen und Piraten bedroht waren.

Die steigende Zahl der Reisenden auf den Landstraßen machte Einkehr- und Übernachtungsmöglichkeiten notwendig, und so entstanden entlang dieser Routen viele blühende Städte und Siedlungen. Zur Orientierung stellte man nach jeweils 1000 Doppelschritten Meilensteine *(milliaria)* auf, die die Entfernung und Richtung der nächsten Stadt angaben. Meist war darauf auch die Distanz bis Rom vermerkt.

Straßenkonstruktion

Finanziert wurde der Straßenbau vom römischen Staat. Gebaut wurden die Straßen von Legionären meist mithilfe von Sklaven. Obwohl Rom eine Standardisierung der Straßen im gesamten Reich anstrebte, hing deren konkrete Ausführung davon ab, wie viel Zeit, welches Material und wie viel Platz verfügbar waren. In den Randbereichen des Imperiums war die Ausführung der Straßen oft provisorisch.

Beim Bau einer neuen Straße erkundeten zunächst Landvermesser die beste Trasse und planten sie bis ins Detail. Nach Abschluss der Berechnungen markierte man den Straßenverlauf mit Stäben. Dann trugen Legionäre die Erde ab, bis sie auf festen Grund stießen. Wenn Sand verfügbar war, kam eine Lage Sand auf den Untergrund und dann eine Schicht aus Steinen und mit Zement vermischtem Kies. Die Deckschicht der Straße bestand aus großen Steinplatten oder Pflastersteinen, die in die Zementmischung eingebettet wurden. Damit das Regenwasser in die seitlichen Gräben abfließen konnte, wurde die Straße zur Mitte hin leicht gewölbt.

Straße in Pompeji.

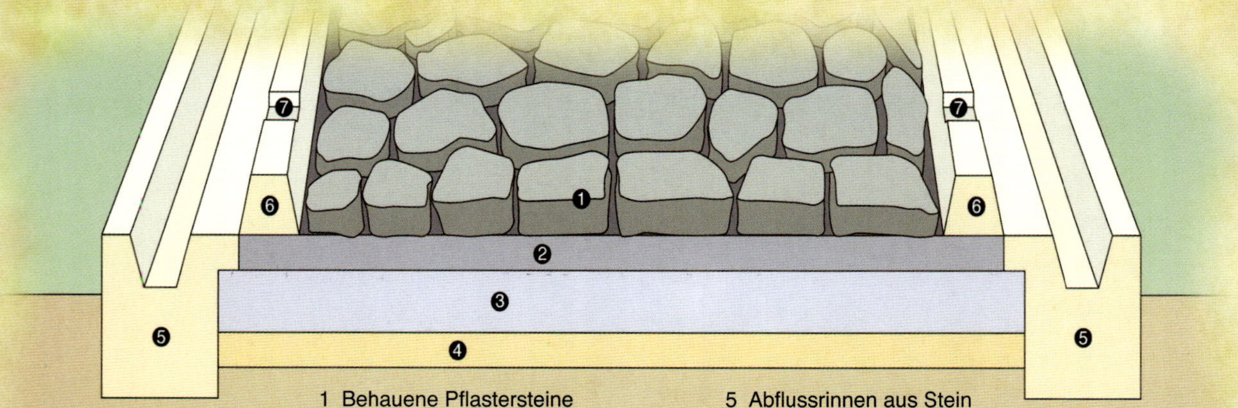

Postdienst

Das Straßennetzwerk wurde auch für einen bescheidenen Postdienst mit Kurieren genutzt, der unter Augustus eingerichtet worden war. Diese Kuriere standen im Dienst der Staatsverwaltung und transportierten für sie Botschaften aus Rom an Feldherren, Statthalter und Militärlager im ganzen Imperium. Dazu stand ein Netzwerk von Stationen zur Verfügung. Jeder Kurier reiste nur von einer Station zur anderen, wo er seine Botschaft an einen neuen Kurier weitergab. So konnten schriftliche Nachrichten in kurzer Zeit über weite Entfernungen übermittelt werden.

Über diesen Nachrichtendienst konnten die Kaiser ihre Anweisungen im ganzen Imperium rasch und einfach an die entsprechenden Adressaten weiterleiten, ohne dass sie sich selbst unbedingt in Rom aufhalten mussten. Hadrian, der sich in seine Villa in Tibur außerhalb Roms zurückgezogen hatte, hielt über diesen Kurierdienst immer einen direkten und schnellen Kontakt zu Rom.

Sanitäre Einrichtungen

Obwohl das medizinische Verständnis der Römer vergleichsweise einfach war und viele Krankheiten nur unzulänglich behandelt werden konnten, war das Verständnis von Hygiene sehr fortschrittlich. Durch ausgeklügelte sanitäre Einrichtungen konnten viele Krankheiten vermieden werden.

Eine außergewöhnliche technische Meisterleistung war die Entwicklung des Aquädukts. Die Idee, durch ein Leitungssystem eine Stadt mit Frischwasser zu versorgen, stammte aus dem Orient, doch die Römer perfektionierten diese Erfindung und entwickelten sie weiter.

Wasserversorgung

Das erste römische Aquädukt entstand 312 v. Chr. unter dem Zensor Appius Claudius. Bis dahin hatte sich die Stadtbevölkerung ihr Wasser aus dem Tiber oder von Quellen geholt, doch der Fluss war inzwischen verschmutzt und die Quellen reichten nicht für die wachsende Einwohnerzahl. Im Verlauf der Jahrhunderte wurden allein zur Versorgung Roms 14 Aquädukte gebaut, im übrigen Reich viele weitere errichtet. Als Aquädukt bezeichnete man in der Antike das gesamtes Kanal- und Röhrensystem, mit dem Wasser von einer Quelle in die Stadt geleitet wurde. Dabei nutzte man die Schwerkraft und verlegte die Rohre mit einem leichten Gefälle, sodass das Wasser selbstständig floss.

Hauswand in Ostia mit verschiedenen Mauertechniken.

Spektakuläre Bauwerke

Die spektakulären Bogenkonstruktionen, die man meist mit den römischen Aquädukten verbindet, dienten dazu, die Wasserleitung über ein Tal oder landschaftliche Unebenheiten zu führen. So konnten der Neigungswinkel der Leitung beibehalten werden.

Zisternen und Rohrleitungen

In der Stadt speicherte man das ankommende Wasser in einer Zisterne *(castellum)*, von wo es über ein Leitungssystem auf die Stadt verteilt wurde. Die Zisternen lagen meist etwas erhöht außerhalb der Stadt, damit die Wasserleitungen mit ausreichendem Gefälle hinabgeführt werden konnten.

Der Kaiserpalast und einige öffentliche Freizeiteinrichtungen wurden durch direkte Leitungen versorgt. Auch reiche Römer konnten ihre Häuser gegen Bezahlung an die Wasserleitung anschließen lassen. Private römische Badehäuser mussten ebenfalls für ihre eigene Zuleitung aus den Zisternen zahlen; die großen öffentlichen Thermen wurden meist über ein eigenes Aquädukt versorgt. Allerdings wurden diese Aquädukte nicht aus einer eigenen Quelle gespeist, sondern waren üblicherweise Abzweigungen einer Hauptleitung. Arme konnten sich den Luxus einer direkten Wasserversorgung nicht leisten; sie holten ihr Wasser aus öffentlichen Brunnen, die es überall in Rom gab.

Abfallentsorgung

Schon lange vor dem ersten Aquädukt hatten die Römer ein Kanalisationssystem, das überschüssiges Wasser zusammen mit Abfällen aus der Stadt leitete. Der erste große Abwasserkanal, die Cloaca Maxima, wurde um 300 v. Chr. errichtet und leitete das Schmutzwasser in den Tiber.

Vermutlich hatte die Kanalisation ihren Ursprung in einem System offener Kanäle, das Wasser aus Sumpfgebieten und Abwasser in den Tiber leitete. Ein offenes System roch nicht nur höchst unangenehm, es beanspruchte auch sehr viel Platz. Die Lösung boten abgedeckte Kanäle, die überbaut werden konnten.

Links: Die Latrinen der Hadriansthermen in Leptis Magna (Libyen).

Unten: Der Pont du Gard, ein über den französischen Fluss Gard führendes Aquädukt.

Verbesserte öffentliche Hygiene

Das unterirdische Kanalisationssystem bedeutete einen großen Fortschritt für die öffentliche Hygiene. Für das Oberflächenwasser waren noch immer große Abflussöffnungen nötig, aus denen es fürchterlich stank, wenn das Abwasser nicht rasch in den Fluss ablief. Dieses Problem wurde nach dem Bau der Aquädukte gelöst, indem man überschüssiges Frischwasser aus den Zisternen zum Durchspülen und schnelleren Abtransport der Abfälle in die Kanalisation einleitete.

Zwar trug das Kanalisationssystem wesentlich zur Verbesserung der Hygiene in Rom bei, doch es fehlte in ausreichender Zahl an Abwasserzuleitungen. Thermen, öffentliche Toiletten und die Häuser reicher Bürger besaßen meist Abwasserleitungen, die direkt an die Kanalisation angeschlossen waren. Die Mehrheit der Häuser hatte diese Möglichkeit nicht: Abwasser und Unrat wurden in den Straßen entsorgt und flossen über die Öffnungen für das Oberflächenwasser in die Kanalisation.

Öffentliche Latrinen

Zwar gab es öffentliche Latrinen, doch den Römern war ein mehrfacher Gang täglich dorthin zu aufwendig. Hinzu kam, dass anfangs eine Benutzungsgebühr erhoben wurde. So wurde der Urin über die Straßenentwässerung entsorgt, und war ein Nachttopf voll, leerte man ihn auf der Straße aus. Oft kippten die Bewohner der Mietshäuser ihre Fäkalien einfach aus dem Fenster auf die Straße.

Daneben war der Besuch der öffentlichen Latrinen ein wichtiger Bestandteil des gesellschaftlichen Lebens. Die Toilettensitze waren nebeneinander angeordnet: Hier konnte man sich mit Freunden treffen, Nachrichten austauschen oder einfach nur gemütlich plaudern wie in den Badehäusern.

Da Urin zum Reinigen und Stärken von Textilien verwendet wurde, gab es eigens Leute, die den Harn in den Straßen und öffentlichen Toiletten einsammelten. Dies war zwar eine unangenehme, aber lukrative Tätigkeit. Der sparsame Kaiser Vespasian sah darin auch eine Einnahmequelle und erhob eine Steuer auf Urin.

Die meisten Römer suchten mindestens einmal täglich eine öffentliche Toilette auf. Daneben benutzten sie Nachttöpfe, die auf die Straße entleert wurden. Diese öffentlichen Latrinen gehören zur Anlage der Hadriansthermen in Leptis Magna.

Neuorganisation des Reichs

Diokletian

Die lange Phase der Anarchie nach Aurelians Tod endete mit der Ernennung Diokletians zum Kaiser. Er führte eine Reihe von notwendigen Reformen durch, die dem Imperium wieder Stabilität verschafften.

Einfache Herkunft

284 n. Chr. wurde Diokletian, ein Illyrer aus einfachen Verhältnissen, von seinen Truppen in Nicomedia zum Kaiser ausgerufen. 285 schlug er den amtierenden Regenten Carinus und begann mit der Einigung des Reichs. Diokletian regierte pomphaft und despotisch. Sein Titel war nun *dominus* (Herr) und nicht mehr *princeps* (Erster), wie seit Augustus alle Kaiser genannt worden waren. Augustus hatte diesen Titel gewählt, um sich von den altrömischen Königen und Diktatoren zu unterscheiden. Mit Diokletian hatte diese Bescheidenheit ein Ende.

Die Tetrarchie

Diokletians bedeutendste politische Reform war die Einrichtung eines festen Systems von Mitregenten: Es gab einen Kaiser für den Westen und einen für den Osten, die den Titel Augustus führten. Dazu ernannte Diokletian zwei Nachfolger, für jeden Kaiser einen, die den Titel Caesar trugen. Das Resultat war eine Tetrarchie oder Viererherrschaft.

Die Tetrarchie erlaubte eine bessere Verteilung und Kontrolle der Verwaltungsaufgaben im Reich und regelte die Nachfolge klar, denn der jüngere Caesar übernahm Amt und Würden des älteren Augustus nach dessen Tod. Damit endete die Instabilität der vorhergehenden Jahrzehnte.

Diokletian berief 287 Marcus Aurelius Valerius Maximianus, einen illyrischen Kriegskameraden, zum Mitkaiser und übertrug ihm die Macht im Westen des Reichs, während er selbst über den Osten herrschte. 293 n. Chr. wurden Galerius und Constantius zu Caesaren des Diokletian und des Maximian berufen.

Die Tetrarchie erlaubte den Herrschern, das Eindringen der Alemannen sowie der Sassaniden an den Reichsgrenzen abzuwehren, Revolten in Britannien, Mauretanien und Ägypten niederzuschlagen und das Reich im Inneren zu stabilisieren.

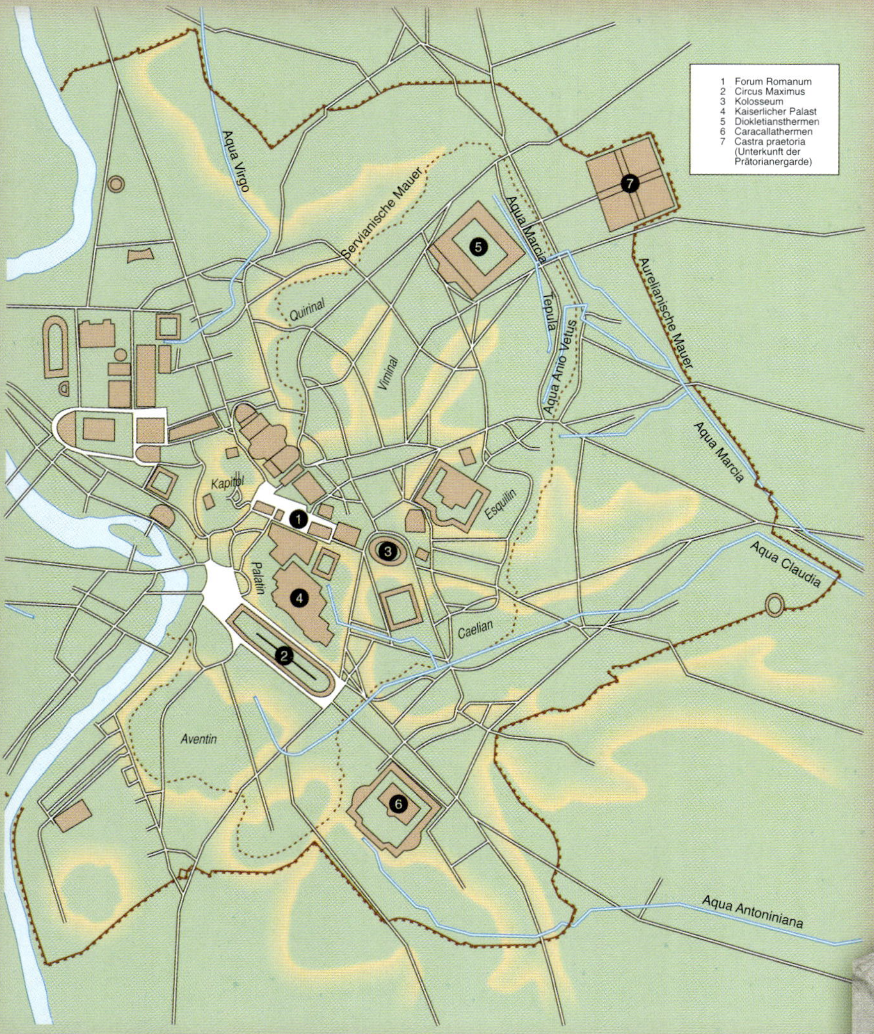

Porträt des Diokletian. Diokletian war Sohn eines Freigelassenen und hatte sich bis zum Kaiser emporgearbeitet. Er führte die Tetrarchie ein, um das riesige Römische Reich effizient zu regieren.

Wiederherstellung der Ordnung

Diokletian vergrößerte das Heer, teilte aber die Legionen in kleinere Einheiten auf, um den einzelnen Kommandeuren weniger Soldaten zu unterstellen und so Meutereien zu unterbinden. Durch die Teilung der Provinzen verdoppelte er ihre Zahl und gruppierte, um eine größere Effizienz zu gewährleisten, kleinere Provinzen zu Diözesen – eine neue Verwaltungseinheit, die später von der christlichen Kirche übernommen wurde. Neben dem Heer wurde eine zivile Miliz gegründet, um die Verteidigung an den Grenzen zu verstärken. In den Jahrzehnten der Anarchie hatte das Reich an einer wachsenden Wirtschaftskrise gelitten. Diokletian versuchte, die Inflation unter Kontrolle zu bringen, zunächst durch die Stabilisierung des Geldwertes und, als diese Maßnahme fehlschlug, durch die Einführung des Preisedikts von 301, das Höchstpreise festlegte. Die neuen Festpreise sollten in erster Linie Armen helfen. Doch bot diese Strategie langfristig keine Lösung und ließ einen teuren Schwarzmarkt entstehen.

Bildnis von zwei der vier Tetrachen aus dem 3. Jahrhundert n. Chr. Die Skulptur wurde von Konstantinopel nach Venedig verschleppt, wo sie heute im Westportal von San Marco verbaut ist.

Christenverfolgung

Diokletian war Anhänger der traditionellen römischen Religion. Als gottgleicher Herrscher ließ er sich als Sohn Jupiters feiern, während Maximianus sich mit Herkules identifizierte. Die Weigerung der Christen, den Kaiser göttergleich zu verehren, führte dazu, dass die Sekte verfolgt wurde. Christen wurden aus der Armee ausgeschlossen, terrorisiert und oft gezwungen, römische Götter anzubeten. 305 n. Chr. dankte Diokletian zugunsten des jüngeren Caesars ab und bewog Maximianus, es ihm gleichzutun. Er zog sich in die illyrische Stadt Spalato (Split) zurück und musste noch erleben, wie sein politisches System zusammenbrach.

Das städtische Leben

Man geht davon aus, dass im Römischen Reich ein Zehntel der Bevölkerung in der Stadt lebte. Für eine Kultur, die die soziale Gemeinschaft schätzte, lieferte das städtische Leben in römischer Zeit einen perfekten Rahmen. Zudem boten Städte mehr Arbeitsplätze als das Land, sodass sie die Menschen magnetisch anzogen.

Insulae – eine Raum sparende Lösung

Die meisten Menschen in Rom lebten in Mietshäusern, den sogenannten *insulae*. Es gab Zeiten, in denen Rom für über eine Million Menschen Wohnungen nahe dem Stadtzentrum benötigte, da sie über keine Transportmöglichkeiten verfügten, um in den Außenbezirken wohnen zu können. Das verteuerte die Grundstückspreise und zwang die Römer, in die Höhe zu bauen, um erschwingliche Wohnungen für die Massen bereitzustellen.

Das Raumproblem war nicht auf Rom beschränkt, denn *insulae* gab es in allen Städten des Reichs, wenn auch in geringerem Ausmaß. Einige gut erhaltene Ruinen dieser Mietshäuser sind in Ostia zu besichtigen, dem geschäftigen Hafen, der Rom mit dem Meer verband.

Überfüllung

Diese Mietshäuser waren stets überfüllt; oft musste eine ganze Familie in einem Zimmer leben. Die *insulae* drängten sich auf engstem Raum zusammen. Manche hatten sieben Stockwerke und waren häufig einsturzgefährdet.

Eine zusätzliche Gefahr stellte das Feuer dar, da die oberen Stockwerke aus Holz bestanden, die relativ schnell in Brand gerieten. Die Feuersbrunst von 64 n. Chr., die sich neun Tage lang lodernd durch Rom fraß, ging vermutlich von einer derartigen Wohnung aus.

Kaiser Augustus beschränkte die Höhe der *insulae*: Sie durften nicht höher als 20 Meter gebaut werden. Daneben führte er auch nächtliche Feuerwachen ein. Nero und Trajan be-

Ein Relief in Pompeji zeigt zwei Personen, die gemeinsam eine Amphore tragen. Menschen waren die wichtigsten Lastenträger in antiker Zeit.

Mauerreste von Mietshäusern oder insulae *in Ostia, dem Hafen des alten Rom.*

grenzten die Höhe der Mietshäuser weiter.

Läden und Wohnungen

Im Erdgeschoss der *insulae* wurden üblicherweise Läden eingerichtet, während die Wohnräume in den oberen Stockwerken lagen. Wegen der Feuer- und Einsturzgefahr sowie der wenig sicheren Treppenhäuser waren die höher gelegenen hölzernen Stockwerke am wenigsten begehrt. Die meisten Wohnungen hatten kleine offene Fenster zur Straße, manche blickten auch auf einen Innenhof, der weniger Licht einließ. Vermutlich hatten einige Räume auch sogar kein Tageslicht.

Römer der Mittelschicht lebten zwar ebenfalls in *insulae*, konnten sich aber, anders als die ärmeren Bevölkerungsschichten, größere Wohnungen in besseren Mietshäusern leisten.

Modell eines römischen Mietshauses. Viele insulae *dürften etliche Stockwerke höher gewesen sein; die oberen bestanden aus Holz und bildeten eine ständige Brandgefahr.*

Das altrömische Haus *(domus)*

Wohlhabende Römer lebten fernab der überfüllten Mietskasernen in ihren eigenen einstöckigen Häusern, die *domus* genannt wurden. Der Palatinhügel, nahe dem Kaiserpalast und in sicherer Entfernung von der Plebs, war eine beliebte Wohngegend für reichere Bürger.

Die Zimmer der Häuser öffneten sich auf ein von Säulengängen umgebenes Atrium, die Empfangshalle, in der sich Schreine für die Laren (Hausgötter) und die Ahnen befanden. Das Atriumdach besaß in der Mitte eine Öffnung, sodass Sonne und – noch wichtiger – Regen eindringen konnten. Das Regenwasser, das von den umliegenden Dächern durch Regenrinnen in das Atrium abfloss, sammelte man in einem Becken in der Mitte des Atriums und nutzte es für den Haushalt.

Läden auf dem Trajansmarkt, einem großen Ladenkomplex, den Kaiser Trajan neben seinem Forum erbauen ließ.

Anlage einer *domus*

Die wichtigsten Räume einer domus gruppierten sich rund um das zentrale Atrium, einschließlich des *tablinum* (Empfangsraum) im hinteren Teil, wo der Haushaltsvorstand seine Geschäfte tätigte. Die kleinen Schlafzimmer der Familie lagen ebenso um das Atrium.

Die sparsame und schlichte Möblierung ließ ein solches römisches Haus größer erscheinen, als es tatsächlich war. Es wurde stattdessen kunstvoll durch Wandmalereien, Skulpturen und Bauschmuck ausgestattet: Je reicher die Besitzer waren, desto prachtvoller war diese Art der Ausstattung.

Bewirtung im Freien

An die Rückseite des Hauses grenzte ein kleiner umwallter Garten, in dem sich ein großer Teil der Bewirtung abspielte; viele Mahlzeiten wurden im Freien eingenommen. Ursprünglich waren die Gärten recht schlicht, aber in spätrepublikanischer Zeit gestalteten viele Familien ihre Gärten im griechischen Stil mit Säulen, Fresken und exotischer Flora. Wenn es zu kalt oder zu heiß war, um im Garten zu speisen, stand im *domus* ein Esszimmer zur Verfügung.

Das Haus besaß auch eine einfache Küche mit einem Herd, wo Sklaven arbeiteten. Einige Eigentümer vermieteten die sonst ungenutzte Frontseite des Hauses für den Anbau kleiner Läden.

Öllampe aus Pompeji.

Arbeiten in der Stadt

Schwere und niedere Arbeiten wurden in Rom von Sklaven geleistet, sodass einfache römische Bürger andere Beschäftigungen suchen mussten. Die meisten Männer waren im Handel tätig, etwa als Bäcker oder Fisch- und Weinhändler. Andere arbeiteten als Kunsthandwerker oder Schreiner, fertigten Kleider, Schmuck oder Möbel.

Die Läden oder Werkstätten lagen meist im Erdgeschoss von *insulae*; Familie und Angestellte lebten normalerweise in demselben Gebäude, oft in beengten Verhältnissen hinter dem Laden. Diese Handwerker und Händler gehörten häufig Zünften an, die sich für ihre gemeinsamen Interessen einsetzten.

Straße und Tempelruinen in Ostia.

Arbeit und Muße

Römische Frauen, auch arme, gingen in der Regel keiner beruflichen Tätigkeit nach, doch in Familienbetrieben unterstützten sie oft ihre Ehemänner in Läden oder Werkstätten. Söhne ergriffen gewöhnlich denselben Beruf wie ihre Väter. Als das Heer auch Männern aus dem Volk offen stand, schlugen viele eine militärische Laufbahn ein.

Der einfache Römer hatte einen Arbeitstag von sechs Stunden, der bei Sonnenaufgang begann, während der Nachmittag für Vergnügungen frei blieb, etwa dem Besuch der Bäder oder der Spiele. Einige Händler öffneten ihre Läden am frühen Abend erneut, um noch ein letztes Geschäft vor der Abendruhe abzuschließen.

Beruf und Standesbewusstsein

Die Tätigkeit als Händler oder Handwerker war den römischen Patriziern nicht erlaubt. Ihre beruflichen Möglichkeiten lagen fast ausschließlich in der Politik, der Justiz und der Armee. Wie die einfachen Bürger verbrachten auch sie den Nachmittag in den Bädern, wo sie ihre politischen Gespräche fortsetzten.

Da den Reichen nicht alle Berufe offen standen und den ärmeren Bürgern in manchen Bereichen die Fachkenntnissen fehlten, übernahmen Sklaven manche anspruchsvolle Tätigkeiten und arbeiteten als Lehrer, Ärzte und Architekten. Eigentlich mussten sie ihren gesamten Verdienst an ihre Herren abführen, doch durften sie meist einen Prozentsatz behalten, der als Anreiz für gute Leistungen diente. Sobald sie genügend Geld verdient hatten, konnten sie sich freikaufen. Viele arbeiteten danach in demselben Beruf weiter, sodass hoch spezialisierte Berufe oft das Vorrecht dieser Freigelassenen und ihrer Nachkommen waren.

Bäckerei in den Ruinen von Ostia. Die frei stehenden Steingebilde sind Überreste eines Backofens.

Darstellung von drei Straßenmusikanten auf einem Mosaik. Die meisten Römer hatten einen Arbeitstag von sechs Stunden, der Nachmittag diente der Muße oder dem Vergnügen.

Kleidung und Mode

Die römische Kleidung war in der Regel schlicht und zeitlos. Daher folgten die meisten Römer der neuesten Mode im Haarschnitt, bei Schmuck und Kosmetika. Diese Accessoires galten als Statussymbol; reiche Römer pflegten sich mit Juwelen zu behängen und kunstvolle Frisuren zu tragen, während ärmere mit dem vorliebnahmen, was sie sich leisten konnten.

Die Toga

Die Toga war das Kennzeichen des römischen Bürgers seit den frühesten Tagen der Republik. Sie bestand aus einer weit geschnittenen wollenen Stoffbahn, die den ganzen Körper bedeckte. Weil sie wärmte und nur einen Arm frei ließ, war sie besonders für Soldaten und Arbeiter ungeeignet. Daher wurde die Toga von handwerklich tätigen Bürgern nur bei feierlichen Anlässen getragen, während wohlhabende Römer sich in der Öffentlichkeit stets mit der Toga zeigten, um kundzutun, dass sie nicht körperlich arbeiten mussten.

Es gab unterschiedliche Togen für verschiedene Lebensabschnitte: Knaben trugen die *toga praetexta* mit purpurnem Saum, bis sie bei ihrer Volljährigkeit die *toga virilis* (Männertoga) erhielten. Die graubraune *toga pulla* war ein Zeichen der Trauer. Eine Zeitlang durfte ein Befehlshaber, der einen großen Sieg feierte, eine Purpurtoga tragen, bis dieses Privileg nur noch dem Kaiser vorbehalten blieb. So unbequem die Toga auch war, sie galt als Ehrenkleid; denn wer kein römischer Bürger war, durfte sie nicht tragen.

Die weibliche Stola

Für Frauen gab es eine leichtere Version der Toga: die Stola. Dies war eine lange weiße Robe, die bis zum Boden reichte, lange Ärmel hatte und an den Schultern mit Spangen befestigt wurde. Am unteren Rand war sie mit einem Volant besetzt. Die Frauen trugen oft einen weiten Überwurf, die *palla*, über der Stola. Bei Frauen aus wohlhabenden Familien war die *palla* manchmal aus Seide, einem exotischen und seltenen, aus dem fernen China importierten Material.

Goldener Ring mit einer Kamee, die das Bildnis einer Gottheit zeigt.

Die Tunika

Zur Zeit der frühen Republik lag die Toga gewöhnlich unmittelbar am Körper an, was jedoch überaus unbequem war, weil die Haut auf den Wollstoff empfindlich reagierte. Daher setzte sich die Tunika durch, die Männer und Frauen unter ihrer Toga oder Stola trugen.

Römische Männer aus dem Volk, die nur gelegentlich eine Toga trugen, nutzten die Tunika meist als Arbeitsgewand. In der Hitze des Sommers genügte eine Tunika, im Winter trug man mehrere übereinander.

Die Tunika der Männer bestand aus zwei zusammengenähten Rechtecken; sie wurde mit kurzen Ärmeln und einem Gürtel versehen, was beim Arbeiten praktisch war. Die Tuniken der Frauen hatten einen längeren Rock und längere Ärmel, die der Sklaven wiesen seitliche Längsstreifen auf.

Die weißen Wollstoffe mussten oft gereinigt werden, was zu den Aufgaben der Walker gehörte. Vor dem Waschen wurden die Kleidungsstücke mit Urin gestärkt und dann mit einem speziellen Lehm eingerieben, der sogenannten Walkerde, um Schmutz und Fett zu entfernen. Walker färbten auch Stoffe, aus denen die römischen Frauen dann Kleidungsstücke für ihre Familie nähten.

Schuhe

Das Schuhwerk war bei Römern für Männer und Frauen relativ einheitlich. Im eigenen Haus oder bei Freunden trug man bequeme offene Sandalen. Soldaten hatten eine Art geschnürte Stiefelsandale, die sogenannte *caliga*. Auf der Straße trugen die Römer *calcei*, Lederschuhe, die den ganzen Fuß bedeckten. Es galt als unschicklich, in der Öffentlichkeit in Sandalen zu erscheinen, und zur Toga musste man *calcei* tragen.

Obwohl die Römer keine Socken zu tragen pflegten, benutzten sie Stoffeinlagen, um sich die Füße nicht aufzureiben, denn die Mode verlangte eng anliegende Schuhe.

Ein römischer Kaiser wurde sogar nach einem Schuhwerk benannt: Gaius Julius Caesar Germanicus erhielt den Beinamen Caligula, „Stiefelchen", weil seine Mutter ihn schon als Kind in eine kleine Soldatenuniform samt *caligae* kleidete.

Frau im typischen römischen Gewand des 1. Jahrhunderts n. Chr. Wandmalerei aus der Mysterienvilla in Pompeji.

***Die weibliche Sitzstatue veranschaulicht den Faltenwurf von Stola und* palla.**

Haartrachten

Während der Republik waren die römischen Frisuren schlicht, da die meisten Männer kurzes Haar trugen, während die Frauen ihr Haar zu einem Knoten aufsteckten. In der Kaiserzeit liebten die Frauen auffallende Frisuren und griffen zu Haarfärbemitteln und Perücken.

Obwohl die Mehrzahl der römischen Frauen dunkles Haar besaß, war blondes oder rotes sehr beliebt. Daher färbten sich die Frauen ihr Haar und setzten Haarteile oder Perücken auf. Die Perückenhaare kamen vor allem aus dem unterworfenen Germanien.

Zur Zeit der flavischen Kaiser war bei den römischen Frauen eine kunstvolle Haartracht mit stufig auffrisierten Stirnlöckchen beliebt. Diese Frisur konnten sich nur Wohlhabende leisten, weil zum Aufbau der Haartracht eine Sklavin benötigt wurde, die sich auf die Kunst des Lockendrehens und Feststeckens verstand.

Die Haartracht der Männer blieb bis ins 2. Jahrhundert n. Chr. weitgehend unverändert – bis mit Kaiser Hadrian der Lockenkopf populär wurde. Hadrian ließ sein eigenes Haar mit der Brennschere kräuseln.

Barttrachten

Zur Zeit der frühen Republik rasierten sich nur wenige Römer, da sie nicht über die entsprechenden Schermesser verfügten. Zudem entsprach dieses Erscheinungsbild der Mode. Das änderte sich im 3. Jahrhundert v. Chr., als die Römer im Süden Italiens unter den Einfluss der Griechen gelangten, bei denen das Rasieren üblich war. Die römischen Männer rasierten sich aber nicht selbst, sondern suchten einen Barbier auf.

Die glatte Rasur hielt sich über mehrere Jahrhunderte, wenngleich die Männer auch häufig einen gestutzten Bart hatten. Kaiser Hadrian führte den Bart wieder ein, angeblich, um eine kleine Entstellung im Gesicht zu verbergen. Der Bart blieb bis zur Zeit Konstantins des Großen beliebt, unter dem die Rasur wieder in Mode kam.

Hadrian führte die ab dem 2. Jahrhundert beliebte Mode des gestutzten Bartes ein. Es hieß, dass der Kaiser sich einen Bart wachsen ließ, um eine kleine Entstellung zu verbergen.

Zur Zeit der flavischen Kaiser war bei Frauen eine kunstvolle Frisur mit stufig aufgesteckten Stirnlöckchen modern. Sie diente als Statussymbol, da nur Reiche es sich leisten konnten, Zeit und Geld in die zeitraubende Haartracht zu investieren.

Schmuck und Kosmetik

Siegelringe

Die römischen Männer begnügten sich gewöhnlich mit einem einzigen Schmuckstück, einem Siegelring mit persönlicher Gravur. Der Besitzer konnte seinen Ring in geschmolzenes Wachs drücken und so etwa ein Schriftstück versiegeln. Siegelringe bestanden ursprünglich aus Eisen, doch später wurden goldene Ringe üblich. Im Lauf der Zeit pflegten reiche römische Männer mehr als nur einen Ring zu tragen, wohl um sich von ärmeren Bürgern abzusetzen, die sich nur einen Ring leisten konnten.

Anders als Männer trugen die römischen Frauen zahlreiche Schmuckstücke – Ringe, Halsketten, Ohrringe, Armbänder, Broschen und Haarnadeln. Die Mehrzahl der Eheringe bestand aus Eisen, wie in der frühen Republik Schmuckstücke meist aus Eisen gefertigt wurden. Als Rom expandierte und auf kostbare Materialien zugreifen konnte, genoss Gold- und Silberschmuck große Beliebtheit. Einige Frauen bevorzugten extravaganten Schmuck aus Perlmutt oder Elfenbein.

Ebenso wie Männer stellten die reichsten Frauen Roms ihre Schätze gern zur Schau. Um in der Gesellschaft zu glänzen, ließen Frauen, die es sich leisten konnten, ihre Stücke mit seltenen Edelsteinen besetzen, wie etwa mit Saphiren, Rubinen und Smaragden.

Zerdrückte Schnecken und Ameisen

Die römischen Frauen suchten blasser zu erscheinen, als sie waren. Viele mieden daher das Sonnenlicht und setzten Kosmetikmittel ein. Gemahlener Kalk oder Bleiweiß wurden aufgetragen, um Gesicht und Armen den nötigen blassen Teint zu verleihen, und zerriebene Schnecken dienten als Gesichtscreme. Das hellhäutige Aussehen ließ sich betonen, indem man die Augenbrauen mit zerdrückten Ameisen oder Asche schwärzte. Rötlicher Ton oder Farbe wurden als Wangenrot und Lippenstift verwendet.

Goldenes Halsband mit Edelsteinen aus Pompeji.

Kunstvoll gearbeiteter Ohrring mit fünf Anhängern.

Konstantin und der christliche Staat

Konstantin

Diokletians Tetrarchie brach bald zusammen, und Konstantin trat als Alleinherrscher über die römische Welt an. Er schrieb seine Siege über seine Rivalen dem Eingreifen des christlichen Gottes zu. So gewann das Christentum an Boden und wurde schließlich zur Staatsreligion.

Der Zusammenbruch der Tetrarchie

Diokletians Abdankung zugunsten von Galerius leitete das Ende der Tetrarchie ein. Im Westen war auch Maximianus zurückgetreten; ihm folgte, wie geplant, Constantius als Augustus.

305 n.Chr. wurden die beiden jungen Kaiser Constantius und Galerius als Nachfolger von Diokletian und Maximianus proklamiert. Ihnen standen als Caesaren Flavius Severus und Maximinus Daia zur Seite. Doch Constantius starb im Jahr darauf in Eboracum (York) in Britannien, und die Tetrarchie geriet in eine ernste Krise.

Mit der Einführung der Tetrarchie verfolgte Diokletian unter anderem das Ziel, die Nachfolge klar zu regeln und die Machtübergabe von den älteren zu den jüngeren Kaisern reibungslos zu gestalten. Doch die Situation änderte sich, als die Truppen den Sohn des Constantius, Flavius Valerius Constantinus (Konstantin) zum Augustus ausriefen, obwohl er nicht als Kaiser vorgesehen war.

Der amtierende Caesar, Flavius Severus, erklärte sich in Rom zum Augustus, wurde aber von Maxentius, dem Sohn des Maximianus, verdrängt, der sich durch die Prätorianergarde zum Kaiser ausriefen ließ. Der Osten erlebte einen ähnlichen Konflikt, als Galerius 311 starb und das Territorium zwischen den neuen Augusti Licinius und Maximinus Daia aufgeteilt wurde.

Der Kampf um das Reich im Westen

Im Oktober 312 n.Chr. entbrannte an der Milvischen Brücke bei Rom die Schlacht zwischen Konstantin und Maxentius um den Westen des Kaiserreichs.

Vor der Schlacht soll Konstantin eine göttliche Vision gehabt haben, die ihn anwies, die Standarten seiner Soldaten mit dem christlichen Zeichen zu versehen. Er gehorchte und zog unter dem Zeichen des Kreuzes in den Kampf. Obwohl seine Truppen in der Minderzahl waren, schlug Konstantin seinen Gegner Maxentius, der beim Einsturz der Brücke ertrank. Konstantins überraschender Sieg und Maxentius' Tod wurden vor allem in der christlichen Geschichtsschreibung als das Eingreifen des christlichen Gottes gedeutet.

Das Tor des Diokletian auf der Nilinsel Philae.

Das Toleranzedikt von Mailand

Als Sieger marschierte Konstantin in Rom ein, wo er vom Volk und Senat als Kaiser begrüßt und akzeptiert wurde. Im Kampf gegen Maxentius soll sich Konstantins Hinwendung zum Christentum vollzogen haben.

313 n. Chr. erließ er das Toleranzedikt von Mailand, das die Tolerierung aller Religionen im Reich festschrieb. Somit wurde das Christentum zu einer gleichberechtigten Religion neben anderen römischen Religionen. Das Edikt wurde auch von Licinius unterschrieben, der sich mit Konstantin gegen Maximinus Daia, seinen Rivalen im Osten, verbündet hatte. Licinius unterzeichnete das Edikt, um Konstantins Unterstützung gegen Maximinus Daia zu erhalten, der Christen verfolgt hatte. Mit Konstantins Hilfe siegte Licinius über Maximinus Daia, und die Verfolgung der Christen fand vorübergehend ein Ende.

Konstantin und das Christentum

Die Allianz zwischen Licinius und Konstantin hielt jedoch nicht lange. Konstantin strebte nach der Alleinherrschaft über das gesamte Reich. Bei diesem Kampf suchte er die Unterstützung breiter Bevölkerungsmassen, unter anderem auch der Christen. Konstantin, der sich erst auf dem Sterbebett taufen ließ, setzte sich jedoch schon sehr früh an die Spitze der christlichen Bewegung.

Der Senat lehnt jedoch die Förderung des Christentums durch Konstantins ab und unterstützte Licinius in der Hoffnung, Konstantin absetzen zu können.

Konstantin gegen Licinius

316 n. Chr. stellte Konstantin die Balkanhalbinsel, die zu Licinius' Einflussbereich gehörte, unter seine Macht. Licinius verfolgte dagegen ab 320 wieder Christen, was nun zu einem offenen Kampf zwischen den beiden führte. Dieser Kampf wird vor allem in der christlichen Geschichtsschreibung gern als heiliger Krieg zwischen dem Heidentum und Christentum beschrieben.

324 wurde Licinius schließlich bei Adrianopel von Konstantin besiegt. Konstantin wurde damit zum Alleinherrscher der römischen Welt.

Der Konstantinsbogen in der Nähe des Kolosseums in Rom, ein Denkmal seines Triumphs über Maxentius. Der Sieg ebnete ihm den Weg zur Alleinherrschaft über das Römische Reich.

Konstantinopel

Während eines Großteils der römischen Geschichte glänzte Rom als die bedeutendste Stadt der Welt. In der späten Republik und der frühen Kaiserzeit war sie durch militärische Eroberungen reich geworden. Die Einwohnerzahl hatte die Million überschritten, und die Stadt entwickelte sich zum Handels- und Verkehrsmittelpunkt des ganzen Reichs.

Der Niedergang Roms

Im Laufe der politischen Krisen im 3. Jahrhundert n. Chr. hatte die Stadt einen wirtschaftlichen Niedergang erlebt, da die Einnahmequellen schrumpften. Binnen- und Außenhandel begannen zu versiegen, und bald sah sich Rom durch den wirtschaftlich blühenden Osten in den Schatten gestellt.

Rom blieb zwar zunächst das politische Zentrum des Reichs, doch diese Vorrangstellung wurde durch Diokletians Reformen eingeschränkt. Der Herrscher im Westen regierte von Mediolanum aus (Mailand), das näher an den unruhigen Grenzen im Norden lag, und der Herrscher im Osten hielt Hof in Nicomedia, im heutigen Nordwesten der Türkei.

Goldsolidus mit dem Porträt Konstantins.

Bruch mit Rom

Konstantin brach schließlich mit Rom, als er die Hauptstadt des Reichs nach Byzanz, in das heutige Istanbul, verlegte, das er Nova Roma nannte.

Rom lag allzu weit entfernt von dem neuen Wirtschafts- und Kulturzentrum im Osten des Reichs. Die wirtschaftliche und strategische Bedeutung von Byzanz sprachen dagegen für die Stadt am Bosporus.

Damit rückte die regierende Macht sowohl näher an das geografische Zentrum des Reichs als auch in größere Reichweite zu den Unruheherden im Osten und Westen. Zudem befand sich die Stadt in einer idealen Lage, um den Handel zwischen Ost und West zu kontrollieren.

Konstantinopel

Pracht und Prunk

Die Städte des Reichs wurden gezwungen, Kunstschätze an Nova Roma abzutreten, um diese zu einer prachtvollen Kaiserstadt zu machen. Obwohl Rom viel von seinem Prestige beibehielt, verblasste doch seine Bedeutung, als Patrizier, Künstler und Händler in die neue Hauptstadt zogen und auch ihr Vermögen mitnahmen. Zu Ehren Konstantins erhielt Nova Roma nach dessen Tod einen neuen Namen: Konstantinopel.

Venus

Venus, die Tochter von Dione und Jupiter, war eine der wichtigsten römischen Göttinnen. Sie verkörperte Liebe und Schönheit und galt als Ahnherrin und Schutzgöttin des römischen Volkes.

Untreue Ehefrau

Ihrem Ehemann Vulkan, dem Gott des Feuers und der Schmiede, war Venus manchmal untreu; zu ihren zahlreichen Liebhabern gehörten Adonis und Mars.

Der Kult der Venus wurde 295 v. Chr. zum Staatskult, als der älteste ihr gewidmete Tempel in Rom gebaut und am 18. August eingeweiht wurde.

Statue des Mars aus dem Canopus in der Hadriansvilla. Mars war einer der Liebhaber der Venus.

Der Tempel der Venus und Roma

Die Göttin Roma war die Personifikation die Stadt Rom. Venus stand in enger Beziehung zu Rom, sodass der größte Tempel im alten Rom Tempel der Venus und der Roma hieß. Dieser Tempel am östlichen Rand des Forums unweit des Kolosseums wurde von Kaiser Hadrian in Auftrag gegeben. Der Grundstein zu dem Bau wurde 121 n. Chr. gelegt. 135 wurde er eingeweiht und unter der Regierung des Antoninus Pius vollendet.

Venus wurde mit der griechischen Göttin Aphrodite gleichgesetzt und übernahm viele ihrer Mythen.

Statue der Venus.

Julian

Die Einführung des Christentums

325 n. Chr. berief Konstantin das Konzil von Nicaea ein, um über Doktrin und Praxis in der christlichen Kirche zu beraten. Das Konzil hatte weitreichende Folgen; sein einheitliches Glaubensbekenntnis ist bis heute Basis des Christentums. Konstantin ließ die Geburtskirche in Bethlehem und die Grabeskirche in Jerusalem an jenen Stellen errichten, an denen Christus geboren und gestorben sein soll. Doch die Vorrangstellung, die er dem Christentum einräumte, ging noch weiter: Die Kreuzigung als Bestrafung wurde abgeschafft und der Sonntag im Jahr 321 als Tag allgemeiner Ruhe festgelegt, an dem Läden und Märkte geschlossen hatten.

Trotz der Förderung des Christentums, die auch den nicht-christlichen Teil der Gesellschaft erheblich beeinflusste, geht man heute davon aus, dass Konstantin kein überzeugter Christ war. Die Religion war für ihn politisch zweckmäßig, und er nutzte als Erster das Christentum und seine Einrichtungen als politisches Machtinstrument. Auf dem Sterbebett ließ er sich kurz vor seinem Tod 337 n. Chr. noch taufen und ging damit als erster christlicher Herrscher in die Geschichte ein.

Die Kräfte der alten Religionen

Zwar bahnte Konstantin dem Christentum den Weg zur Staatsreligion, konnte es aber noch nicht fest etablieren. 20 Jahre nach seinem Tod gewannen die alten römischen Religionen erneut an Macht.

Konstantin hatte das Kaiserreich seinen drei Söhnen hinterlassen, die es unter sich aufteilten. Doch Zwistigkeiten unter den drei Herrschern und Herausforderungen durch andere Familienmitglieder und Usurpatoren stürzten das Reich ins Chaos und führten zur Aufteilung des Imperiums. Den Kampf um die Macht gewann Konstantins Neffe, Flavius Claudius Julianus (Julian), der 361 n. Chr. zum Alleinherrscher Roms aufstieg.

In der Geschichtsschreibung erhielt er den Namen Julian Apostata (der Abtrünnige), weil er die traditionellen Götter Roms wieder einführte und sich gegen die Christen wandte. Die Rückkehr zu den traditionellen Religionen endete jedoch 363, als Julian in der Schlacht gegen die Perser fiel. Er war der letzte nicht-christliche Herrscher des alten Rom: 380 n. Chr. wurde der fromme Theodosius Kaiser und machte das Christentum zur offiziellen Staatsreligion.

Detail vom Sockel des Theodosius-Obelisken. Der byzantinische Sockel, auf dem ein altägyptischer Obelisk aus Karnak steht, zeigt Kaiser Theodosius auf seinem Logenplatz im Zirkus. Das Denkmal befindet sich seit der Antike im ehemaligen byzantinischen Hippodrom in Istanbul.

Das Missorium (Silberplatte) des Theodosius ist eine Votivtafel zum Gedenken an den zehnten Jahrestag seiner Regierung. Diese Tafeln wurden zu wichtigen Anlässen als Ehrengaben geschaffen. Die Tafel wurde in Spanien gefunden. Die Soldaten auf dem Bild stellen offensichtlich Germanen dar: Das Beispiel verdeutlicht eindrucksvoll die immense Ausdehnung des Reichs.

Theodosius

Julians Nachfolger, Flavius Jovianus (Jovian), war Christ. Der Krieg gegen die Perser, der Julian das Leben gekostet hatte, fand ein rasches Ende, als Jovian sich bereitwillig aus mehreren Provinzen im Osten zurückzog.

Jovian starb aber bereits bei seiner Rückkehr nach Konstantinopel, nachdem er kaum acht Monate regiert hatte. Offiziell heißt es, er sei an dem Rauch eines neben ihm stehenden Holzkohleofens erstickt, doch es gab auch Gerüchte, er sei ermordet worden.

Rückkehr zur Diarchie

Flavius Valentinianus (Valentinian I.) folgte ihm auf den Thron und entschloss sich rasch für die Diarchie, die Doppelherrschaft, weil er erkannte, dass das Reich zu groß war, um es allein zu regieren. Er bestimmte seinen Bruder Valens zum Kaiser im Osten, während er den Westen regierte. Valentinian zeigte sich als fähiger Herrscher; er verstärkte die Grenzen Roms an Donau und Rhein sowie in Nordafrika.

Doch Valens war weniger erfolgreich als sein Bruder im Westen. Seine Feldzüge gegen die Angriffe der Perser und Westgoten blieben wirkungslos. 366 musste er gegen einen Usurpator, Procopius, kämpfen.

Jahre der Instabilität

375 n. Chr. starb Valentinian, und seine sehr jungen Söhne, Gratian und Valentinian II., nahmen seinen Platz als Herrscher im Westen ein. Drei Jahre darauf wurde Valens in einer Schlacht gegen die Westgoten in Adrianopel getötet. Gratian erhob Theodosius, den Sohn eines der besten Feldherren, zum Augustus des Ostens.

Acht Jahre nach seiner Ernennung wurde Gratian von Magnus Maximus ermordet, einem Usurpator, der in Britannien von den Truppen zum Kaiser ausgerufen worden war. Maximus drang nach Gallien vor, wo er Gratian in Lugdunum (Lyon) in eine Falle lockte und tötete.

Theodosius erkannte Maximus nicht an und betrachtete weiterhin Valentinian II. als den rechtmäßigen Kaiser des Westens. Daraufhin zog Maximus weiter nach Italien, um Valentinian abzusetzen. Doch Theodosius kam diesem zu Hilfe und besiegte Maximus, der schließlich getötet wurde.

Theodosius wird Alleinherrscher

Zur Sicherheit stellte Theodosius Valentinian unter den Schutz des fränkischen Offiziers Arbogast. Als Valentinian 392 n. Chr. erhängt aufgefunden wurde, behauptete Arbogast, der Kaiser habe Selbstmord begangen. Doch Theodosius hielt Arbogast für den Mörder, ein Verdacht, der sich zu erhärten schien, als Arbogast einen seiner Verbündeten, Eugenius, zum Augustus des Westens erhob.

Theodosius eilte aus dem Osten herbei und schlug Arbogast in der Schlacht am Fluss Frigidus. Bis zu seinem Tod 395 n. Chr. regierte er drei Jahre lang als Alleinherrscher über die römische Welt.

Jetzt konnte Theodosius seine Gesetzgebung, die keine andere Religion als das Christentum duldete, auch auf den Westen ausdehnen. 381 wurde das Christentum zur allgemeinen Staatsreligion erklärt, 391 n. Chr. wurden die heidnischen Kulte verboten und 394 die Olympischen Spiele, die den alten Religionen huldigten, abgeschafft.

Theodosius' Tod markierte die permanente Teilung des Reichs, als seine Söhne Arcadius und Honorius die Macht im Osten beziehungsweise im Westen übernahmen.

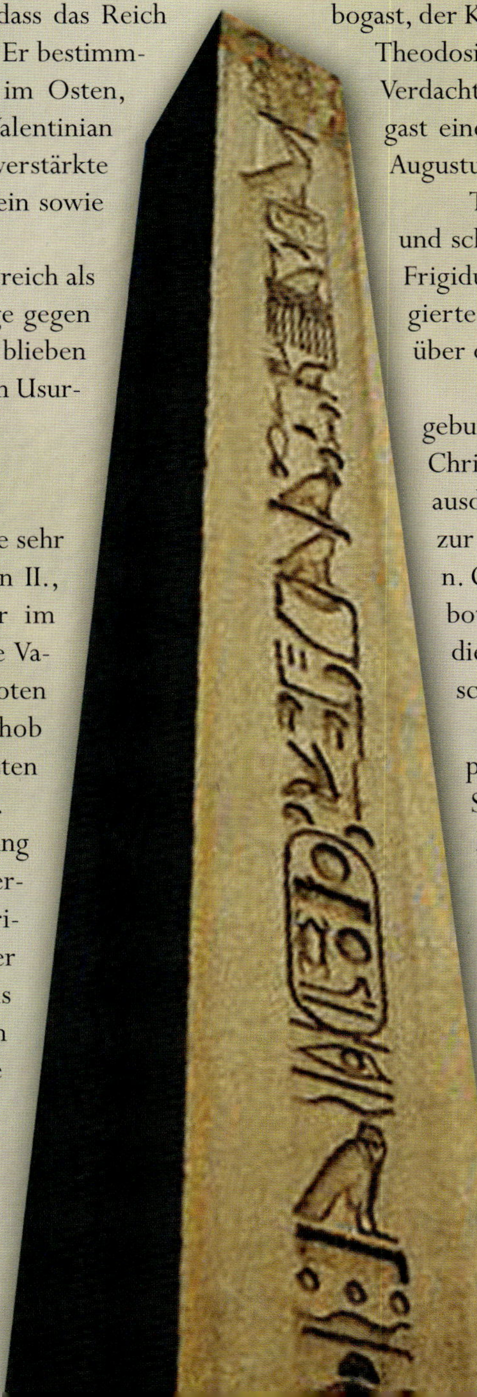

Dieser altägyptische Obelisk aus der Mitte des 2. Jahrtausends v. Chr., der aus Karnak stammt, wurde in theodosischer Zeit im Hippodrom von Konstantinopel aufgestellt.

Die römische Religion

Genius und Juno

In frühester Zeit beruhte die römische Religion auf einem reinen Animismus. Die Römer suchten die geisterhaften Wesen, die alles beseelten, gnädig zu stimmen. Jedes Haus, jeder Gegenstand hatte ebenso wie jeder Mensch seinen eigenen Geist oder *numen*. Dazu glaubte man, von den Hausgeistern (Laren) und den Geistern der Ahnen (Penaten) beschützt zu werden. Auch im Menschen selbst hauste ein Geist, beim Mann der Genius, bei der Frau Juno.

Drei prominente Götter

In der Frühzeit der römischen Geschichte traten dann drei Götter, Mars, Quirinus und Jupiter, besonders hervor. Ihre Bedeutung ist vermutlich dem sabinischen Einfluss über das frühe Rom zu verdanken ist.

Mars, der Gott des Krieges, spielte als Vater von Romulus und Remus eine wichtige Rolle bei der Entstehungsgeschichte Roms. Quirinus, der über das Volk und die Regierung Roms wachte, war der vergöttlichte Romulus, und Jupiter das Oberhaupt der Götter.

Alle drei Götter wurden in einem Tempel auf dem kapitolinischen Hügel verehrt und als die kapitolinische Trias bezeichnet. Diese neuen Götter ersetzten jedoch nicht die traditionellen Geister, sondern wurden parallel zu ihnen verehrt.

Etruskischer Einfluss

Während der römischen Königszeit gelangte Rom unter den Einfluss der etruskischen Kultur, und die kapitolinische Trias erlebte eine Verwandlung. Jupiter blieb an der Spitze der römischen Religion, aber Mars und Quirinus wurden durch Juno und Minerva ersetzt. Juno war die Gattin Jupiters und Minerva, ihre Tochter, die Göttin der Weisheit.

Die religiösen Vorstellungen der Griechen, die bereits seit dem 8. Jahrhundert v. Chr. durch die im Süden Italiens gegründeten Kolonien hier ansässig waren, griffen auf die römische Religion über. Die römischen Geistwesen hatten sehr unpersönliche Charakteristika, und erst unter dem Einfluss der Griechen schufen die Römer eine Mythologie um ihre Götter.

Die Eigenschaften vieler römischer Götter wurden von den griechischen Vorbildern übernommen: Aus Zeus wurde Jupiter, aus Ares wurde Mars, aus Athene Minerva. Dieser Synkretismus betraf die meisten römischen Götter.

Pontifex maximus

Die Verehrung dieser Götter war Teil der organisierten Staatsreligion. Ein Kollegium aus Priestern, das von Bürgern gewählt wurde – es gab keine eigene Priesterklasse –, hatte die Aufsicht über alle Kulte mit der Pflicht, jeden Gott zufriedenzustellen.

Ara dei Gemelli aus Ostia, ein dem Silvanus, dem alten italischen Gott der Natur und der Wälder, geweihter Altar.

In der Frühzeit war der König der höchste Priester des Staates. Während der Republik übernahm ein Oberpriester, der *pontifex maximus*, diese Pflichten. Ursprünglich wurde er aus den Reihen der Patrizier gewählt, seit dem 3. Jahrhundert v. Chr. stand das Amt auch einem Plebejer offen. Obwohl der höchste Priester während der späten Republik eine rein religiöse Funktion hatte, wurde diese Position zunehmend politisiert; so übte etwa Caesar während des 1. Triumvirats auch das Amt des *pontifex maximus* aus. In der Kaiserzeit hatte der regierende Herrscher das Amt inne.

Repräsentanten der Götter

Jeder Gott hatte einen ihm geweihten Tempel und jeder Tempel seine eigenen Priester oder *flamines*. Während das Kollegium für alle Götter zu sorgen hatte, kümmerten sich die *flamines* nur um den Gott, dem sie zugewiesen waren. Die wichtigsten Priester vertraten einen der drei Götter der kapitolinischen Trias. Mit Ausnahme der Priesterinnen der Vesta, der Göttin des häuslichen Herdes, waren alle Priester Männer.

Wandmalerei aus Pompeji mit der Darstellung der Bestrafung des Eros. Bei der Entwicklung der römischen Religion spielten die griechischen Götter und deren Mythen, die fast unverändert übernommen wurden, eine wichtige Rolle.

Altar für die Matronae Aufaniae. Die Inschrift des in Bonn gefundenen Denkmals nennt als Stifter Vettius Severus.

Die Vestalinnen

Die Priesterinnen der Vesta wurden Vestalinnen oder vestalische Jungfrauen genannt, weil sie während der gesamten 30 Jahre ihres Tempeldienstes Jungfrauen bleiben mussten. Sie hatten das heilige Feuer der Vesta zu hüten, das nie ausgehen durfte.

Die Vestalinnen genossen besondere Privilegien: Sie waren unabhängig von ihren Vätern, durften wählen und Besitz haben. Überdies hatten sie in der römischen Gesellschaft ein besonderes Ansehen. Daher wahren viele patrizische Familien darum bemüht, dass ihre Töchter in das Priesterkollegium der Vestalinnen aufgenommen wurden. Der *pontifex maximus* wählte die Jungfrauen durch das Los aus.

Die Vestalinnen hatten einige Vorrechte: So durften sie innerhalb der Stadt im Wagen fahren und bei Schauspielen Ehrenplätze einnehmen. Doch wenn sie gegen die Regel der Keuschheit verstießen, wurden sie lebendig begraben, da ihr Blut nicht vergossen werden durfte.

Der Kaiserkult

Die Vergöttlichung von Herrschern und Kaisern setzte bei den Römern mit Julius Caesar ein und wurde von seinem Nachfolger Augustus fortgeführt. Die vergöttlichten Herrscher erhielten eigene Tempel mit einer eigenen Priesterschaft.

Ursprünglich wurde nicht jeder Kaiser vergöttlicht. Während der Senat, der der Vergöttlichung eines Kaisers zustimmen musste, Claudius, Vespasian und Titus zu Göttern erhob, wurden Caligula und Nero übergangen. Nach Nerva wurde die Vergöttlichung der Kaiser jedoch allgemein üblich, mit Ausnahme einiger unpopulärer oder nur kurz regierender Kaiser.

Darüber hinaus wurden aber auch etliche Kaiser zu Lebzeiten bereits göttergleich behandelt. So ließ sich Commodus als Herkules verehren und überall im Reich Statuen von sich als Herkules aufstellen, während Diokletian sich mit Jupiter identifizierte. Caligula forderte sogar, seine Statue im jüdischen Tempel von Jerusalem aufzustellen, was zu Unruhen und Aufständen unter den Juden führte.

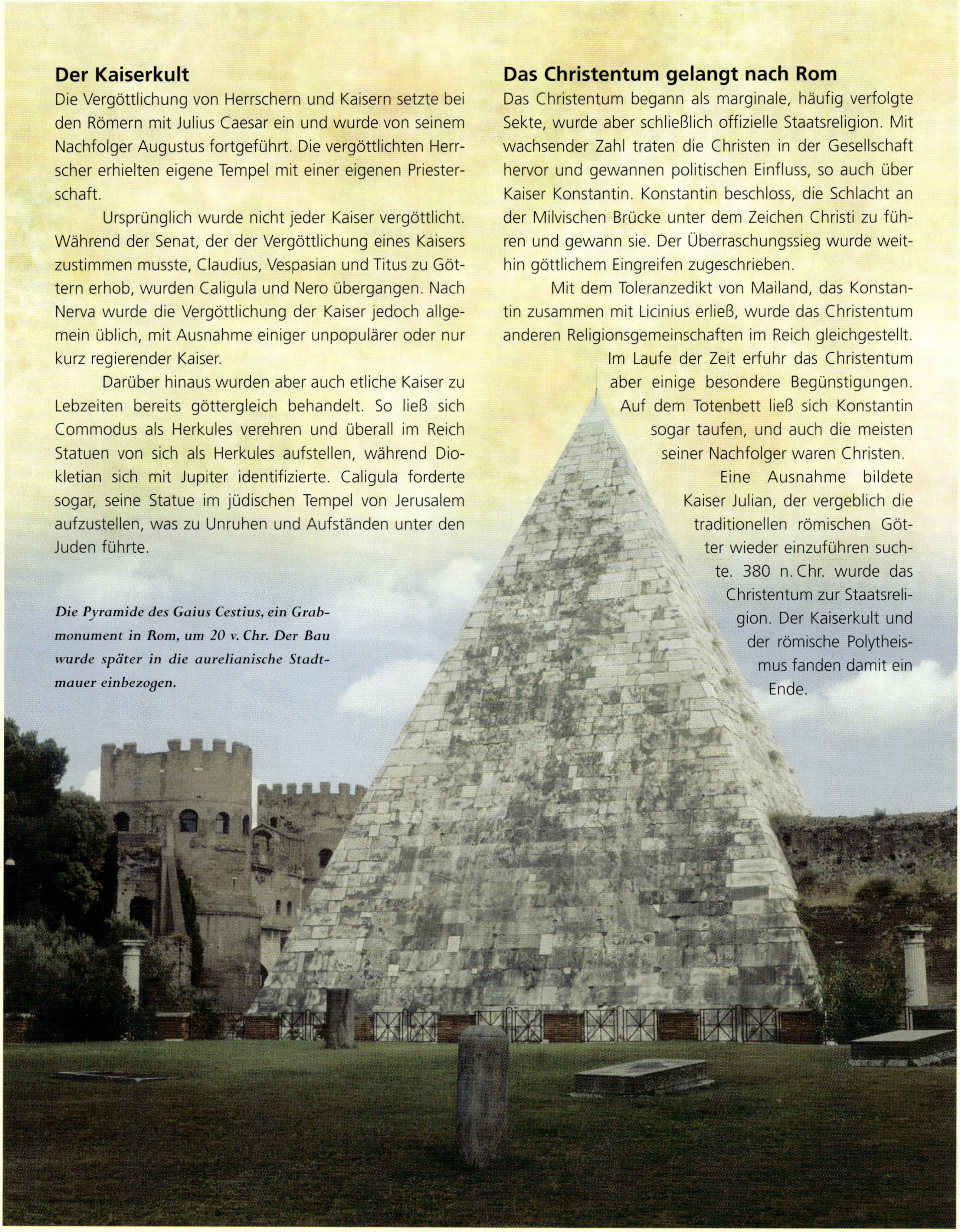

Die Pyramide des Gaius Cestius, ein Grabmonument in Rom, um 20 v. Chr. Der Bau wurde später in die aurelianische Stadtmauer einbezogen.

Das Christentum gelangt nach Rom

Das Christentum begann als marginale, häufig verfolgte Sekte, wurde aber schließlich offizielle Staatsreligion. Mit wachsender Zahl traten die Christen in der Gesellschaft hervor und gewannen politischen Einfluss, so auch über Kaiser Konstantin. Konstantin beschloss, die Schlacht an der Milvischen Brücke unter dem Zeichen Christi zu führen und gewann sie. Der Überraschungssieg wurde weithin göttlichem Eingreifen zugeschrieben.

Mit dem Toleranzedikt von Mailand, das Konstantin zusammen mit Licinius erließ, wurde das Christentum anderen Religionsgemeinschaften im Reich gleichgestellt. Im Laufe der Zeit erfuhr das Christentum aber einige besondere Begünstigungen. Auf dem Totenbett ließ sich Konstantin sogar taufen, und auch die meisten seiner Nachfolger waren Christen.

Eine Ausnahme bildete Kaiser Julian, der vergeblich die traditionellen römischen Götter wieder einzuführen suchte. 380 n. Chr. wurde das Christentum zur Staatsreligion. Der Kaiserkult und der römische Polytheismus fanden damit ein Ende.

Das Pantheon

Das Pantheon ist heute zweifellos das besterhaltene römische Bauwerk, nicht zuletzt deshalb, weil es seit frühester Zeit als Kirche genutzt und so vor dem Verfall bewahrt wurde. Der Vorgängerbau des heutigen Pantheon wurde von Marcus Vipsanius Agrippa, einem Freund Augustus', im Jahr 28 v. Chr. in Auftrag gegeben, nachdem er über Antonius und Kleopatra gesiegt hatte. Der Tempel war der Gesamtheit der römischen Götter geweiht.

110 n. Chr. wurde der Bau Agrippas von einem Blitzschlag zerstört und, nachdem Hadrian Kaiser geworden war, 118 n. Chr. wieder aufgebaut. Das heutige Gebäude datiert aus dem Jahr 126 n. Chr. Hadrian signierte in demonstrativer Bescheidenheit dieses Bauwerk wie viele andere Bauten, die er stiftete, nicht mit seinem Namen. Die über dem Eingang angebrachte Inschrift verweist noch auf den Stifter des ersten Gebäudes: „Marcus Agrippa, Sohn des Lucius, erbaute dies während des dritten Konsulats."

Das Innere des Pantheon.

Das Pantheon in Rom aus der Vogelperspektive.

Das Pantheon ist ein Wunder antiker Ingenieurkunst und der größte antike Kuppelbau. Die Rotunde besteht aus einem zylindrischen Unterbau und einer Kuppel, deren Durchmesser der Höhe des Unterbaus entspricht (43 Meter). Dicke Wände, Verstrebungen und innovativer Beton verleihen dem Gebäude Standfestigkeit. Durch eine Öffnung im Scheitel *(oculus)* erhält der Raum Licht. Papst Bonifaz IV. wandelte den Bau 609 n. Chr. in eine Kirche um. Seit der Renaissance diente das Pantheon als Grabstätte für herausragende Persönlichkeiten der Stadt, darunter auch Künstler wie Raffael.

Zusammenbruch des Reichs

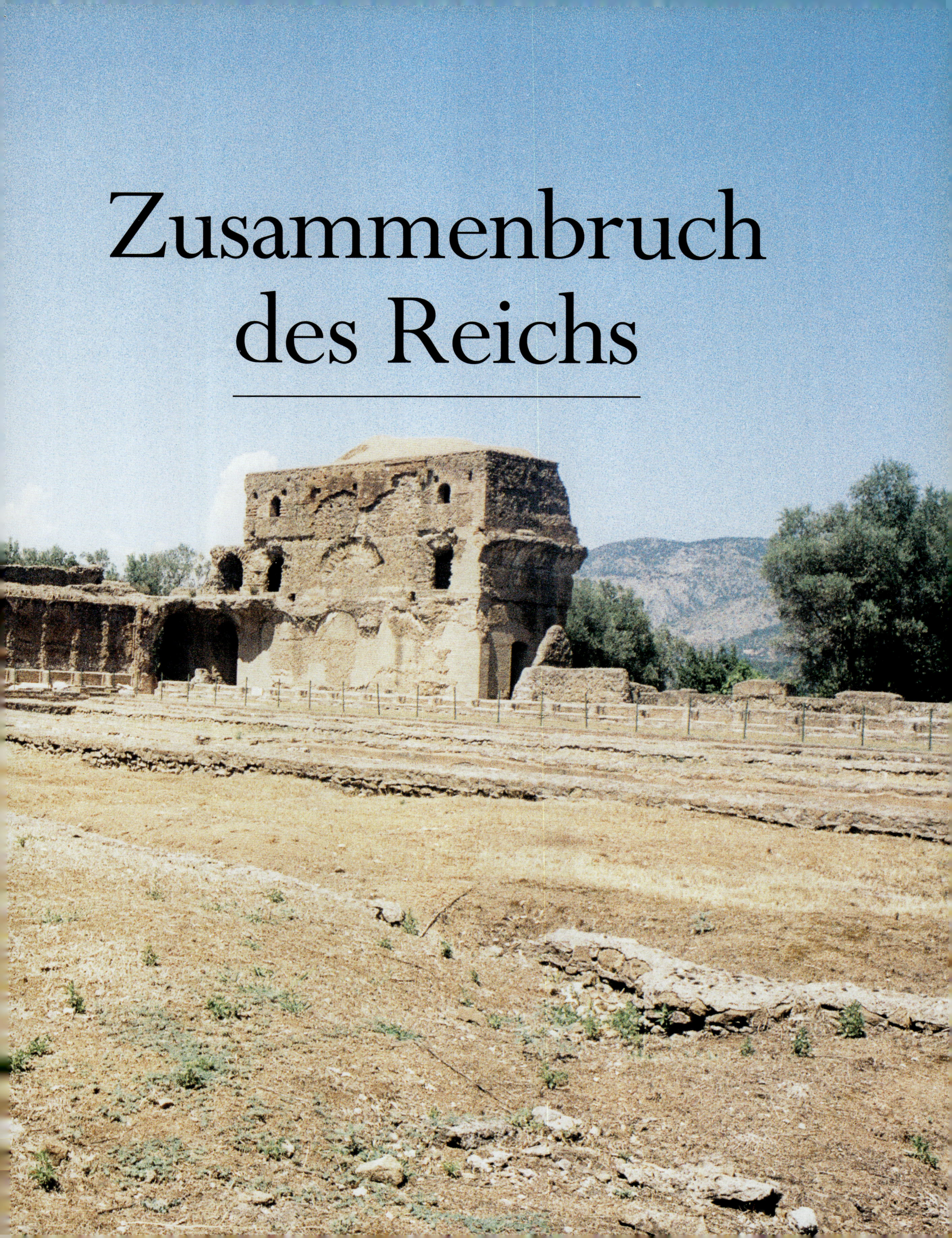

Ansturm der „Barbaren“

Nach dem Tod des Theodosius 395 n. Chr. blieb das Römische Reich zweigeteilt. Während der Osten blühte, befand sich der Westen im Niedergang und musste zunehmend Raubzüge von „barbarischen“ Stämmen erdulden.

Die Westgoten

Die letzte Phase des Römischen Reichs hatte 376 n. Chr. mit dem Eindringen der germanischen Westgoten in römisches Territorium begonnen. Sie waren Flüchtlinge, die vor den Hunnen, Kriegern aus Zentralasien, weichen mussten.

Durch einen Krieg gegen das Sassaniden-Reich (Persien) abgelenkt, hatte der römische Kaiser Valens, Vorgänger des Theodosius, den Westgoten erlaubt, sich auf römischem Territorium niederzulassen. Man hoffte, sie würden die Legionen auffüllen und als Bollwerk gegen weitere Invasionen der Hunnen dienen.

Ausbeutung der Flüchtlinge

Doch die römischen Beamten und Soldaten nahmen den Flüchtlingen Waffen, Kinder und Besitz, sodass sie sich nach dem Betreten römischen Bodens in einer weit schlimmeren Lage befanden als zuvor. Sie erhoben sich 377 gegen die Willkür römischer Beamter und wüteten auf dem ganzen Balkan. Valens ging mit Truppen aus dem Osten gegen die Aufständischen vor, doch die Goten besiegten seine Armee in der Schlacht von Adrianopel, in der auch Valens umkam.

Der neue Kaiser Theodosius siedelte nach einigen Kämpfen die Westgoten in Thrakien als Verbündete Roms an. Sie sollten die römischen Truppen verstärken und waren daher zum Heeresdienst verpflichtet. Sie konnten aber innerhalb des Römischen Reichs einen autonomen Staat gründen.

Die Westgoten belagern Rom

Im frühen 5. Jahrhundert fielen die Westgoten unter ihrem Anführer Alarich in Griechenland und Illyrien ein und unternahmen auch Raubzüge in Italien. Alarich suchte Konstantinopel zu erobern, doch der Kaiser im Osten bot ihm stattdessen die Herrschaft über Illyrien an und vermied so den Angriff. 408 n. Chr. drang Alarich erneut in Italien ein und belagerte Rom.

Man bot den Westgoten ein Lösegeld, damit sie abzogen, doch Alarich kehrte im folgenden Jahr und erneut 410 n. Chr. zurück. Diesmal drangen die Westgoten tatsächlich in die Stadt ein – die erste fremde Armee seit 800 Jahren. Sie plünderten die Stadt drei Tage lang. Die Eroberung Roms stellte eine schwere Erschütterung des römischen Selbstverständnisses dar.

Oben: Die Hinterlassenschaften der Westgoten sind sehr dürftig. Dieser Goldschmuck gehört zu den wenigen Zeugnissen ihrer Kultur.

Rechts: Alarichs Einzug in Rom. Als erste feindliche Armee seit 800 Jahren eroberten und plünderten die Westgoten unter Alarich 410 n. Chr. die Stadt Rom.

Der Friedensvertrag

Alarich führte seine Truppen von Rom nach Süditalien, wo er eine Invasion Nordafrikas vorbereitete. Er starb vor der Ausführung dieses Plans, und sein Nachfolger Athaulf zog mit seiner Armee in den Süden Galliens, wo er Siedlungsraum zu finden hoffte.

Doch die Westgoten hatten die Schwester von Kaiser Theodosius II., Galla Placidia, als Geisel genommen und wurden von der römischen Armee verfolgt, die Athaulf mit seinen westgotischen Truppen nach Spanien drängte. Galla Placidia wurde schließlich gegen einen Friedensvertrag freigelassen, der den Westgoten erlaubte, sich in Nordspanien und Südgallien niederzulassen.

Die Rheingrenze wird durchbrochen

Während sich Rom mit den Westgoten auf dem Balkan auseinandersetzen musste, bedrohten die Hunnen weiterhin die germanischen Stämme in Nord- und Osteuropa. Das zwang viele, in den Westen auszuweichen. Im Winter 407 n. Chr. strömten diese germanischen Völkerschaften – die Vandalen, Sueben und Alanen – über den zugefrorenen Rhein und betraten römisches Gebiet.

Sie überschritten den Rhein bei Moguntiacum (Mainz), wo die römische Verteidigung schwächer war, und zogen nach Gallien und bis in die Pyrenäen.

Durch die Schwierigkeiten, die die Westgoten den Römern in Italien bereiteten, und die Aufstände gegen die römische Herrschaft in Britannien konnte das geschwächte Zentrum des Römisches Reichs wenig gegen den Vormarsch der Hunnen und der „Barbaren“ tun.

Kontrolle über Nordafrika

Die Vandalen zogen weiter nach Süden und gelangten über Spanien bis ans Mittelmeer. Unter ihrem Anführer Geiserich betrieben sie dort Seeräuberei. 429 n. Chr. setzten die Vandalen unter Geiserich nach Afrika, der Kornkammer Roms, über. In nur zehn Jahren eroberten sie Karthago und ganz Nordafrika. Das Land stand damit nicht mehr länger unter römischer Herrschaft, und der römische Kaiser Valentinian III. musste den Vandalen ihren Besitz zusichern.

Ruinen im Hafen von Ostia, der um das 5. Jahrhundert n. Chr. an Bedeutung verloren hatte; immerhin landeten hier 455 n. Chr. noch die Vandalen vor ihrem Marsch auf Rom.

Invasion der Hunnen

Obwohl die Herrschaft der Vandalen über Nordafrika die für das Oströmische Reich lebenswichtige Getreideversorgung bedrohte, war Konstantinopel nicht in der Lage, der Gefahr zu begegnen. Die Kräfte Konstantinopels waren durch die Invasion der Hunnen gebunden.

Im frühen 5. Jahrhundert ließen sich die Hunnen an den Grenzen des Römischen Reichs im Osten der Donau nieder. Die oströmischen Kaiser zahlten ihnen seit 430 freiwillig Tribut.

Attila, der Hunne

Doch 434 n. Chr. trat ein neuer Anführer namens Attila auf den Plan. Er forderte doppelten Tribut, was der Kaiser in Konstantinopel, Theodosius II., ablehnte. Daraufhin überschritten die Hunnen die Donau und plünderten die römischen Provinzen auf dem Balkan, verwüsteten römische Städte und metzelten die Bevölkerung nieder.

443 hatten die Hunnen Konstantinopel erreicht. Sie konnten die durch riesige Mauern geschützte Stadt nicht einnehmen, aber ihre unmittelbare Bedrohung genügte, um Theodosius zu Verhandlungen zu zwingen. Am Ende verpflichtete er sich, den Hunnen für ihren Abzug den dreifachen Tribut zu zahlen und Gebiete im Balkan zur Verfügung zu stellen.

Ein teuer erkaufter Abzug

Das Ostreich zahlte einen hohen Preis dafür, die Hunnen von seinen Grenzen fernzuhalten; doch die ärmeren Verwandten im Westen zahlten einen noch höheren. Nach dem Abkommen mit dem Oströmischen Reich wandten sich die Hunnen dem Reich im Westen zu. Attilas Heer, das sich mit weiteren Gegnern Roms verbündet hatte, überschritt 451 n. Chr. den Rhein und verwüstete mehrere gallische Städte.

Die Hunnen kamen erst zum Stillstand, als sie in der Schlacht von Chalons auf die römische Armee trafen. Atilla wurde zwar geschlagen, doch die Verluste waren auf beiden Seiten sehr hoch. Es war die letzte Schlacht, die das Weströmische Reich gewinnen sollte.

Die Römer waren zu schwach, die Hunnen über den Rhein zu verfolgen. Diese konnten daher ungehindert nach Italien eindringen. Attila plante einen neuen Marsch auf Konstantinopel, starb aber 453 n. Chr., bevor er das Vorhaben umsetzen konnte.

Das Ende des Weströmischen Reichs

Nach Attilas Tod schwand die Bedrohung durch die Hunnen, doch Italien war keineswegs sicher, denn die Vandalen knüpften dort an, wo die Hunnen aufgehört hatten. 455 n. Chr., noch unter Geiserich als Anführer, landeten die Vandalen in Ostia und marschierten auf Rom, das sie vollständig plünderten.

Die Westgoten drangen nach Italien ein, und 476 n. Chr fiel Italien unter die Herrschaft des Odoaker, der den letzten weströmischen Kaiser, Romulus Augustulus, absetzte. Das Ende des Weströmischen Reichs war damit besiegelt.

Kaiser Theodosius II. errichtete im 5. Jahrhundert die byzantinische Stadtmauer von Konstantinopel. Sie sollten die plündernde Armee des Hunnenkönigs Attila abhalten. Zur Verteidigung der Stadt setzte Theodosius spezielle Söldnertruppen ein. 447 n. Chr. wurde ein Großteil der Mauer durch ein Erdbeben zerstört. Ihr Wiederaufbau dauerte kaum 60 Tage.

Germanische Reiche
um 500 n. Chr.
Völkerwanderung
Hunnen
Slawen
Germanen
Kelten
Nördlicher Polarkreis
Färöer
Nord-
see
Ostsee
SKANDINAVIER
JÜTEN
ANGLEN
SACHSEN
FRIESEN
KELTEN
ANGELSACHSEN
Slawen
FRANKEN
BURGUNDER
ALEMANNEN
REICH DER THÜRINGER
REICH DER FRANKEN
Lutetia
Namnetes
ATLANTISCHER
OZEAN
WANDALEN
HUNNEN
REICH DER
OSTGOTEN
SUEBEN
GOTEN
KÖNIGREICH
BURGUND
Pavia
Ravenna
Spalatum
Arelate
Massilia
REICH DER
SWEBEN
BASKEN
OSTRÖMISCHES REICH
Marcianopolis
Naissus
Adrianopel
Konstantinopel
Schwarzes Meer
Adriantisches Meer
Korsika
Rom
Salonica
Ägaisches
Meer
Smyrna
Athen
Toletum
Olisipo
REICH DER WESTGOTEN
Valentia
Balearen
Sardinien
REICH DER
VANDALEN
Hispalis
Carthago
Nova
Mittelmeer
Panormus
Sizilien
Hippo Regius
WANDALEN
Karthago
Kreta
BERBER

ΜΡ
ΙΟΥCΤΙΝΙΑΝΟC

Byzanz

Das Oströmische Reich

Nach dem Fall des Weströmischen Reichs bestand das Oströmische Reich weiter. Kaiser, Senat und Volk sahen sich noch immer als Teil des Römischen Reichs, doch in Wirklichkeit hatte sich im Osten etwas Neues entwickelt: das Byzantinische Reich. Die Welt des klassischen Altertums endete, das Mittelalter begann.

Byzantinischer Goldpokal aus dem 6. Jahrhundert.

Entstehung des Byzantinischen Reichs

Das Byzantinische Reich ist ein Konstrukt moderner Historiker. In Wahrheit handelte es sich dabei um das Oströmische Reich. Der Anspruch, römisch zu sein, war allerdings durch den Verlust der Stadt Rom und die spätere Verdrängung des Lateinischen durch das Griechische verwirkt. So entstand in Anlehnung an den ehemaligen Namen von Konstantinopel (Byzanz) die Bezeichnung Byzantinisches Reich als Oberbegriff für den Staat im Osten.

Die Anfänge des Byzantinischen Reichs werden unterschiedlich datiert. Als frühestes Datum wird die Teilung des Reichs durch Diokletian am Ende des 3. Jahrhunderts genannt. Doch zu diesem Zeitpunkt war der Osten politisch noch eng mit Rom verbunden, und der Hof befand sich in Nicomedia, nicht in Byzanz.

330 n. Chr. ist ein weiteres häufig genanntes Datum, als unter Konstantin Nova Roma auf dem Territorium von Byzanz gegründet und vom Kaiser prachtvoll ausgebaut wurde. Allgemein wird heute allerdings die Entstehung des byzantinischen Reichs auf das Jahr 476 n. Chr. datiert, als der germanische König Odoaker im Westen die Herrschaft über Rom und Italien antrat und so das Band zwischen Ost und West zerschnitt.

Odoaker

Odoaker übernahm zwar die Rolle des römischen Kaisers, was er durch die Einberufung des Senats und die Abhaltung öffentlicher Spiele betonte, doch eine Annäherung von Ost und West schien ausgeschlossen, da Odoaker kein römischer Bürger war. Formal unterstellte sich Odaker sogar Zenon, dem oströmischen Kaiser; doch ab 486 nahm die Spannung zwischen den beiden Reichsteilen immer mehr zu.

Zenon, der nicht gewillt war, einen offenen Krieg zu führen, um den Westen von Odoaker zurückzufordern, ermutigte den König der Ostgoten, Theoderich, gegen Odoaker zu kämpfen. Theoderich sollte Italien wieder unter die Oberhoheit von Byzanz bringen.

Theoderich besiegte und tötete Odoaker und wurde anstelle von Odoaker neuer König über Italien; so hatte Kontantinopel nur einen „Barbaren" durch einen anderen ersetzt. Formell betonte Theoderich seine Unterordnung unter Byzanz, in Wirklichkeit genoss er große Unabhängigkeit.

Porträt des Kaisers Justinian auf einem Mosaik in der Kirche S. Vitale in Ravenna, Italien.

Justinian

Ungeachtet der prekären Beziehungen zu Byzanz regierte Theoderich über ein relativ friedliches und stabiles Italien; erst als er 526 n. Chr. starb, begann die Ordnung zusammenzubrechen.

Justinian übernimmt die Macht

Der neue byzantinische Kaiser, Justinian, suchte die Unruhe im Westen zu nutzen, um das Weströmische Reich in seinem früheren Umfang wiederherzustellen.

533 n. Chr. sandte er eine Truppe zur Rückeroberung Nordafrikas aus. Die Mission führte Belisar an, ein Feldherr, der sich durch die gewaltsame Unterdrückung eines Massenaufstands in Konstantinopel – der anlässlich eines Wagenrennens entbrannt war – einen Namen gemacht hatte.

Die Rückeroberung Nordafrikas

Belisar und seine Männer trafen in Nordafrika auf geringen Widerstand, da die Truppen der Vandalen in Sardinien kämpften. Die noch verfügbare vandalische Streitmacht war aus Karthago entsandt worden, um die byzantinische Armee bei Decimum, in der Nähe des heutigen Tunis, zu stellen.

Obwohl sich die Vandalen unter Führung König Gelimers in einer starken Position befanden, errangen die Byzantiner einen mühelosen Sieg. Belisar gelang es, Karthago zurückzuerobern, den Rest der Vandalen-Truppen in der Schlacht von Tricamarum zu schlagen und so die Provinz Nordafrika zurückzugewinnen.

Die Rückeroberung Roms

535 entsandte Justinian Belisar erneut in den Westen, um die Wirren nach dem Tod Theoderichs zu nutzen und Sizilien sowie Italien zu erobern. Belisar marschierte durch Süditalien und nahm Ende 536 sogar Rom ein. Die byzantinischen Truppen trafen auf wenig Widerstand, weil die herrschenden Ostgoten mit den Franken beschäftigt waren, die Justinian ermutigt hatte, vom Norden nach Italien einzudringen.

Nachdem die Ostgoten im Januar 537 einen großen Tribut an die Franken gezahlt hatten, waren sie allerdings frei, um nach Süden zu marschieren und Rom zurückzufordern. Sie belagerten die Stadt über ein Jahr, konnten aber den Widerstand der kleineren Streitmacht Belisars nicht brechen. Erst als Konstantinopel die Truppen Belisars Anfang 538 n. Chr. verstärkte, endete die Belagerung. Das Blatt wendete sich rasch, als 540 n. Chr. die byzantinische Streitmacht die Hauptstadt der Ostgoten, Ravenna, belagerte.

Bis 548 n. Chr. war es Justinians Armee mit ihren Tausenden von Söldnern gelungen, ein beträchtliches Territorium im Westen zurückzugewinnen und zu besetzen: Italien, Sizilien und Nordafrika sowie Sardinien, Korsika und Südspanien. Der Kaiser des Oströmischen Reichs hatte ungeachtet der immensen Gewinne nur für kurze Zeit die Herrschaft über den Westen inne, da seine Armee gefährlich überstrapaziert war und sich in Konstantinopel eine Opposition gegen Justinian formierte.

In den folgenden zwei Jahrhunderten wurde das Reich von zahlreichen Feinden angegriffen: Magyaren, Slawen, Bulgaren, Persern, Awaren, Lombarden, Goten und Arabern, die es zum Rückzug zwangen.

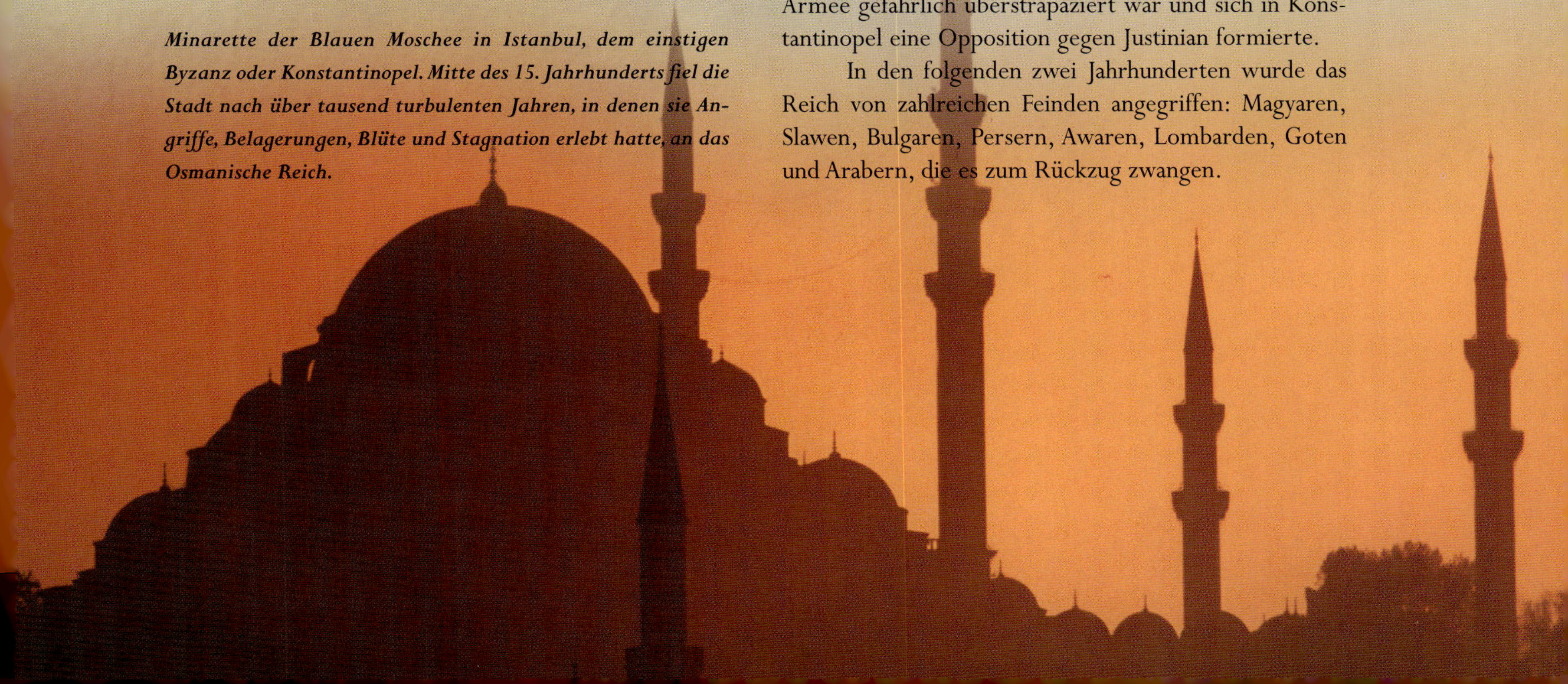

Minarette der Blauen Moschee in Istanbul, dem einstigen Byzanz oder Konstantinopel. Mitte des 15. Jahrhunderts fiel die Stadt nach über tausend turbulenten Jahren, in denen sie Angriffe, Belagerungen, Blüte und Stagnation erlebt hatte, an das Osmanische Reich.

Das Erbe

Nach Justinians Tod 565 n. Chr. erlebte das Byzantinische Reich verschiedene Phasen der Blüte und der Stagnation. Es gewann mehrfach Kontrolle über Teile von Italien, beschränkte sich jedoch zumeist auf den Balkan und die heutige Türkei. Rom wurde bedeutungslos, und seine Bevölkerung schrumpfte auf einige zehntausend Einwohner zusammen, während sich in seiner Blütezeit über eine Million Menschen in der Stadt gedrängt hatten.

Karl der Große

Justinians Krieg gegen die Ostgoten hatte Italien verwüstet. Nach der Vertreibung der Byzantiner und Ostgoten strömten die germanischen Langobarden in das Vakuum. Sie wurden Ende des 8. Jahrhunderts von einem anderen germanischen Stamm, den Franken, verdrängt. Den König der Franken, Karl den Großen, belohnte der Papst für seine Hilfe mit dem Titel römischer Kaiser. Er war der erste Kaiser des Heiligen Römischen Reichs.

Nach dem Tod Karls des Großen wurde sein Reich geteilt, wobei die Franken die Gebiete des römischen Gallien beherrschten, während Teile Norditaliens und Deutschlands das Heilige Römische Reich bildeten.

Das Heilige Römische Reich

Mit dem Heiligen Römischen Reich suchte man teilweise das Weströmische Reich neu zu beleben und an die glanzvolle Vergangenheit des alten Rom anzuknüpfen. Die Kaiser wurden vom Papst gekrönt und herrschten nahezu ein Jahrtausend über große Gebiete Mitteleuropas, bis Napoleon weite Teile Europas 1806 neu ordnete. Doch das Heilige Römische Reich unterschied sich erheblich vom Römischen Reich; es war eine Konföderation kleiner Staaten und Fürstentümer und hatte sein Zentrum in Deutschland.

Das Byzantinische Reich führte das Oströmische Reich über Jahrhunderte fort. Mit der Zeit stagnierte das Reich immer mehr, während neue Stämme unter dem Banner des Islam in die Region vorstießen. Zeitweise garantierten nur Konstantinopels starke Mauern die Sicherheit der Stadt. 1204 wurde die Stadt während des vierten Kreuzzuges geplündert, was den stetigen Niedergang und die Verringerung der Bevölkerungszahl auslöste. Zweieinhalb Jahrhunderte später, 1453, fiel Konstantinopel in die Hände der Osmanen und das Byzantinische Reich fand damit sein Ende.

Ruinen eines großen Raumes in der Hadriansvilla bei Tivoli in Italien, einem der vielen gut erhaltenen Bauten, die uns den Lebensstil der alten Römer vor Augen führen.

Kapitell vom Palatin, wo einst die erste römische Siedlung entstand.

Geteiltes Italien

Im Westen blieb Italien auf Jahrhunderte gespalten, da der Landbesitz zwischen fremden Invasoren, wohlhabenden Familien und der katholischen Kirche aufgeteilt wurde. Erst im 19. Jahrhundert wurde Italien in einem nationalen Kraftakt vereint.

Ein Großteil der Einheit war um 1861 abgeschlossen; lediglich Rom fügte sich nicht ein, weil es sich unter päpstlicher – von Frankreich unterstützter – Herrschaft befand. Schließlich zog Paris 1870 seine Unterstützung zurück, und italienische Truppen nahmen die Stadt ein.

Italien wurde als Nation vereint; das als Hauptstadt eingesetzte Rom fand sich im Zentrum eines kurzlebigen Königreichs wieder, das über Teile von Afrika, den Balkan und Griechenland herrschte.

Ein unvergängliches Erbe

Alljährlich besuchen Millionen von Touristen die zahlreichen über ganz Europa, Nordafrika und den Nahen Osten verstreuten römischen Ruinen. Doch die Römer haben uns mehr hinterlassen als nur verfallene Bauwerke – sie haben unser geistiges Leben, unsere Institutionen, Rechtssprechung, Stadtplanung sowie den Kanal- und Straßenbau in unseren Städten geprägt. Sogar die römische Erziehung und Medizin hatten bis vor Kurzem Geltung, bevor sie an Bedeutung verloren.

Die politischen Systeme der römischen Republik haben unter anderen das amerikanische und französische System beeinflusst, und der deutsche Titel Kaiser sowie der russische Begriff Zar gehen auf Caesar zurück.

Die Römer waren großenteils auch für die Vertreibung der Juden aus Judäa verantwortlich, ein Akt, der im 20. Jahrhundert schicksalhafte Konsequenzen und bis heute internationale Auswirkungen haben sollte.

Das sprachliche Erbe

In der Sprache hinterließ uns Rom ein großartiges Erbe. Eine Reihe europäischer Sprachen sind lateinischen Ursprungs, dazu zählen das Italienische, Französische, Portugiesische, Spanische und Rumänische. Sogar die germanischen Sprachen, die das Lateinische in Mitteleuropa nach und nach verdrängt haben, verdanken einen großen Teil ihres Wortschatzes dem Latein.

Roms anderes großes Vermächtnis ist die Religion; da ein Jünger Jesu, der Apostel Petrus, in Rom gekreuzigt wurde, entwickelte sich die Stadt zum religiösen Zentrum der christlichen Kirche, und der Bischof von Rom erklärte sich zum Nachfolger des Heiligen Petrus.

Theologische und politische Differenzen führten zur Spaltung zwischen den christlichen Kirchen des Ostens und Westens, und der Papst wurde zur höchsten Autorität der westlichen katholischen Kirche. Heute hat die katholische Kirche unter den Weltreligionen die meisten Anhänger; ein Sechstel der Weltbevölkerung ist katholisch. Der Stadt Rom ist es gelungen, ihre Position im Zentrum der religiösen Welt beizubehalten, lange nach dem Untergang des Römischen Reichs.

Rom ist eine internationale Weltstadt, in der sich inmitten moderner Gebäude die Ruinen des antiken Rom erheben.

Zeittafel

Königszeit 753–509 v. Chr.

750 v. Chr. Legendäres Gründungsjahr Roms.

Nach römischer Mythologie waren Romulus und Remus die Gründer. Romulus tötete Remus beim Streit um die Herrschaft und gab der Stadt, die er die nächsten 38 Jahre regierte, seinen Namen.

715 Numa Pompilius zum König gewählt.

Er schuf aus dem Stamm der Sabiner den römischen Senat.

673 Herrschaft des Tullus Hostilius.

Er ließ die Curia Hostilia, das Senatsgebäude, erbauen.

642 Herrschaft des Ancus Marcius.

617 Herrschaft des Lucius Tarquinius Priscus.

Der als Tarquinius der Ältere bekannte König soll den Bau des Circus Maximus und des ersten Abwasserkanalsystems der Stadt veranlasst haben.

578 Herrschaft des Servius Tullius.

534 Herrschaft des Lucius Tarquinius Superbus.

Die Herrschaft des letzten römischen Königs war geprägt von Gewalt und Blutvergießen.

509 Vergewaltigung Lucretias durch den Königssohn Sextus.

Lucius Junius Brutus erhebt sich gegen die Dynastie der Tarquiner und vertreibt sie.

Römische Republik 509–27 v. Chr.

509 v. Chr. Errichtung der Römischen Republik.

Ein 13 Jahre dauernder Krieg gegen die Etrusker bricht aus.

495 Bau des Merkurtempels.

494 Ernennung des ersten Volkstribuns.

449 Das Zwölftafelgesetz wird zur Grundlage des römischen Rechts.

Die auf zwölf Tafeln niedergeschriebenen Rechtsvorschriften werden auf dem Forum Romanum ausgestellt, damit jeder Römer sie lesen kann.

445 Heirat zwischen Patriziern und Plebejern wird erlaubt.

433 Bau des Apollotempels.

396 Römische Soldaten erhalten erstmals einen Sold.

391 Erste Konfrontation der römischen Truppen mit einfallenden Galliern bei Clusium.

388 Bau des Marstempels.

387 Die Gallier schlagen das römische Heer an der Allia und plündern anschließend Rom. Eine Stadtmauer zum Schutz Roms wird errichtet.

343–341 1. Samnitenkrieg.

Die drei Samnitenkriege zwischen der Republik und den Stämmen aus Samnium ziehen sich über 50 Jahre hin. Fast alle italienischen Staaten sind involviert. Am Ende gewinnt Rom die Vorherrschaft über die Samniten.

329 Fertigstellung des Circus Maximus in Rom.

326–304 2. Samnitenkrieg.

Durch den Sieg weitet Rom seine Kolonisation aus und kontrolliert den Großteil von Mittel- und Süditalien.

312 Bau der Via Appia.

Die Via Appia, die wichtigste der römischen Straßen, führt vom Forum Romanum durch die Stadtmauer südöstlich nach Capua und später bis Brindisi (Brundisium). Bau des ersten Aquädukts, der Aqua Appia.

298–290 3. Samnitenkrieg.

Nach dem Sieg bei Sentinum 295 v. Chr. etabliert sich Rom als die dominierende Kraft fast der gesamten italienischen Halbinsel. Nur der äußerste Süden und die Poebene bleiben ausgespart.

280–275 Krieg gegen Tarent und König Pyrrhus.

Rom kämpft gegen den griechischen Herrscher Pyrrhus von Epirus. Der Krieg endet mit der Kapitulation von Trentum (Tarent) und dem Rückzug Pyrrhus' nach Epirus. Rom kontrolliert nun ganz Italien.

um 270 Prägung der ersten römischen Münzen.

Erste Gladiatorenwettkämpfe in Rom.

264–241 1. Punischer Krieg gegen Karthago (heute Tunesien).

Rom siegt im Kampf um die Vorherrschaft im westlichen Mittelmeer und gewinnt Sizilien.

218–202 2. Punischer Krieg (der „Krieg gegen Hannibal").

216 Hannibal marschiert in Italien ein und bereitet den Römern bei Cannae eine schwere Niederlage.

215–205 1. Makedonischer Krieg.

212 Einführung der neuen Silbermünze Denar.

206 Karthager in Spanien besiegt.

Spanien wird in zwei römische Provinzen aufgeteilt.

204 Scipio marschiert in Afrika ein.

202 Scipio besiegt Hannibal bei Zama.

200–197 v. Chr. 2. Makedonischer Krieg.

Der Sieg der Römer beendet die Vorherrschaft der Makedonier über Griechenland.

171–167 3. Makedonischer Krieg.

In der Schlacht bei Pydna 168 v. Chr. wird das Königreich Makedonien zerschlagen.

149–146 3. Punischer Krieg gegen Karthago.

Karthago wird völlig zerstört, seine Bewohner werden als Sklaven verkauft, und das Gebiet wird der römischen Provinz Africa eingegliedert.

149–148 Aufstand der Makedonier.

Makedonien wird nach der Niederschlagung des Aufstands zu einer römischen Provinz.

133 Der Tribun Tiberius Gracchus wird ermordet, nachdem er eine Landreform vorgeschlagen hat.

126 Gaius Gracchus (Tiberius' Bruder) wird Tribun.

121 Gaius Gracchus wird ermordet, nachdem er eine Ausweitung der römischen Staatsbürgerschaft angeregt hat.

113–101 Krieg gegen die germanischen Stämme der Kimbern und Teutonen.

111–105 Krieg gegen Jugurtha, den König von Numidien.

107–86 Gaius Marcius wird siebenmal zum Konsul gewählt.

91–89 Bundesgenossenkrieg.

Zwischen der Republik und ihren italienischen Verbündeten kommt es wegen Reformen des Staatsbürgerschaftsrechts zum Bundesgenossenkrieg. Nach Kriegsende schrittweise Ausdehnung des Bürgerrechts auf fast ganz Italien.

88–85 1. Mithridatischer Krieg.

63 Cicero ist Konsul.

Lucius Sergius Catilina versucht durch eine Verschwörung, die Republik zu stürzen und den Senat zu entmachten. Julius Caesar wird zum *pontifex maximus* (oberster Priester) gewählt.

60 Erstes Triumvirat: Pompeius, Julius Caesar und Crassus.

58–51 Gallischer Krieg.

Caesar unterwirft im Gallischen Krieg das bis dahin freie Gallien.

55–54 Caesar setzt nach Britannien über.

53 Crassus wird im Feldzug gegen das Partherreich besiegt und getötet.

Das Triumvirat zerbricht.

49 Caesar überschreitet den Rubikon.

Dies bedeutet die Kriegserklärung gegenüber Pompeius und den Republikanern.

49–45 Bürgerkrieg.

48 Pompeius wird in Ägypten ermordet.

46 Reform des römischen Kalenders (julianischer Kalender).

45 Caesar wird Alleinherrscher.

Caesar besiegt die Republikaner und wird zum Diktator auf Lebenszeit ernannt.

44 Caesar wird an den Iden des März (15. März) ermordet.

44–42 Bürgerkrieg.

Caesars Erbe Octavian und Marcus Antonius kämpfen in einem Bürgerkrieg gegen dessen Mörder Cassius und Brutus.

43 Zweites Triumvirat: Octavian, Marcus Antonius und Lepidus.

42 Caesars Tod wird in der Schlacht bei Philippi gerächt, seine Mörder Cassius und Brutus werden besiegt. Cicero wird ermordet.

41 Die Triumvirn teilen das Imperium auf: Octavian erhält den Westen, Antonius den Osten und Lepidus Nordafrika.

Marcus Antonius verbündet sich mit der ägyptischen Königin Kleopatra.

32 Ende des Bündnisses zwischen Octavian und Marcus Antonius.

Octavian erklärt Kleopatra den Krieg.

31 Octavian besiegt Antonius und Kleopatra in der Schlacht bei Actium.

30 Marcus Antonius und Kleopatra begehen Selbstmord.

27 Ende der Römischen Republik.

Das Kaiserreich 27 v. Chr.–476 n. Chr.

27 v. Chr. Octavian wird zum Alleinherrscher in Rom und erhält den Ehrennamen Augustus und den Titel *princeps* („Erster unter Gleichen"). Agrippa lässt das Pantheon bauen.

25 Bau der Agrippa-Thermen.

19 Vergil vollendet kurz vor seinem Tod die *Aeneis*.

Livius beschreibt in *Ab urbe condita libri* die Geschichte Roms.

16 v. Chr.–6 n. Chr. Feldzüge gegen germanische Stämme und Eroberung der Donauprovinzen.

2 v. Chr. Fertigstellung des Augustusforums.

Ovid veröffentlicht die *Metamorphosen (Verwandlungen)*.

2 n. Chr. Augustus adoptiert Tiberius.

Tiberius ist der Sohn von Augustus' Gattin Livia Drusilla aus deren erster Ehe. Nach dem Tod von Augustus' leiblichen Erben, seiner Enkel Gaius Caesar und Lucius Caesar, wird Tiberius nach Rom zurückbeordert und zu Augustus' gesetzmäßigem Erben ernannt.

6 Judäa wird römische Provinz.

8 Ovid geht ins Exil.

9 Schlacht im Teutoburger Wald.

Drei römische Legionen werden vernichtet. Danach wird die Grenze des Römischen Reichs an den Rhein zurückverlegt.

14 Augustus stirbt.

Tiberius wird Kaiser.

17 Todesjahr Ovids und Livius'.

19 Tod des Germanicus.

Tiberius hatte Germanicus auf Anordnung von Augustus zu seinem Erben bestimmt.

23 Tiberius' leiblicher Sohn Drusus stirbt.

26 Tiberius regiert Rom aus der Ferne; er lebt überwiegend auf Capri.

Pontius Pilatus wird zum Statthalter in Judäa ernannt.

31 Hinrichtung von Aelius Seianus.

Seianus, ein Günstling von Tiberius, gewinnt durch seine Verlobung mit Livilla, der Nichte des Kaisers, an Einfluss. Nachdem Tiberius ihn einer Verschwörung verdächtigt hat, wird Seianus verhaftet und zum Tode verurteilt.

37 Tod des Tiberius.

Caligula wird Kaiser.

41 Ermordung Caligulas durch die Prätorianergarde.

Claudius wird Kaiser.

43 Eroberung Britanniens.

54 Nero wird Kaiser.

60–61 Aufstand der Königin Boudicca.

Die Königin der bei Norfolk ansässigen Icener führt eine Revolte gegen die Römer an. Bevor sie in der Schlacht von Watling Street besiegt wird, zerstört sie die Städte Camulodunum (Colchester), Londinium (London) und Verulamium (St. Albans) und tötet Zehntausende.

64 Feuersbrunst in Rom.

Weite Teile der Stadt werden dabei zerstört. Nero findet schnell einen Sündenbock: die kleine Gruppe der in Rom lebenden Christen. Auf seinen Befehl hin werden die Christen den Löwen vorgeworfen oder gekreuzigt.

65 Seneca und Lucanus begehen Selbstmord.

Seneca, der als Staatsmann die ersten Regierungsjahre Neros stark beeinflusst hat, wird eines Mordanschlags auf den Kaiser beschuldigt. Nero zwingt ihn zum Selbstmord. Nach Berichten stirbt er einen langsamen, qualvollen Tod. Der ebenfalls in das Komplott verwickelte Dichter Lucanus wird im Alter von 25 Jahren zum Selbstmord gezwungen.

66–73 Erster jüdischer Aufstand.

Die Juden revoltieren gegen die römische Fremdherrschaft und hohe Abgaben. Am Ende steht die Plünderung und Zerstörung Jerusalems. Viele Juden werden getötet oder in die Sklaverei gezwungen.

68 Nero begeht Selbstmord.

Ende der julisch-claudischen Dynastie. Servius Sulpicius Galba wird sein Nachfolger.

68–69 Bürgerkrieg und Vierkaiserjahr.

Auf Galba folgen Otho, dann Vitellius und schließlich Vespasian. Vespasian ist der erste flavische Herrscher.

79 Titus wird Kaiser.

Ein Ausbruch des Vesuv zerstört Pompeji und Herculaneum. Plinius der Ältere stirbt dabei in der Nähe von Stabiae.

80 Fertigstellung des Kolosseum in Rom.

Es fasst mehr als 50 000 Zuschauer und ist vor allem für Gladiatorenwettkämpfe bestimmt. Ein Großbrand wütet in Rom.

81 Domitian wird Kaiser.

96 Mit der Ermordung Domitians endet die flavische Dynastie.

Nerva wird Kaiser. Er ist der erste sogenannte Adoptivkaiser.

97–109 Plinius der Jüngere veröffentlicht seine *Epistulae* (Briefe).

Diese enthalten unter anderem einen Bericht über den Ausbruch des Vesuv und den Tod seines Onkels Plinius des Älteren. Die in neun Büchern zusammengefassten Briefe geben Einblick in das Alltagsleben im Rom des 1. Jahrhunderts.

98 Trajan folgt Nerva als Kaiser.

Mit dem in Spanien geborenen Trajan wird erstmals ein Nichtitaliener Kaiser. Während seiner Herrschaft erreicht das Imperium die größte Ausdehnung.

101–106 Dakerkriege

Nach der Unterwerfung der Daker wird Dakien (heute Rumänien) als Provinz Dacia in das Römische Reich eingegliedert.

112 Vollendung und Einweihung des Trajansforums und der Trajanssäule.

113–116 Trajan führt Krieg gegen die Parther.

Nach der Einnahme der parthischen Hauptstadt Ktesiphon und der Eingliederung Mesopotamiens als römische Provinz erstreckt sich das Imperium bis zum Persischen Golf. Plinius der Jüngere stirbt.

117 Hadrian wird Kaiser.

118–138 Bau der Hadriansvilla in Tibur (Tivoli).

um 119 Sueton veröffentlicht seine Biografien von zwölf Kaisern.

Sueton war bis zu seiner Entlassung 122 der Sekretär Hadrians.

122 Bau des Hadrianswall in Britannien.

Bei einer Visite in Britannien 122 befiehlt Hadrian die Errichtung eines Grenzwalls, um die Provinz vor möglichen Invasionen der Stämme aus Kaledonien (heute Schottland) zu schützen.

132–135 Zweiter jüdischer Aufstand.

Die geplante Überbauung des jüdischen Tempels in Jerusalem löst den zweiten jüdischen Aufstand aus. Als die Revolte nach drei Jahren niedergeschlagen wird, sind vermutlich mehrere Hunderttausend Juden getötet worden. Juden wird fortan der Zutritt nach Jerusalem verweigert, Judäa romanisiert und die Region in Syria Palestina umbenannt.

138 Antoninus Pius wird Kaiser.

142 Bau des Antoninuswall.

Der 60 Kilometer lange Limes soll den südlich gelegenen Hadrianswall ersetzen. Trotz seiner 19 Festungsanlagen wird er häufig attackiert und muss bald nach Antonius' Tod aufgegeben werden.

161 Mark Aurel (Marcus Aurelius) wird Kaiser.

162–166 Krieg gegen die Parther (heute Iran).

168–180 Feldzüge gegen germanische Stämme (Markomannenkriege) zur Sicherung der römischen Grenze entlang der Donau.

180 Commodus wird Kaiser.

192 Commodus wird ermordet.

Pertinax ist kurzzeitig Kaiser, dann löst ihn Didius Julianus ab.

193 Septimius Severus wird Kaiser.

Sofort formiert sich eine Opposition: Pescennius Niger wird von syrischen Legionen zum Kaiser ausgerufen, Clodius Albinus von seinen Truppen zum Kaiser ernannt.

194 Niger wird von Severus bei Issus geschlagen.

197 Clodius Albinus wird in der Schlacht bei Lugundum besiegt und getötet.

211 Caracalla und Geta werden nach dem Tod ihres Vaters Septimius Severus zu gemeinsamen Regenten ernannt. Kurz darauf ermordet Caracalla Geta.

212 Allen freien Menschen im Imperium Romanum wird das Bürgerrecht gewährt.

217 Ermordung Caracallas durch die Prätorianergarde auf Befehl von Macrinus. Dieser wird neuer Kaiser.

218 Macrinus wird bei Antiochia besiegt und getötet.

Elagabal wird Kaiser.

222 Elagabal wird ermordet.

Alexander Severus wird Kaiser.

235 Maximinus Thrax wird der erste sogenannte „Soldatenkaiser".

238 Gordian I. erklärt sich zum Kaiser und seinen Sohn Gordian II. zum Mitregenten.

Nach weniger als 40 Tagen werden sie von Pupienus und Balbinus abgelöst, die bald von den Prätorianern umgebracht werden. Maximinus Thrax wird von seinen Soldaten getötet und Gordian III. zum Kaiser erklärt.

244 Marcus Iulius Philippus Arabs wird Kaiser.

249 Philippus stirbt im Kampf gegen Decius.

Decius wird Kaiser.

250 Christenverfolgung im ganzen Reich.

251 Decius fällt in der Schlacht gegen die Goten.

Gallus wird mit seinem Sohn Volusianus Kaiser.

252 Die Römer werden bei Barbalissos vom Perserkönig Sapor I. besiegt.

253 Gallus und Volusianus werden ermordet.

Aemilianus wird für drei Monate Kaiser, dann regieren Valerian und Gallienus gemeinsam.

257 Valerian wird von Sapor I. besiegt und gefangen genommen.

Gallienus regiert weiter.

258 Die Goten fallen in Kleinasien ein.

260 Postumus ruft das „Gallische Reich" im Westen aus.

267 Kaiserin Zenobia errichtet im Osten das „palmyrenische Reich".

268 Gallienus wird ermordet.

Claudius II. wird Kaiser.

268 Postumus wird ermordet.

Victorinus wird zum Kaiser von Gallien und Britannien ernannt.

270 Claudius stirbt an der Pest.

Aurelian wird Kaiser und kann das Imperium wieder vereinen. Nach der Ermordung von Victorinus wird Tetricus I. zum gallischen Kaiser ausgerufen.

271 Feldzüge gegen Vandalen, Juthungen und Sarmaten.

272 Palmyra wird zurückerobert.

Dakien wird aufgegeben.

273 Wiedereingliederung des gallischen Reichs durch Aurelian.

274 Tetricus wird von Aurelian besiegt.

275 Aurelian wird von den Prätorianern getötet.

Tacitus wird Kaiser.

276 Tacitus wird ermordet.

Probus folgt ihm als Kaiser und sichert die Grenzen des Imperiums.

282 Probus wird von seinen Truppen getötet, die zu Carus übergelaufen sind.

Carus wird Kaiser.

283 Carus stirbt im Feldzug gegen die Perser.

Sein Sohn Numerian folgt ihm als Kaiser.

284 Diokletian wird Kaiser und beendet die bis dahin 50 Jahre andauernde Periode der Anarchie.

287 Diokletian erhebt Maximianus zum Mitkaiser in den Westregionen. Diokletian regiert im Osten. Carausius revoltiert und erklärt sich zum Kaiser von Britannien und Nordgallien.

293 Errichtung der Tetrarchie: Jedem der beiden Augusti wird ein Caesar zugeordnet. Galerius wird Caesar im Osten, Constantius Chlorus im Westen.

Allectus tötet Carausius und erklärt sich zum Kaiser von Britannien.

296 Constantius Chlorus besiegt Allectus und gliedert Britannien wieder ins Reich ein.

301 Erlass des Höchstpreisedikts.

303 Christenverfolgung unter Diokletian.

305 Diokletian und Maximianus danken ab.

Constantius und Galerius werden Augusti (Kaiser) im Westen bzw. Osten. Flavius Severus und Maximinus Daia werden zu Caesaren ernannt.

306 Constantius stirbt.

Konstantin, Severus und Maxentius werden im Westen zu Kaisern ausgerufen.

307 Severus wird von Maxentius besiegt und getötet.

308 Diokletian zwingt Maximianus zum Rückzug.

Licinius wird zum Kaiser im Osten ernannt.

310 Maximianus wird von Konstantin gefangen genommen und begeht Selbstmord.

311 Galerius stirbt.

Licinius und Maximinus Daia herrschen im Osten.

312 Schlacht an der Milvischen Brücke.

Konstantin besiegt Maxentius und wird zum Alleinherrscher im Westen.

313 Toleranzedikt von Mailand.

Maximinus Daia stirbt.

314 Licinius wird bei Cibalae von Konstantin geschlagen.

316 Diokletian stirbt.

324 Licinius wird zum dritten Mal von Konstantin besiegt und dankt ab.

326 Konstantin lässt den Sohn Licinius', Crispus, hinrichten.

330 Konstantinopel wird zur Hauptstadt des Römischen Reichs.

337 Konstantin I., der Große, stirbt.

Nachfolger sind seine Söhne: Constantinus II. und Constans im Westen, Contantius II. im Osten.

340 Constantinus II. wird von seinem Bruder in Aquileia ermordet.

350 Magnentius erklärt sich selbst zum Kaiser des Westens.

Constans wird gefangen genommen und getötet.

353 Magnentius unterliegt Constantius II. und begeht Selbstmord.

Constantius II. ist nun alleiniger Kaiser mit Julian und Gallus als Caesaren für den Westen bzw. Osten.

361 Constantius stirbt.

Julian wird zu seinem Nachfolger ernannt. Versuch, die traditionellen römischen Religionen wieder einzuführen.

363 Julian marschiert in Persien ein und fällt im Kampf.

Jovian wird zum Kaiser erklärt.

364 Das Reich wird erneut geteilt.

Valens ist Kaiser im Osten, Valentinian im Westen.

380 Theodosius I. wird Kaiser.

Er vereint die beiden Reichsgebiete, doch nach seinem Tod kommt es zur endgültigen Trennung. Er erhebt das Christentum zur Staatsreligion.

410 Rom wird von Alarich geplündert.

455 Die Vandalen plündern Rom.

475 Romulus Augustulus wird Kaiser des Weströmischen Reichs.

476 Romulus Augustulus wird abgesetzt.

Das Weströmische Reich erlischt.

Die römischen

27 v. Chr.–14 n. Chr.	Augustus
14–37	Tiberius
37–41	Caligula
41–54	Claudius
54–68	Nero
68–69	Galba
69	Otho
69	Vitellius
69–79	Vespasian
79–81	Titus
81–96	Domitian
96–98	Nerva
98–117	Trajan
117–138	Hadrian
138–161	Antoninus Pius
161–180	Mark Aurel
161–169	Lucius Verus
180–192	Commodus
193	Pertinax
193	Didius Iulianus
193–211	Septimius Severus
211–212	Geta
211–217	Caracalla
217–218	Macrinus
218–222	Elagabal
222–235	Severus Alexander
235–238	Maximinus Thorax
238	Gordian I.
238	Gordian II.
238	Balbinus
238	Pupienus
238–244	Gordian III.
244–249	Philippus Arabs
249–251	Decius
251–253	Trebonianus Gallus
252–253	Volusianus
253	Aemilianus
253–260	Valerian
253–268	Gallienus
268–270	Claudius II. Gothicus
270	Quintillus
270–275	Aurelian
275–276	Tacitus
276	Florianus

Kaiser

276–282	Probus
282–283	Carus
283–284	Carinus
283–284	Numerianus
284–286	Diokletian

Westen		Osten	
286–305	Maximianus	**286–305**	Diokletian
305–306	Constantius Chlorus	**305–311**	Galerius
306–307	Flavius Severus		
306–312	Maxentius	**309–313**	Maximinus Daia
306–337	Konstantin der Große		

Westen		Osten	
337–340	Constantinus II.	**337–353**	Constantius II.
337–350	Constans		
350–353	Magnentius (Usurpator)		
353–361	Constantius II.		
361–363	Julian Apostata		
363–364	Jovian		

Westen		Osten	
364–375	Valentinian I.	**364–378**	Valens
375–383	Gratian	**379–392**	Theodosius I.
375–392	Valentinian II.		
383–388	Magnus Maximus (Usurpator)		
392–394	Eugenius (Usurpator)		
392–395	Theodosius		

Westen		Osten	
395–423	Honorius	**395–408**	Arcadius
423–425	Iohannes (Usurpator)	**408–450**	Theodosius II.
425–455	Valentinian III.	**450–457**	Marcian
455	Petronius Maximus		
455–456	Avitus		
457–461	Maiorian	**457–474**	Leo I.
461–465	Libius Severus		
467–472	Anthemius		
472	Olybrius		
473–474	Glycerius		
474–475	Nepos	**474–491**	Zeno
475–476	Romulus Augustulus	**475–476**	Basiliscus

Antike Stätten

Römische Ruinen haben sich in allen ehemaligen Gebieten des Imperiums erhalten. Einige sind besonders eindrucksvoll und durchaus eine Reise wert. Nachfolgend sind nur einige dieser Orte genannt.

Algerien
Djemila ● Timgad

Großbritannien
Bath ● Hadrianswall ● London
St. Albans ● York

Kroatien
Split

Frankreich
Nîmes ● Arles ● Orange

Deutschland
Saalburg ● Trier ● Xanten

Israel
Caesarea ● Masada

Italien
Herculaneum ● Ostia ● Pompeji ● Ravenna
Rom ● Tivoli

Jordanien
Jerash

Libanon
Baalbeck

Libyen
Leptis Magna ● Sabratha

Spanien
Italica ● Merida ● Segovia ● Tarragona

Syrien
Bosra ● Palmyra

Tunesien
Karthago ● Dougga ● El Djem

Türkei
Aphrodisias ● Ephesus ● Istanbul

Gegenüber oben: Die besterhaltenen Bäder der römischen Welt in Bath, Großbritannien, unweit von London.

Gegenüber Mitte: Die Ruinenstätte von Ostia, dem antiken Hafen von Rom, gehört zu den ausgedehntesten römischen Hinterlassenschaften. Trotz des schleichenden Verfalls sind die Bauten fast so eindrucksvoll wie die besser bekannten Ruinen von Pompeji und Herculaneum, die 79 v. Chr. unter der Asche des Vesuv begraben wurden.

Gegenüber unten: Das größte Amphitheater in Afrika, El Djem, Tunesien.

Oben: Der spektakuläre Tempel, die Maison Carrée, in Nîmes, Frankreich. Nîmes und Arles mit seinem Amphitheater konkurrieren um den Titel des französischen Rom.

Mitte: Blick auf die Substruktionen und Sitzränge des Kolosseums in Rom.

Unten: Der Canapus in der Hadriansvilla in Tivoli, Italien, der einem Nilarm in Ägypten nachgebildet wurde.

Register

Bildnachweis

Alle Abbildungen © Corbis außer:

G. N. Photography:

1, 3, 9, 14, 15o, 16o, 17l, 19u, 22o, 23u, 26o, 26u, 29u, 31o, 31u, 37u, 41u, 45u, 64, 67r, 75u, 96u, 97u, 101o, 102o, 102u, 103o, 103u, 114, 116l, 116r, 117o, 118, 119, 125o, 126, 134l, 134r, 135o, 135u, 142, 149o, 151, 154, 155u, 156o, 156u, 157u, 158o, 158u, 159or, 160, 162r, 163, 165o, 165u, 166o, 167u, 168l, 169o, 169u, 170u, 171o, 171u, 172u, 173u, 180u, 182u, 190r, 196, 197o, 197u, 199, 202, 206u, 208u, 209o, 214, 217, 219l, 222, 226, 229, 236l, 236r, 238u, 240l, 240M, 241o, 242u, 243u, 244u, 245o, 245u, 246M, 246o, 247u, 249o, 249u, 250M, 251M, 251u.

Cartographica:

14, 33, 42, 60, 74, 83, 86b, 101, 121, 189, 195, 205, 231

Unser Dank gilt auch John Dunne und Mark Brown für das Design,
Simon Taylor und Gordon Mills für die Zeichnungen,
Sarah Rickayzen und Alison Gauntlett für ihre Ergänzungen,
außerdem Sunny Dhillon, Ryan Near, Guy Nettleton, Jo Newson,
Cliff Salter, Richard Betts und Jill Dorman.